Cet ouvrage a été composé sous la direction de François CHATELET, Professeur à l'Université de Paris VIII.

avec la collaboration de :

Ferdinand ALQUIÉ, Professeur à l'Université de Paris IV.
Pierre AUBENQUE, Professeur à l'Université de Paris IV.
Abderrhaman BADAWI, Professeur à la Faculty of Arts. National
    University of Libya de Benghazi.
Wanda BANNOUR, Professeur au C.N.T.E.
Jean BERNHARDT, Chargé de recherches au C.N.R.S.
Jean-Marie BEYSSADE, Maître-assistant à l'Université de Paris I.
Jacques BOUVERESSE, Maître de conférences à l'Université de Paris I.
Gilles DELEUZE, Professeur à l'Université de Paris VIII.
Jean-Toussaint DESANTI, Professeur à l'Université de Paris I.
Christian DESCAMPS, Assistant à l'Université de Paris XI.
Roland DESNÉ, Chargé d'enseignement à l'Université de Reims.
François DUCHESNEAU, Professeur à l'Université d'Ottawa.
Michel FICHANT, Maître-assistant à l'Université de Paris I.
Gérard GRANEL, Professeur à l'Université de Toulouse.
Louis GUILLERMIT, Chargé d'enseignement à l'Université d'Aix-Marseille.
Pierre KAUFMANN, Professeur à l'Université de Paris X.
Jean PÉPIN, Directeur de recherches au C.N.R.S.
Évelyne PISIER-KROUCHNER, Maître de conférences à l'Université de Paris I.
Rafaël PIVIDAL, Maître-assistant à l'Université de Paris V.
Nicos POULANTZAS, Maître de conférences à l'Université de Paris VIII
Jean-Michel REY, Assistant à l'Université de Paris VIII.
Claire SALOMON-BAYET, Attachée de recherches au C.N.R.S.
Marianne SCHAUB, Chargée de recherches au C.N.R.S.
René SCHÉRER, Maître de conférences à l'Université de Paris VIII.
Hélène VÉDRINE, Professeur à l'Université de Paris I.
René VERDENAL, Chargé d'enseignement à l'Université de Tunis.

La Philosophie

Tome 3
De Kant à Husserl

Collection
marabout université

AVERTISSEMENT

*Le présent ouvrage — qui, en quatre volumes, présente les idées et les doctrines de philosophies les plus importants, de la Grèce classique à nos jours — est tiré de l'*Histoire de la philosophie, *œuvre collective en huit volumes, parue sous la direction de François Châtelet, chez Hachette Littérature en 1972-1973. Le but de cette publication est de rendre accessibles des connaissances indispensables non seulement à ceux qui sont attachés à la philosophie comme discipline, mais encore à ceux qui, plus largement, s'intéressent au mouvement des idées et de la culture. Les chapitres qui y figurent sont ceux de cette* Histoire de la philosophie, *sans corrections essentielles. Une sélection a été opérée, dont le principe a été de mettre en évidence les penseurs qui ont marqué leur temps par des inventions singulières et qui, du coup, constituent aujourd'hui dans notre horizon des points fixes permettant de mieux comprendre, par différence, notre actualité. Cela ne signifie certes pas que les auteurs et les doctrines éliminées sont sans portée. Aussi les* Introductions *placées au début de chaque volume signalent-elles ces omissions, afin d'inciter le lecteur à se reporter à l'*Histoire *— ou, mieux, aux textes des philosophes eux-mêmes...*

Car tel était le but en 1972, tel est le but dans cette publication abrégée : susciter le désir du lecteur « d'aller y voir » lui-même, de s'adresser aux œuvres et, pour ce faire, présenter celles-ci, en faciliter la lecture par l'analyse de leurs objets, de leurs objectifs, de leur contexte. Il s'agit avant tout de situer une pensée qui a compté et qui compte encore, non de la juger ; de fournir des éléments permettant de la comprendre, non de la résumer ; de souligner son intérêt en soi et pour nous, non de l'étiqueter comme dans un musée. Et pour préciser les implications d'un semblable projet, le mieux est de reprendre les indications qui figuraient au début de l'Histoire :

« On a renoncé à donner quelque leçon que ce soit et à laisser entendre, entre autres, que derrière le foisonnement des doctrines se dessine, en quelque manière, une évolution significative, un progrès, une répétition ou une régression. Il est toujours possible de construire, avec ou sans l'aide de l'érudition, une mythologie généalogique qui, mettant chaque doctrine à sa place, reconstruit l'ordre conquérant de la pensée. Des origines supposées, on va, tranquillement ou dramatiquement, positivement ou dialectiquement, jusqu'à cet aujourd'hui qui délivre l'enseignement rétrospectif et définitif. Qu'un texte théorique se donne, sous prétexte d'histoire, cette tâche, fort bien : c'est une manière de démontrer une thèse qui en vaut bien une autre. La perspective de cette œuvre-ci est différente : son but est d'informer, de mettre à jour les idées fondamentales qu'ont produites les principales doctrines ; ces idées constituent maintenant l'héritage philosophique — héritage qu'il y a à inventorier si l'on veut le mieux comprendre ou le mieux combattre.

« Or, informer, c'est noter des différences. Les historiens et les philosophes qui ont participé à ce travail se sont efforcés — chacun gardant son optique propre et n'ayant probablement en commun avec les autres coauteurs que l'exigence d'une critique scrupuleusement rationaliste — de faire apparaître des distinctions ; ils se sont appliqués à évaluer le concept ou le système de concepts qui a donné à tel penseur sa place à l'intérieur de la tradition appelée philosophie. A l'évolution, positive ou dialectique, se substitue donc une présentation différentielle. Celle-ci laisse au lecteur une autre liberté : il ne s'agit plus de s'abandonner au bon gré du devenir, mais d'apprécier des doctrines et des idées ; il importe, non de suivre une ligne, serait-elle arborescente, mais de se repérer dans un espace articulé. Bref, cette histoire de la philosophie n'est en aucune manière une philosophie de l'histoire de la philosophie.

« On comprendra aisément que dans cette optique, les éléments biographiques aient été — sauf exception — fort réduits. Sans doute y aurait-il un beau texte à composer qui serait consacré — un peu à la manière de Plutarque — à la vie des philosophes illustres. Il réserverait des surprises. Ce n'est pas ce genre de nouveautés qui est recherché, cependant, dans le présent ouvrage. S'il y a originalité, elle résultera du fait que quelque trente chercheurs ont essayé de dresser le tableau des éléments de la pensée philosophique, qu'ils l'ont fait dans le même esprit, mais sans préjugé ; qu'ils ont *compris leur entreprise, non comme une démonstration, mais comme une présentation ; non comme un édifice, mais comme une construction. Les bibliographies n'ont pas, selon les auteurs, la même importance. Là aussi, liberté a été laissée à chacun des collaborateurs de ponctuer sa communication par les références qu'il a jugées convenables. Des mises au point historiques viennent, de temps à autre, rappeler que la philosophie n'est pas une affaire « séparée » et qu'il lui arrive d'avoir un rapport direct, indirect ou contradictoire, avec les pratiques sociales et d'autres activités culturelles.*

« C'est une autre histoire de la philosophie qui apparaît ici. Ni progressiste ni neutre, mais critique ; qui ne veut ni tout dire ni dire le tout ; qui s'impose d'affirmer l'ordre ouvert des doctrines et des idées différentes. Le sérieux, dans ce genre d'ouvrage, chemine à mi-distance de l'érudition et de la vulgarisation. Car il n'y a pas de « Platon » ou de « Descartes » qu'on puisse restaurer dans leur vérité ; il y a des penseurs qu'une analyse stricte et argumentée rend, aujourd'hui, lisibles. »

La réorganisation en quatre tomes a conduit à opérer des regroupements : le premier volume traite de la philosophie critique — que l'Histoire appelle « païenne » — et de la philosophie médiévale ; le second s'occupe de ce qu'on nomme l'âge classique (XVIe — XVIIIe siècles), de la Renaissance et de la Réforme à Jean-Jacques Rousseau ; le troisième s'attache au XIXe siècle, anticipant sur celui-ci, avec Kant, allant jusqu'à Nietzsche, et débordant même sur notre siècle, puisqu'il y est question de Husserl et de Bergson ; le quatrième est consacré à la période contemporaine, de Freud à Heidegger et, de là, aux plus récents développements de la recherche philosophique.

A la fin de chaque volume figure un index comprenant de brèves notices bibliographiques sur les principaux auteurs de la période considérée. Chacun d'entre eux comporte également une introduction et une conclusion permettant d'indiquer les transitions et de souligner les principales lignes de force. Moins, il faut le répéter, pour introduire une continuité que pour marquer l'unité d'un panorama, unité faite de différences au sein d'un même projet.

INTRODUCTION

Les deux grandes figures qui limitent ce volume sont Emmanuel Kant et Friedrich Nietzsche. Car si ce troisième tome s'achève sur deux chapitres consacrés à Husserl et à Bergson, c'est pour montrer qu'en dépit de la formidable mise en question nietzschéenne, une certaine philosophie entée sur la tradition demeure, au moins comme un témoignage. D'une certaine manière, l'œuvre de Kant clôt le XVIIIe siècle : elle justifie, dans sa partie théorique, la deuxième grande révolution physicienne — celle de Newton —, et, dans sa partie morale, elle s'attache à faire valoir la liberté, qui a été l'idée-force de cette période ; elle fait écho aux inquiétudes de J.J. Rousseau, lorsqu'elle s'interroge sur ce qu'est la science, « face aux plus hautes destinées de l'homme ». Mais, en même temps, elle anticipe sur des thèmes du siècle suivant lorsqu'elle établit avec fermeté les principes et les *limites* de la connaissance expérimentale, lorsqu'elle en asseoit l'objectivité au moment même où elle lui refuse le droit de se constituer en savoir. Et quand l'Etat-nation afffirme sa puissance et son agressivité, elle appelle à la constitution d'une société qui, au-delà des particularités caractérielles, nationales et sociales, réunirait *tous* les hommes en tant qu'ils sont tous sujets libres.

Ce dernier aspect évoque l'idée d'une histoire qui pourrait devenir histoire de la liberté. Il se réfère aux espérances qui ont animé les Révolutions américaine et française. En fait, ce qui caractérise la pensée philosophique en ce XIXe siècle, c'est l'importance enfin reconnue de l'historicité des sociétés. Jusqu'alors la tendance dominante en philosophie rejetait volontiers le devenir du côté de l'inessentiel, soucieuse de fonder sa vérité sur le roc de la permanence. Tout se passe comme si, à partir de la révolution industrielle triomphante en Angleterre, de la révolution politique en France, il n'était plus possible d'ignorer la réalité de l'histoire comme constitutive de l'univers humain. Le romantisme se tourne vers le passé pour y puiser son inspiration : l'histoire comme discipline en Allemagne, en France, en Angleterre, fait un considérable bond en avant et s'impose comme lieu de la vérité : elle s'interroge sur le destin des nations, qui sont instituées comme sujets du devenir dramatique et glorieux du destin des hommes. Le développement croissant, en intensité et en extension, de la civilisation industrielle et urbaine, la conquête des territoires d'Asie, d'Afrique et d'Amérique par les Européens, qui imposent leurs modèles et exercent leur domination cruelle au nom des bienfaits de cette civilisation, les succès remportés par les sciences expérimentales et la multiplication des applications techniques qui en résultent, toutes ces données accréditent la perspective d'un progrès inéluctable. La philosophie prend en charge cette transformation profonde du réel : les grandes philosophies de l'histoire — hégélienne, positiviste, évolutionniste — s'efforcent de penser le mouvement des sociétés, de lui donner un statut d'intelligibilité, d'en conjurer les périls, d'en définir l'avenir.

Cependant, des lézardes apparaissent. Un siècle de paix, a-t-on dit, entre 1815 et 1914 (en dehors de quelques conflits locaux). Mais les Maoris et les Indiens sont exterminés ; et montent les guerres civiles qui opposent les peuples assujettis aux nations dominantes ; s'affirme avec violence l'opposition des classes ouvrières à l'exploitation capitaliste, dont Marx va s'efforcer de démonter le mécanisme caché ; s'exprime de façon véhémente — avec Kierkegaard, Stirner, Bakounine — la protestation de l'individu contre l'oppression anonyme de l'Etat. A la fin du siècle, la ferveur nietzchéenne pour la vie dénonce dans un même mouvement, l'ordre étatique, la bourgeoisie industrielle, la démocratie, le socialisme, les nationalismes de toutes couleurs, les particularismes religieux — toutes ces œuvres du ressentiment... Mais sans doute est-il trop tôt pour entendre les affirmations de Nietzsche !

François Châtelet.

I

EMMANUEL KANT ET LA PHILOSOPHIE CRITIQUE

par Louis GUILLERMIT

L'idée du système

Que la pensée kantienne soit la plus proche source vive de la philosophie moderne, cela n'est guère contesté. Mais la diversité des justifications avancées n'allège pas la tâche de celui qui s'obstine à croire que la seule fréquentation assidue des œuvres devrait lui permettre d'exposer brièvement *ce que Kant a voulu dire*[1].

Comment ne pas s'étonner par exemple qu'on ait pu naguère passer pour original en voyant en lui un *métaphysicien?* N'a-t-il pas lui-même essayé de dire quels *progrès* il avait fait faire à la métaphysique[2], prétendu écrire « les prolégomènes à toute métaphysique future qui pourra se présenter comme science[3] »? Il est vrai, mais outre que les œuvres où il expose cette nouvelle métaphysique « immanente[4] » n'ont jamais été jugées aussi importantes

1. On ne devra pas s'attendre à trouver dans cette étude un inventaire des principales thèses de la philosophie kantienne. Elle ne s'est proposé que d'en faire ressortir les intentions jugées fondamentales.
2. Il laissa inachevé un projet de mémoire destiné à répondre à la question posée en 1788 par l'Académie de Berlin : « Quels sont les progrès réels de la métaphysique en Allemagne depuis le temps de Leibniz et de Wolf? »
3. C'est le titre de l'ouvrage dans lequel il tenta en 1783 de dégager le sens de la première Critique.
4. Par opposition à l'ancienne métaphysique « transcendante », c'est celle qui se tient dans les limites des pouvoirs de la raison, telles que les reconnaît la philosophie critique.

que les trois Critiques [1], certains ne voulurent voir dans ces dernières qu'une condamnation de la métaphysique telle qu'elle était traditionnellement conçue et se préoccupèrent surtout de faire appel de ce verdict, de réhabiliter l'ontologie comme connaissance de l'absolu de l'être, confiée à quelque dialectique ou intuition intellectuelle; d'autres, à l'inverse, cherchèrent dans cette philosophie, jugée affranchie, à quelques regrettables rechutes près, de problèmes surannés, les prémisses d'une anthropologie positive. On comprend dès lors les scrupules des historiens à user d'une liberté d'interprétation dont Kant lui-même ne refusait cependant pas le principe : « Il n'y a rien d'extraordinaire à ce que, grâce à la comparaison des pensées qu'un auteur a exprimées sur son objet, on le comprenne même mieux que lui-même ne s'est compris faute d'avoir suffisamment déterminé son idée [2]. » Mais ces scrupules suscitent à leur tour d'autres difficultés : la formation du système kantien a été particulièrement longue et laborieuse; c'est seulement au bout d'un quart de siècle de « travail parcellaire » et « d'incessants mouvements de bascule [3] » que Kant, à l'approche de la soixantaine, commence à maîtriser l'originalité de la philosophie critique, dont il estime lui-même ne prendre l'entière mesure qu'une quinzaine d'années plus tard [4]. « C'est seulement après avoir pendant longtemps, sous la direction d'une idée profondément cachée en nous, rassemblé de façon rhapsodique, comme autant de matériaux, beaucoup de connaissances qui se rapportent à cette idée; ce n'est même qu'après les avoir, durant de longues années, rapprochées de façon technique qu'il nous est enfin possible d'apercevoir

---

1. *Critique de la raison pure*, 1781, 2e éd. 1787 (avec une nouvelle *Préface* et d'importants changements). — Nous renverrons à la traduction de Tremesaygues et Pacaud, revue en 1965, P.U.F. — *Critique de la raison pratique*, 1788 (trad. Picavet, P.U.F.). — *Critique de la faculté de juger*, 1790 (trad. Philonenko, Vrin, 1965). — Cités, ici, respectivement, dans les notes : *C.R.P.*, *C.R.prat.*, *C.J.*

2. *C.R.P.*, p. 263.
3. Lettre à Lambert, 31.12.1765; à M. Herz, 20.8.1770.
4. Dans la préface de la *Critique de la faculté de juger (C.J.)*.

l'idée sous un jour plus clair et d'esquisser de façon architectonique un tout selon les fins de la raison [1]. »

Osons essayer de cerner cette idée. D'abord en y voyant la
consécration d'une ambition : celle de faire enfin de la
métaphysique une science. Si la philosophie critique propose
un bilan de liquidation de l'ancienne métaphysique, jugée
« vermoulue », c'est afin d'en entreprendre la restauration
sur des bases entièrement nouvelles, et si elle se présente
bien comme « une tentative de changer la méthode suivie
jusqu'ici en métaphysique [2] », on ne voit pas qu'elle en récuse
l'objet : « Dieu, liberté, immortalité de l'âme, tels sont les
problèmes dont tous les efforts de la métaphysique cherchent la solution comme fin ultime et unique [3] »; « la théologie et la morale furent les deux mobiles ou plutôt les
deux points d'aboutissement de toutes les recherches
rationnelles [4] » : les pages finales de la dernière Critique
montrent assez qu'elles le demeurent.

Mais que la métaphysique puisse devenir une science, cela
implique évidemment qu'elle demeure une connaissance. Or
la critique commence précisément par établir, en mettant à
nu les conditions qui rendent possible la science mathématique et physique, que la connaissance ne saurait légitimement excéder les limites de l'expérience possible, au-delà
desquelles la métaphysique cherche précisément son objet.
Mais si la *connaissance* exige en effet quelque chose de plus
que la simple *pensée*, « ce plus ne doit pas être cherché
dans les sources *théoriques* de la connaissance, on peut le
trouver dans les sources *pratiques* [5] » et déterminer ainsi le
concept rationnel transcendant de l'inconditionné. C'est
en ce point que se concentre, à notre sens, ce qu'il y a de
plus original et de plus personnel dans la pensée philosophique de Kant. Abstraction faite des critiques qu'ils y
ajoutaient, Fichte en parlant de son « moralisme » et Hegel

1. *C.R.P.*, p. 559.
2. *Ibid.*, p. 21.
3. *C.J.*, § 91.
4. *C.R.P.*, p. 569.
5. *Ibid.*, p. 23.

de sa « vision morale du monde » ont touché juste, en ce sens incontestable que toute la critique n'a d'autre fin que la reconnaissance de « la suprématie du pouvoir pratique de la raison [1] ». Cette reconnaissance fait de la philosophie l'unique remède à une véritable aliénation de l'homme qui s'ignore lui-même tant qu'il ne sait pas en quoi consiste le caractère *fini* de sa raison humaine. Car il ne cesse de la mettre trop bas, lorsqu'il lui assigne la seule fonction « *pragmatique* » d'assurer son bonheur, que pour la mettre trop haut en attendant d'elle une connaissance *théorique* du supra-sensible qu'elle est incapable de lui procurer. Ce n'est pas dans la transparence d'une pénétration cognitive que la raison se manifeste à l'homme, mais bien dans l'opacité impénétrable d'un commandement qui s'impose sans avoir d'autre justification que lui-même. A cet égard on pourrait dire que le *punctum proximum* de la rationalité pour l'homme se trouve être un *punctum caecum*, puisqu'il se situe dans un *sentiment*, celui du respect pour la loi morale, qui, en tant que tel, est précisément inaliénable en connaissance. Tel est pourtant le véritable « éclairement » que procure la philosophie critique : c'est en vain qu'on attendait les lumières d'une science spéculative de l'homme, du monde et de Dieu, car ce n'est qu'en tant que sujet de la moralité que l'homme se découvre dans sa vérité de fin ultime de la création. Dès que l'homme retrouve l'éminent privilège du « fait de la raison » en se soumettant à son commandement inconditionnel, il trouve du même coup la place qui lui revient dans un monde qui prend un sens.

La philosophie comme doctrine de sagesse

« Le ciel étoilé au-dessus de moi, la loi morale en moi, objets d'admiration et de vénération toujours nouvelles et croissantes à mesure que la réflexion s'y attache. » — Le choix de cette conclusion de la seconde Critique comme

1. *C.R. prat.*, p. 129.

épitaphe au tombeau de Kœnigsberg est irréprochable. Elle évoque d'emblée les deux hommes en qui Kant vit les deux lumières de son siècle qui éclairèrent son chemin : « Newton fut le premier à voir l'ordre et la régularité liés à une grande simplicité là où il n'y avait que désordre et diversité mal agencés, et depuis, les comètes suivent des trajectoires géométriques — Rousseau fut le premier à découvrir sous la diversité des formes humaines conventionnelles la nature de l'homme dans les profondeurs où elle était cachée, ainsi que la loi secrète en vertu de laquelle la Providence peut être justifiée par ses observations... Depuis Newton et Rousseau, Dieu est justifié[1]. » On peut être surpris de voir ainsi mis au service de la traditionnelle théodicée celui qui propose aux temps modernes sa première cosmologie scientifique et celui qui leur impose avec un éclat inoubliable le thème des rapports de la culture à la nature. Et pourtant, qui connaît le dernier mot de la philosophie critique : « la téléologie morale comblant les lacunes de la téléologie physique et fondant la théologie[2] » en pourra déjà trouver la place et le sens suffisamment indiqués ici, bien avant qu'elle ait découvert les raisons de « l'insuccès de toutes les tentatives des philosophes en matière de théodicée[3] ». Il suffira que cette philosophie découvre d'abord un nouvel équilibre entre les droits du savoir et ceux de la sagesse. Kant a lui-même avoué[4] qu'il avait commencé par mettre tous ses espoirs dans la science, jusqu'au jour où la lecture de Rousseau le convainquit que les progrès des sciences et des arts ne rendaient les hommes ni meilleurs ni plus heureux : « Je suis par goût un chercheur. Je ressens toute la soif de connaître et l'avide inquiétude de progresser, tout autant que la satisfaction que procure toute acquisition. Il fut un temps où je croyais qu'il n'y avait que cela qui puisse faire l'honneur de l'humanité et je méprisais la plèbe

---

1. Notes laissées par Kant dans son exemplaire des *Observations sur le beau et le sublime* (1764), trad. Kempf, Vrin, p. 66.
2. *C.J.*, § 87.
3. Titre d'un opuscule de 1791, trad. Festugière, Vrin.
4. Notes sur les *Observations*.

qui ignore tout. Ce privilège illusoire s'évanouit, j'apprends
à honorer les hommes et je me trouverais plus inutile que le
commun des travailleurs si je n'étais convaincu que la
spéculation à laquelle je me livre peut conférer à tout le
reste une valeur : faire ressortir les droits de l'humanité. »
Cette véritable conversion marque profondément une conception de la philosophie consubstantielle à son caractère
critique : elle subordonne sa notion « scolastique », qui ne se
propose rien d'autre que l'unité systématique et la perfec-
tion logique de la connaissance, à sa notion « cosmique » qui
touche à « ce qui intéresse tout homme ». Le savant ne peut
déterminer la fin de la science que selon un concept scolastique en n'y trouvant strictement qu'une aptitude parmi
d'autres en vue de certaines fins arbitraires; aussi n'est-il
qu'un « artiste de la raison », tandis que le philosophe, tel du
moins qu'il trouve existence en Idée, en est le « législateur »,
car « la philosophie est la science du rapport que comporte
toute connaissance aux fins essentielles de la raison
humaine ». Or, la fin ultime, celle qui n'en suppose plus
aucune autre comme condition de sa possibilité « n'est
autre que la destination totale de l'homme et la philosophie
de cette destination s'appelle la *morale ;* aussi a-t-elle la
prééminence sur toutes les autres acquisitions de la raison »,
ce qui justifie parfaitement l'identification du philosophe
et du moraliste qu'on n'a cessé de faire depuis l'Antiquité [1].
« S'il est une science dont l'homme ait besoin c'est bien
celle qui lui enseigne à occuper comme il faut la place qui lui
est assignée dans la création et dont il peut apprendre ce
qu'il faut être pour être un homme [2]. » Que la philosophie,
loin d'être le privilège de l'aristocratie savante des Écoles,
concerne au premier chef *tout* homme, et qu'elle soit avant
tout *morale,* ce sont là deux convictions aussi profondes
qu'étroitement liées dans l'esprit de Kant. C'est pour avoir
commencé par admirer « à quel point dans l'intelligence
commune de l'humanité la faculté de juger en matière

1. *C.R.P.,* pp. 561-562.
2. Notes sur les *Observations,* p. 72.

pratique l'emporte en tous points sur la faculté de juger en matière théorique[1] » qu'il en vient à soutenir que « la philosophie définie comme doctrine de sagesse présente cet avantage sur la philosophie comme science spéculative de n'être dérivée de rien d'autre que du pur pouvoir pratique de la raison, c'est-à-dire de la morale[2] ».

La philosophie comme critique

Pourquoi cette philosophie se qualifie-t-elle de *Critique?* A n'en pas douter, ce terme a retenu pour une part le sens qu'il avait trouvé dans son application au domaine de l'exégèse et surtout du goût, où s'illustrait l'analyse que la Logique avait déjà pu faire du jugement comme *discernement*, qui distingue et sépare ce qui se trouve d'abord confondu, et comme *appréciation* qui décide de la valeur. La critique telle que Kant la conçoit, est « une mise à l'épreuve et une justification[3] » et, de ce fait, tient à la fois, en une alliance qui fait son originalité, de la *science* et du *tribunal*. En effet, la mise à l'épreuve se doit de prendre, pour éviter le risque d'un jugement arbitraire, la forme d'une véritable « expérimentation de la raison pure » : que, par exemple, la raison soit en proie à un conflit avec elle-même tant que la distinction entre *penser* et *connaître* n'a pas été faite, c'est bien la *preuve* de la nécessité d'une telle distinction[4]; de même on peut *constater* que la raison en présence de la loi morale abandonne le mobile de l'utilité au profit de la véracité, tout comme le chimiste voit l'esprit de sel abandonner la chaux qu'il précipite pour s'unir à l'alcali[5]. De même encore les mathématiques font du caractère intuitif et *a priori* de l'espace et du temps une « indu-

1. *Fondements de la Métaphysique des mœurs (F.M.M.)*, trad. Delbos, p. 107.
2. *Progrès de la métaphysique*, trad. Guillermit, Vrin, p. 63.
3. *C.R.P.*, p. 6, p. 47.
4. *Ibid.*, p. 19.
5. *C.R. prat.*, pp. 98-99.

bitable certitude et non une simple possibilité ou vraisemblance [1] ». De façon générale, le changement de méthode en métaphysique, s'il n'est introduit d'abord « qu'à titre d'essai », « réussit à souhait puisqu'il permet d'expliquer la possibilité d'une connaissance *a priori* et de munir les lois qui servent *a priori* de fondement à la nature de *preuves* suffisantes [2] ». Ainsi la critique s'astreint à présenter une rigueur toute scientifique et fait entendre l'écho du célèbre « *hypotheses non fingo* » de Newton en affirmant qu'elle exclut tout ce qui n'est que « simple opinion » et traite « comme marchandise prohibée tout ce qui ressemble à une hypothèse [3] ».

Mais d'autre part il n'est nullement contingent que la critique use si constamment du style juridique : sa fonction est d'invalider des prétentions abusives et de légitimer des droits. Cela ne tient pas seulement à ce qu'une loi de l'histoire la fait apparaître en un temps d'indifférentisme, lui-même engendré par l'incessant conflit du dogmatisme et du scepticisme, ce qui la met en position d'arbitre face au champ de bataille où s'affrontent les métaphysiques dont l'état de nature est un état de guerre. Plus profondément, ce juridisme s'enracine dans la fonction essentielle de la raison qui est la *législation* : elle donne des lois à la nature et à la liberté. Mais tant qu'elle ne s'est pas critiquée, elle n'a pas connaissance d'elle-même, ce qui fait qu'elle légifère sans savoir quelles sont les limites des domaines d'application légitime de ses lois : « L'usage de la raison ne s'acquiert pas de lui-même, comme celui des pieds, par la seule fréquence de l'exercice [4]. » » De là vient que circulent tant de concepts « usurpés », dont il est fait un usage abusif. Tant qu'elle ne s'est pas critiquée, la raison pure, absolument indépendante de toute expérience, ne connaît pas les limites de son pouvoir théorique, elle ignore que les concepts qui lui sont propres ou Idées sont bien des pensées,

1. *C.R.P.*, p. 70.
2. *Ibid.*, p. 30.
3. *Ibid.*, p. 8.
4. *C.R. prat.*, p. 174.

mais non des connaissances. Et c'est dans ces conditions qu'à l'édifice de la science bâti par l'entendement dans les limites de l'expérience possible, celui des mathématiques par la construction des concepts dans l'intuition, celui de la physique, par l'invention des schèmes sensibles propres à leur donner sens et contenu, la raison annexe, sous le nom de métaphysique, ce « palais de rêve » d'une prétendue science de la substance spirituelle, du cosmos pris comme totalité inconditionnée, de Dieu comme être de tous les êtres. De même, la raison est pratique puisqu'elle peut déterminer la volonté ; encore faut-il qu'elle trouve en outre la règle de son emploi en elle-même et non dans son conditionnement empirique comme ce sera le cas tant que l'homme se persuadera qu'elle peut lui assurer le bonheur alors qu'elle peut seulement l'en rendre digne. Voilà en quel sens la critique est « l'invitation faite à la raison d'entreprendre à nouveau la plus difficile de toutes ses tâches, la connaissance de soi-même et d'instituer un tribunal qui la garantisse dans ses prétentions légitimes et puisse en retour condamner toutes ses usurpations sans fondement [1] ». Législatrice suprême, seule la raison peut se constituer ainsi en tribunal de dernière instance ; au surplus ce tribunal se présente comme une sorte de Cour de cassation, pourrait-on dire, en ce sens que, sans avoir à connaître du fond, il doit seulement décider si le verdict a ignoré ou méconnu le droit ou le domaine de légitimité défini par la loi : de fait, « la critique n'a en propre aucun domaine pour ce qui est des objets ; car elle n'est pas une doctrine ; il lui suffit de rechercher si et comment, étant donné la nature de nos facultés, on peut lui demander une doctrine [2] ». C'est à ce titre qu'elle peut être l'idée intégrale d'une philosophie qualifiée de *transcendantale* précisément parce qu'elle se propose « non l'extension des connaissances elles-mêmes, mais leur justification, qu'elle doit fournir la pierre de touche qui décide de la valeur ou de la non-valeur de toutes les connaissances

1. *C.R.P.*, p. 7.
2. *C.J.*, p. 25.

a priori..., et que l'on nomme : transcendantale toute connaissance qui de façon générale s'occupe moins des objets que
de nos concepts *a priori* des objets, de notre manière de
connaître les objets en tant que ce mode de connaissance
doit être possible a priori [1] », car la raison ne peut se poser
que des problèmes qu'elle est capable de résoudre : « Aucune
des questions qui concernent un objet donné à la raison
pure n'est insoluble pour cette même raison humaine...
le même concept qui nous met à même de poser la question
doit aussi nous rendre absolument capable d'y répondre [2]. »

Mais on ne saurait aller jusqu'au fond de cette notion
de critique sans s'attacher à la définition que Kant en donne
dans sa généralité : elle est, dit-il, « le libre et public examen par la raison [3] ». Ce lien de la liberté et de la publicité
nous met au plus intime de sa pensée et va même jusqu'à
nous faire entrevoir sinon les limites, du moins les difficultés les plus redoutables de la tâche critique. L'*Aufklärung*,
l'éclairement, la diffusion des lumières « n'exige rien d'autre
que la liberté et même, à vrai dire, que la forme la plus innocente de tout ce qui peut s'appeler liberté, celle de faire
un *usage public* de sa raison dans tous les domaines [4] ».
Cette exigence de publicité est si fondamentale qu'elle
gouverne les rapports de la morale et de la politique : l'existence des sociétés secrètes, par exemple, est aussi intolé-
rable à une politique intérieure que celle des clauses secrètes
dans les traités internationaux doit l'être en politique extérieure ; « l'illégitimité de la rébellion se manifeste en ce que
la *publicité* de la maxime qui la permettrait rendrait impossible son propre but [5] ». La publicité est en effet l'antidote
au mal qui, inévitablement, affecte l'homme jusqu'en son
fond : l'*égoïsme* qui le conduit à la *dissimulation* : « Dès
qu'il commence à dire : Je, il fait apparaître partout son

---

1. *C.R.P.*, p. 467.
2. *Ibid.*, p. 366.
3. *Ibid.*, p. 6.
4. « Réponse à la question : qu'est-ce que « les lumières » (Aufklärung ?),
1784, dans *La philosophie de l'histoire*, trad. Piobetta, Aubier, p. 85.
5. *Sur la paix perpétuelle*, 1795, *Appendice II*, 1.

Moi bien-aimé et l'égoïsme progresse irrésistiblement, non pas à découvert, car l'égoïsme des autres lui fait obstacle; mais de façon dissimulée [1]. » Cette dissimulation constitue le mécanisme même de l'immoralité qui consiste, tout en maintenant publiquement l'éminente valeur de l'universalité, par exemple de la véracité, à s'en excepter personnellement en secret : « chacun considère la loi morale comme ce qu'il peut déclarer publiquement, mais chacun voit ses maximes comme ce qui doit rester caché [2] ». Prendre la licence de se retirer ainsi dans le for intérieur constitue la falsification par excellence de l'autonomie. Précisément parce qu'il est une raison finie, « l'homme n'est pas une possession de soi-même [3] ». Il ne saurait s'appartenir entièrement, car tout comme il est, en tant qu'animal, soumis aux lois de la nature, en tant que raisonnable, c'est de façon primordiale, dans la soumission à la loi morale qu'il entre en rapport avec la raison. Il a bien celle-ci en partage, mais non en toute propriété, et c'est sous forme de commandement inconditionnel qu'elle se révèle à lui; c'est par elle qu'il se fait et se sait libre, mais il lui est impossible de *savoir* ce qu'est cette liberté. Or, « même dans les manifestations de la pensée spéculative où cependant les hommes trouvent beaucoup moins d'obstacles à faire ouvertement l'aveu de leurs pensées de plein gré et sans rien cacher et où ils n'ont aucun avantage à agir ainsi, on peut déceler la fausseté, la dissimulation, l'hypocrisie [4] », et c'est précisément pourquoi la méthode critique se qualifie de *sceptique*, au sens premier du terme, c'est-à-dire qu'elle se présente comme volonté d'*examen* public pour faire échec à « l'égoïsme logique » du dogmatisme qui « ne tient pas pour nécessaire de vérifier son jugement d'après l'entendement d'autrui, comme s'il n'avait aucun besoin de cette pierre de touche [5] ». Rien ne montre mieux à quel point la conception philosophique

1. *Anthropologie*, § 2 trad. Foucault, Vrin, p. 18.
2. *Ein Vorlesung über Ethik*, éditée par Menzer, p. 52.
3. *Ibid.*, p. 207.
4. *C.R.P.*, p. 512.
5. *Anthropologie*, § 2.

de Kant est morale jusqu'en son tréfonds que cette véritable éthique de la pensée formulée en trois préceptes [1] :
le premier prescrit de *penser par soi-même* c'est-à-dire de
se déprendre de cette lâche connivence générale où chacun
s'abandonne à l'assentiment du voisin en une immense
falsification qui fait passer la collectivité de la représentation
pour universalité, et qui est la source du préjugé et de la
superstition. L'homme « éclairé » est celui qui, en surmontant la passivité de la raison, sort d'une « minorité » intellectuelle dont il est seul responsable « par paresse et lâcheté »
et qui n'est « qu'incapacité à se servir de son intelligence
sans être dirigé par autrui [2] ». Le deuxième est précisément
le précepte du « pluralisme » qui prémunit de l'égoïsme
logique, car « penserions-nous beaucoup et penserions-nous
bien, si nous ne pensions pas pour ainsi dire en commun
avec d'autres qui nous font part de leurs pensées et auxquels nous communiquons les nôtres [3] »? Il prescrit donc
de penser en se mettant *à la place de tout autre*, « en faisant
abstraction des attraits et émotions qui risquent d'être
propres à la singularité individuelle pour se hausser au mode
de représentation, à la forme de pensée qui devrait s'imposer
à tout homme, ouvrant ainsi un esprit spontanément borné
à des vues « élargies ». Le troisième enfin enjoint de « penser
de façon *conséquente* » et c'est la maxime la plus difficile
à suivre car elle suppose qu'on pratique déjà les deux précédentes. Elle exige qu'on demeure toujours d'accord avec
soi-même, en matière théorique qu'on refuse de reculer
devant les conséquences de principes vérifiés pour se laisser
aller à l'éclectisme d'un compromis de doctrine, en matière
pratique qu'on ne cède jamais à la faiblesse de demander
pour soi une seule exception à l'universalité de la loi morale.
Il est clair que ces préceptes vont bien au-delà d'une sorte
d'hygiène mentale dont on attendrait profit, bien au-delà
de simples règles de méthode dictées par un souci d'habi-

1. *C.J.*, § 40.
2. *Lumières*, p. 83.
3. *Qu'est-ce que s'orienter dans la pensée?*, 1786. Trad. Philonenko,
Vrin, p. 86.

leté ou de prudence, comme le souligne Kant lui-même en précisant que ce ne sont pas là des règles de pensée, mais des maximes de *la manière* de penser. C'est en effet au mensonge lui-même qu'on s'attaque et il n'est rien de moins que « le point de corruption de la nature humaine, par où le mal a fait son entrée dans le monde [1] ». Mal si radical que Kant doute qu'il soit possible de l'extirper entièrement : « Le bois dont l'homme est fait est tellement courbe qu'on ne peut en équarir rien de parfaitement droit [2] »; il demeure capable, en tout débat philosophique, de troubler la perspective de paix perpétuelle que la philosophie critique devrait en principe rendre sereine [3].

L'unité des trois Critiques

La distinction des trois Critiques, leur succession dans le temps selon le cours d'une découverte progressive et même imprévue [4] ne doivent pas constituer un obstacle insurmontable à la recherche de ce qui peut en faire l'unité profonde [5].

Lorsqu'on voit la première définir ainsi son objectif : « En vue d'y élever le majestueux édifice moral, déblayer et affermir le sol miné par toutes sortes de galeries que la raison en quête de trésors y a creusées sans résultat en dépit de bonnes intentions et qui menacent la solidité de l'édifice à construire [6] », on est en droit de comprendre que Kant n'a cru pouvoir porter remède à l'impuissance où il trouvait

1. *Annonce de la proche conclusion d'un traité de paix perpétuelle en philosophie*, 1796, trad. Guillermit, Vrin, p. 124.
2. *Idée d'une histoire universelle*, 1784, 6e proposition, trad. Piobetta, p. 68.
3. *Annonce...*, ce sont les titres des deux sections.
4. La première *Critique* excluait la philosophie pratique de la philosophie transcendantale (p. 48, p. 541); niant que le sentiment puisse être déterminé *a priori*, elle excluait également en fait la troisième *Critique* (p. 64, note).
5. Kant s'est lui-même appliqué à la mettre en évidence dans les *Progrès de la métaphysique*.
6. *C.R.P.*, p. 266.

la métaphysique à se constituer comme science que parce qu'il s'oriente déjà d'une certaine manière, vers « le primat de la raison pratique ». Loin de croire que cet échec soit sans appel, il est au contraire convaincu qu'il résulte seulement d'une « *méprise* », d'un « *malentendu* [1] » sur la fonction et la destination véritables de la raison. On ne s'est pas trompé sur les fins de la métaphysique : Dieu, la liberté, l'immortalité, de façon générale, la théologie et la morale ; mais on n'a pas trouvé la bonne route pour y atteindre en suivant la voie de la spéculation théorique, en cherchant à constituer au-delà des limites de toute expérience possible une science du supra-sensible, bref en faisant de la métaphysique une sorte d'hyper-physique. Ce faisant, on a méconnu les véritables conditions de possibilité de la connaissance. Il faut donc commencer par les exposer dans une Analytique qui décompose le pouvoir de connaître en ses éléments pour mettre à jour une logique de la vérité. Nous ne voulons pas dire par là que Kant n'a élaboré une théorie de la connaissance, (de l'espace, du temps, de la substance, de la causalité, etc.) que parce qu'il avait besoin de démontrer la nécessité de réorienter l'entreprise métaphysique. Il est au contraire bien certain qu'il lui a accordé un intérêt spéculatif propre et qu'il l'a fait profiter de ses opiniâtres recherches antérieures de philosophe d'École. Mais cela ne saurait faire perdre de vue que sa fonction architectonique est de permettre d'exposer la Dialectique, c'est-à-dire la logique de l'apparence, de l'illusion dont la raison devient le jouet dès que son usage l'égare en de vaines tentatives pour parvenir à une connaissance théorique du supra-sensible [2].

Jusque-là, la critique ne remplit encore qu'une fonction de limitation, c'est « une instruction *négative*, une discipline, c'est-à-dire la contrainte qui réprime la tendance constante

---

1. Ces deux termes reviennent souvent dans la *C.R.P.*, par exemple : pp. 307, 308, 453, 508, 538, etc., *C.R. prat.*, p. 4.
2. « Notre laborieuse Analytique de l'entendement serait tout à fait superflue si nous n'avions en vue autre chose que la simple connaissance de la nature. » *Prolégomènes*, § 44, p. 111.

qui nous pousse à nous écarter de certaines règles [1] ». Mais elle prend « une utilité positive d'importance capitale dès lors qu'on est convaincu qu'il existe un usage pratique absolument nécessaire de la raison pure : *l'usage moral* [2] ». En effet c'est moins la raison dans sa fonction propre que *l'entendement* qui légifère pour la nature comme objet des sens en vue d'une connaissance théorique de celle-ci dans une expérience possible, et Kant en devient parfaitement conscient dans la préface de la troisième Critique : « C'était proprement l'entendement qui a son domaine propre dans le pouvoir de connaître qu'il fallait installer contre tout compétiteur dans sa propriété sûre, mais unique, par la critique désignée de façon générale comme *Critique de la raison pure*. » Celle-ci établit que « la connaissance de ce que nous nous représentons par la pensée, la détermination de l'objet, exige une intuition. Mais en l'absence de l'intuition, la *pensée* de l'objet conserve ses conséquences vraies et utiles sur *l'usage de la raison* par le sujet; or cet usage n'a pas pour fin la détermination de l'objet et par suite, la connaissance, mais la détermination du sujet et de son vouloir [3] ».

C'est dans ces conditions qu'un concept se trouve alors privilégié jusqu'à devenir « la clef de voûte de l'ensemble de l'édifice de la raison pure [4] » : celui de *liberté*. La première Critique avait établi qu'elle était *possible*, mais elle n'en pouvait poser le concept que *problématiquement*. La seconde « découvre les moyens de prouver que cette propriété appartient en fait à la volonté humaine »; elle montre que la raison, pourvu qu'elle soit pure, c'est-à-dire, à l'inverse de l'entendement dans sa fonction de connaissance, affranchie de toute limitation empirique, peut être inconditionnellement pratique, bref, elle établit qu'il y a une raison pure pratique [5]. Manifestée par la loi morale (« tu dois,

1. *C.R.P.*, p. 491.
2. *Ibid.*, p. 22.
3. *Ibid.*, p. 143, note.
4. *C.R. prat.*, p. 1.
5. *Ibid.*

donc tu peux ») la liberté est désormais avérée dans sa *réalité ;* elle demeure tout aussi incompréhensible ; nous n'en pénétrons pas davantage la nature, mais nous en connaissons *a priori* la possibilité parce qu'elle est la condition de la loi morale dont nous avons la révélation dans le respect et l'obéissance. Ainsi « l'énigme de la critique » est résolue : « On peut dans la spéculation dénier la réalité objective à l'usage supra-sensible des concepts purs et cependant la leur reconnaître relativement aux objets de la raison pratique [1]. » Donc, tout comme *l'entendement* dans la première Critique, c'est *la raison* qui, dans la seconde, « se voit assigner ce qui lui revient en propre : c'est pour la seule faculté de désirer qu'elle recèle des principes *a priori* [2] » ; ainsi, de même que la tâche propre de l'entendement est de connaître ce qui est, celle de la raison est de dicter ce qui doit être.

Dès lors la critique a mené à terme sa fonction propédeutique à l'égard de la métaphysique, car « il n'y a que deux sortes de concepts qui admettent autant de principes différents de la possibilité de leurs objets : les concepts de la *nature* et le concept de la *liberté* [3] ». Mais bien qu'un « abîme infranchissable » [4] les sépare, c'est pourtant dans le monde sensible que la liberté doit réaliser la fin que lui imposent ses lois ; « la nature doit pouvoir être pensée de telle manière que la légalité de sa forme s'accorde tout au moins avec la possibilité des fins qui doivent être réalisées en elle selon les lois de la liberté [5] ». La morale, téléologie pure pratique, ne peut donc négliger la *possibilité* de ses fins dans le monde « tant pour ce qui est des causes finales qui y sont données que pour ce qui est aussi du rapport de convenance qu'il y a entre la cause suprême du monde et un système de toutes les fins conçu comme son effet ; elle ne devra donc pas plus négliger la téléologie naturelle que la possibilité

1. *C.R. prat.*, p. 3.
2. *C.J.*, préface, p. 18.
3. *C.J.*, introd., p. 21.
4. *Ibid.*, p. 25.
5. *Ibid.*

d'une nature en général[1] ». Cette dernière a son fondement dans l'entendement, comme l'a montré la première Critique, sous la forme des lois universelles. Mais les lois empiriques particulières conservent en elles quelque chose d'indéterminé par les lois universelles. Il faut pourtant qu'un système de l'expérience selon ces lois particulières soit possible, bien que l'unité de la nature selon ses lois empiriques demeure parfaitement contingente au regard de l'entendement. Ainsi se trouve marquée la différence entre deux fonctions de *la faculté de juger* : tant qu'elle ne fait que subsumer le particulier dans la nature sous la loi universelle, elle n'a pas à penser pour elle-même cette loi puisque c'est l'entendement qui la procure; mais quand cet universel lui fait défaut, il faut qu'elle donne à sa réflexion sur l'immense variété des formes naturelles un principe : c'est celui d'une *finalité* de la nature, d'une appropriation de la nature aux facultés de notre esprit. La faculté de juger est donc, avec l'entendement et la raison, la troisième faculté de connaître supérieure, c'est-à-dire autonome[2]; elle trouve en elle la loi de son exercice, les principes *a priori* pour une faculté de l'esprit, en l'espèce pour le sentiment de plaisir et de déplaisir. Ce sentiment repose en effet sur la relation des objets représentés à nos facultés de connaître, soit que nous considérions ces objets uniquement dans leur forme sensible : nous jugeons belles les formes de la nature qui permettent un jeu libre et harmonieux de notre entendement et de notre imagination — soit que nous les considérions dans l'unité rationnelle des lois particulières auxquelles ils sont soumis : autant il nous déplairait de nous heurter à une irréductible diversité des lois particulières, autant nous nous plaisons à ramener l'hétérogénéité des lois empiriques à l'unité d'un principe. Ainsi se trouve fondée et légitimée une vision de la nature sous l'espèce d'une organisation de fins ordonnées à une fin ultime dont la raison pratique exige la possibilité de réalisation sous le

1. *Sur l'emploi des principes téléologiques en philosophie*, 1788, trad. Piobetta, pp. 208-209.
2. *C.J.*, introd., p. 42.

nom de souverain bien. Cette nature fait en quelque sorte le lit de la liberté : la beauté symbolise l'action de cette dernière puisqu'elle affranchit de l'attrait sensible et éveille l'intérêt pour la moralité; en admettant, pour comprendre les productions de la nature, une finalité, c'est-à-dire une causalité par concepts, la faculté de juger fraie la voie à la volonté, faculté d'agir par principes. « Entre les trois pures Idées de la raison : Dieu, liberté, immortalité (problèmes dont tous les efforts de la métaphysique cherchent la solution), celle de liberté est le seul concept du supra-sensible qui prouve sa réalité objective dans la nature par l'effet qu'il peut y produire; nous détenons donc un principe capable de destiner l'idée du supra-sensible en nous et du coup hors de nous à une connaissance; il est vrai que c'est au seul point de vue pratique, mais la philosophie uniquement spéculative qui ne pouvait donner de la liberté qu'un concept négatif, ne pouvait espérer y parvenir [1]. »

La révolution copernicienne

« Nous ne prétendons connaître une chose par la raison que lorsque nous avons conscience que nous aurions pu la connaître même si elle ne nous avait pas été présentée ainsi dans l'expérience; aussi connaissance *rationnelle* et connaissance *a priori* sont-elles choses identiques [2]. » La forme supérieure de la connaissance rationnelle serait donc atteinte par la métaphysique qui prétend « s'élever par le seul moyen de concepts complètement au-dessus des enseignements de l'expérience [3] ». Une telle prétention est-elle légitime? On ne saurait l'affirmer en prétendant qu'il existe d'ores et déjà une métaphysique constituée comme science, et c'est précisément ce qui motive la « question critique : une métaphysique est-elle possible? question qui ne saurait non plus admettre comme réponse des objections

1. *C.J.*, § 91, p. 276.
2. *C.R. prat.*, p. 9.
3. *C.R.P.*, p. 18.

sceptiques à certaines assertions de quelque métaphysique existante, car nous n'en admettons encore aucune; la réponse doit se tirer du concept encore tout problématique d'une telle science [1] ». Le caractère radical de la question critique est donc comparable en principe au caractère hyberbolique du doute cartésien décrétant de réputer fausse toute connaissance qui, dès l'instant qu'elle peut être rendue douteuse, ne saurait recevoir le nom de science, ou encore au refus husserlien d'accepter pour la *mathesis universalis* le modèle d'aucune science existante.

Toutefois il faut ici tenir compte d'une forte présomption : « Chez tous les hommes, dès qu'en eux la raison s'est élevée jusqu'à la spéculation, il y a eu réellement une métaphysique et on ne cessera même jamais de l'y trouver [2] »; « lors même que toutes les autres sciences ensemble seraient englouties dans le gouffre d'une barbarie qui dévasterait tout, elle n'en subsisterait pas moins [3] ». Il est vrai qu'on ne peut reconnaître son existence qu'à l'état de « disposition naturelle » et que son « état de nature », loin d'être celui d'une science, est « un état de guerre »; loin de faire l'accord de tous les esprits comme c'est le cas de toute science véritable, elle est plutôt le « champ de bataille » où l'affrontement des adversaires traduit en fait un conflit de la raison avec elle-même. Est-ce à dire qu'il faut se résigner à n'y voir qu'un simple souhait de l'ordre des désirs vains, impossibles à satisfaire? N'oublions pas qu'on peut déceler en ceux-ci « la conséquence d'une bienfaisante disposition de notre nature : si pour nous déterminer à user de nos forces, il fallait d'abord que nous soyons certains que notre pouvoir est suffisant pour produire un objet, la plus grande partie de nos forces demeurerait inemployée [4] ». Kant illustre ici la forte conviction d'ordre téléologique qui ne cesse de l'animer : la création doit avoir un sens, qu'il doit être possible de déchiffrer; « toute disposition prise par la

1. *Prolégomènes*, trad. Gibelin, Vrin, p. 32.
2. *C.R.P.*, p. 44.
3. *Ibid.*, p. 18.
4. *C.J.*, introd., p. 26, note.

nature est bonne à quelque fin — les poisons eux-mêmes sont aussi des remèdes. Ainsi même les objections à l'endroit de ce dont la raison simplement spéculative se persuade et se targue, c'est la nature de la raison elle-même qui nous les propose ; il faut donc qu'elles aient leur bonne fin et destination, dont il faut nous garder de faire fi [1] ». En définitive l'hypothèse d'une raison fallacieuse n'est pas moins à exclure que ne l'était pour Descartes celle d'un Dieu trompeur : « Combien peu de motifs nous avons de nous fier à notre raison si, non contente de nous abandonner dans l'un des principaux objets de notre curiosité, elle nous lanterne d'illusions pour finalement nous tromper ! » Nous pouvons donc être assurés que « la nature n'a pas pu mettre en vain en notre raison cette tendance inlassable qui lui fait rechercher la trace de la métaphysique comme si c'était l'un de ses intérêts les plus considérables [2] ».

Ainsi se spécifie la présomption dont nous venons de donner la formule générale : si jusqu'à présent la métaphysique n'a pas encore trouvé la voie sûre de la science, si la raison continue à donner « le spectacle triste et humiliant d'un conflit avec elle-même [3] », c'est qu'il doit y avoir quelque part un « malentendu » ; la raison a dû s'égarer par suite de quelque « méprise ». Il faut donc tenter de la remettre sur la bonne route. Ainsi s'impose le projet d'un « changement de méthode ». Un tel projet est en tout état de cause assuré d'aboutir à la constitution d'une science, car à supposer (comme ce sera précisément le cas) que la critique conclue à l'impossibilité de trouver pour l'ancienne métaphysique dogmatique un statut scientifique, avec la certitude de cette impossibilité nous aurons, par une corrélation nécessaire, celle de la possibilité d'une métaphysique nouvelle, dût-elle se borner à être « la science des limites de la raison » : puisque « l'on ne peut pas s'en tenir à la simple disposition naturelle pour la métaphysique, c'est-à-dire au pouvoir rationnel lui-même... il faut qu'il soit

1. *C.R.P.*, p. 510.
2. *Ibid.*, p. 18.
3. *Ibid.*, p. 508.

possible de parvenir en ce qui la concerne à la certitude
ou de la connaissance ou de l'ignorance des objets, c'est-
à-dire de se prononcer soit sur les objets en question, soit
sur la capacité ou l'incapacité de la raison de rien juger
par rapport à elle, et par conséquent ou bien d'étendre avec
confiance notre raison pure, ou bien de lui assigner des
limites définies et fermes ... La critique de la raison finit
donc nécessairement par conduire à la science [1] ».

Le changement de méthode annoncé, resté célèbre sous
le nom de révolution copernicienne, trouve son principe
dans la conjonction de deux paradigmes qui, dans leur fonction propre « d'avertissement et de modèle », permettent
de tirer profit de précédents historiques : l'un est l'avènement au statut scientifique de « deux connaissances théoriques de la raison devant déterminer leurs objets *a priori* »,
la mathématique et la physique; l'autre est le progrès
décisif que fit faire à l'astronomie le choix de l'hypothèse
inverse de celle qu'elle avait commencé par adopter sans
même y voir une hypothèse. Les deux paradigmes ont une
essence commune que le concept désigne comme *paradoxe*
et l'image comme *renversement*. Paradoxalement, c'est seulement lorsque la raison s'est détournée d'une expérience
auprès de laquelle il semblait naturel qu'elle cherchât à
s'instruire pour se retourner vers elle-même et ses ressources
propres que mathématique et physique sont sorties de leur
préhistoire pour devenir des sciences. Paradoxe également
que le renversement du géocentrisme de Ptolémée lorsque
Copernic améliora la mécanique céleste en supposant que
l'observateur terrestre tournait autour des astres immobiles.
Ainsi, puisque, en admettant comme on l'a fait jusqu'à
ce jour que notre connaissance devait se régler sur les objets,
on n'a pas réussi à accroître la connaissance en tentant de
porter sur eux un jugement *a priori* par concept, faisons
l'essai de l'hypothèse inverse : supposons que ce sont les
objets qui doivent se régler sur notre connaissance. L'hypothèse peut paraître absurde; mais ne perdons pas de vue la

1. *C.R.P.*, pp. 44-45.

prétention du projet métaphysique : connaître *a priori*
les objets c'est-à-dire « établir quelque chose à leur égard
avant qu'ils nous soient donnés [1] ». Sans doute il pourra
d'abord paraître « extravagant et absurde [2] » de faire de
l'entendement humain la source des lois de la nature. Mais
aussi il n'est pas question des lois empiriques de cette nature,
celles qui régissent la chute des corps ou le mouvement des
planètes, dont la découverte demeure la tâche du *physicien* ;
il s'agit, pourrait-on dire, de la légalité même de ces lois,
des lois universelles qui les rendent possibles, par exemple
du principe de causalité, qui énonce « que tout ce qui arrive
est toujours déterminé d'avance par une cause selon des
lois constantes ».

Ainsi se découvre le premier domaine dont la nouvelle
hypothèse permet de constituer la science : celui du pouvoir
de connaître *a priori* où « rien ne peut être attribué aux objets
que ce que le sujet pensant tire de lui-même »; science de
« notre manière de connaître les objets en tant que ce mode
de connaissance doit être possible *a priori* », articulant
« le système de tous les concepts et de tous les principes
qui se rapportent à des *objets en général*, sans prendre en
compte des objets qui seraient donnés ». Du coup l'ancienne
ontologie, science de l'être en tant qu'être, reçoit une définition nouvelle : elle est « la science des *choses en général*,
c'est-à-dire de la possibilité de notre connaissance des choses
a priori, indépendamment de l'expérience » — et prend la
forme nouvelle d'une Analytique, c'est-à-dire d'une « décom-
position du pouvoir de l'entendement lui-même ». Science
du rapport de notre connaissance, non plus aux choses,
mais à la « faculté de connaître », c'est là, en conséquence du
renversement copernicien de l'hypothèse, ce qui vaut à
cette science la qualification de *transcendantale*. Du coup
elle n'est plus, comme autrefois, partie intégrante de la
métaphysique, elle en devient « la préface », la « propédeutique », le « vestibule d'entrée [3] », puisqu'elle décide préa-

1. *C.R.P.*, p. 19.
2. *Ibid.*, p. 143.
3. Par exemple, *C.R.P.*, p. 563.

lablement de sa possibilité. Or c'est précisément ainsi qu'elle prend la forme d'une « science des limites de la raison », car elle découvre que cette dernière ne peut exercer son pouvoir spéculatif qu'à l'intérieur des limites de l'expérience possible et par conséquent qu'il faut renoncer à constituer la métaphysique comme science du supra-sensible. Elle n'en ouvre pas moins la voie à une métaphysique conçue à nouveaux frais comme science du pouvoir législateur de la raison dans les deux domaines où elle exerce légitimement celui-ci, dans son double usage spéculatif et pratique, celui de la *nature* et celui de la *liberté*. Ainsi à l'ancienne « métaphysique au sens strict, celle de la raison spéculative », la première partie de la nouvelle que nous venons de voir se définir comme critique, conduit à substituer une seconde partie désignée comme « physiologie rationnelle », c'est-à-dire science purement rationnelle de la nature considérée cette fois comme ensemble des objets *donnés*. Mais, dira-t-on, « comment puis-je, de prime abord attendre une connaissance *a priori*, donc une métaphysique, d'objets qui sont donnés à nos sens et par conséquent *a posteriori* ? Et comment est-il possible, selon des principes *a priori* de connaître la nature des choses et d'arriver à une physiologie rationnelle ? La réponse est que nous ne prenons de l'expérience rien de plus que ce qui nous est nécessaire pour nous donner un objet [1] ». De cette métaphysique de la nature, Kant devait donner les *Premiers principes* en 1786, et le « Passage » à la science de la nature allait occuper les dernières années de sa vie *(Opus postumum)*.

La synthèse, objet propre de toute la critique

Lorsque, vers la fin de sa vie, Kant essaie de prendre la mesure des progrès que sa philosophie a fait faire à la métaphysique, il estime que le premier pas a été franchi avec la distinction entre la forme *synthétique* et la forme

---

1. *C.R.P.*, p. 566.

analytique du jugement, le second lorsqu'il posa la question :
comment des jugements *synthétiques a priori* sont-ils
possibles? le troisième enfin lorsqu'il formula le problème :
comment une *connaissance a priori* par jugements synthétiques est-elle possible? De fait l'introduction de la Première
Critique désignait déjà cette question comme « problème
général de la raison pure »; la nécessité de procéder à la
seconde s'imposa dès que l'impératif catégorique dans
l'obligation morale apparut comme synthèse *a priori ;* la
troisième ne manque pas de faire valoir que le jugement de
goût étant lui aussi une synthèse *a priori,* le problème
propre de la critique de la faculté de juger appartient au
problème général de la philosophie transcendantale. Que
signifie au juste cette synthèse « objet propre de toute la
critique [1] »?

Le cadre le plus général du problème de la synthèse est
celui de la connaissance comme progrès, comme enrichissement de la pensée. Si un jugement ne fait qu'attribuer au
concept un prédicat qu'il y découvre par analyse, il est
simplement *explicatif.* Il est synthétique s'il est *extensif,*
c'est-à-dire s'il élargit la connaissance en ajoutant au
concept quelque chose qu'il n'impliquait pas d'abord. « Le
terme de synthèse exprime clairement qu'au concept donné
quelque autre chose doit *s'ajouter* comme substrat, qui me
permette de m'élever avec mes prédicats au-dessus de ce
concept [2]. » Or « que je puisse étendre ma connaissance
au-delà d'un concept donné, c'est ce que m'enseigne l'extension quotidienne de mes connaissances *au moyen d'une expérience toujours croissante* ». S'il n'y a dans ce cas aucun
mystère, c'est que pour m'enrichir, je puise dans le trésor
de l'expérience. Mais comment expliquer la progression
d'une connaissance purement rationnelle? il faut que la
synthèse s'y effectue *a priori,* mais d'où vient en ce cas le
« quelque chose de plus »? « pour *ajouter* avec vérité à ce que
je pense déjà dans les concepts *a priori* que je possède, à
quel principe dois-je recourir »? Pourtant c'est un fait qu'il

1. *C.R.P.,* p. 48.
2. *Réponse à Eberhard,* 1790, trad. Kempf, p. 101.

existe des connaissances rationnelles qui ne cessent de progresser dans la voie sûre de la science. Ainsi la mathématique pure paraît bien nous donner l'exemple d'une sorte de parthénogénèse de la raison puisqu'on y trouve « une véritable débauche de jugements synthétiques *a priori*[1] » : elle ne cesse de découvrir des propositions nouvelles sans jamais recourir à l'expérience. Et l'on peut en dire autant de la physique pure, c'est-à-dire de la mécanique rationnelle, ainsi qualifiée précisément parce que l'expérimentation y est inutile. Quel peut bien être le secret de la fécondité de telles connaissances *a priori?*

Lorsque j'étends ma connaissance par l'expérience, c'est que je trouve en celle-ci des choses « qui n'étaient pas encore pensées dans mon concept et dont j'apprends qu'elles lui sont liées[2] ». C'est donc un apport extra-conceptuel qui est la source d'enrichissement de ma connaissance : Il faut que quelque chose me soit donné, que je puisse le recevoir, qu'il se mette à être « pour moi » en m'affectant. « La représentation qui dépend de façon *immédiate* de la présence de l'objet » se nomme *intuition*, « la capacité de recevoir des représentations grâce à la manière dont nous sommes affectés par les objets », *sensibilité*, « l'impression de l'objet sur la faculté représentative en tant que nous en sommes affectés, sensation[3]. » C'est donc l'espèce empirique de l'intuition, celle qui se rapporte à l'objet au moyen de la sensation, qui rend possible la synthèse *a posteriori*. Faut-il donc admettre que seule une intuition *a priori* permet une synthèse *a priori?* Mais l'expression paraît d'abord contradictoire puisqu'on demande à une telle intuition à la fois de *précéder* l'objet (en tant qu'elle est *a priori*) et de le *donner* (en tant qu'elle est intuition). La seule façon de lever la contradiction est de concevoir cette intuition comme la *forme* de la sensibilité qui rend possibles les impressions par lesquelles les objets m'affectent[4].

1. *Réponse à Éberhard*, p. 101.
2. *Ibid.*, p. 94.
3. *C.R.P.*, p. 53.
4. *Prolégomènes*, § 7-10, pp. 42-44.

« En mettant de côté tout ce qu'il y a d'empirique et de réellement sensible dans l'espace et le temps (dureté, couleur d'un corps, par exemple), je trouve que subsistent l'espace et le temps eux-mêmes, tels des êtres singuliers [1]. » Ce sont ces principes de coexistence et de succession qui permettent à la mathématique de se donner intuitivement ce qu'elle pense conceptuellement, de construire ses concepts dans l'intuition, celui de droite par exemple en décrivant le plus court chemin d'un point à un autre, ou celui de nombre par l'opération d'addition (3 = 2 + 1).

Tel est le premier résultat de la révolution copernicienne : « Si l'intuition devait se régler sur la nature des objets, je ne vois pas comment on pourrait connaître quelque chose *a priori* ; si au contraire l'objet, comme objet des sens, se règle sur la nature de notre pouvoir d'intuition, je puis me représenter à merveille cette possibilité [2]. » Elle nous fait reconnaître que « ce n'est pas la forme de l'objet tel qu'il est en soi, mais la forme du sujet, c'est-à-dire de la sensibilité qui rend possible l'intuition *a priori* [3] ». La démonstration de *l'idéalité* de l'espace et du temps, objets de cette science de la sensibilité *a priori* que Kant appelle Esthétique transcendantale, se résume donc ainsi : il est impossible d'étendre sa connaissance au-delà du concept sans recourir à quelque intuition et, si cette extension doit avoir lieu *a priori*, sans recourir à une intuition *a priori*, laquelle est à son tour impossible si on ne la cherche dans la nature formelle du sujet et non dans celle de l'objet [4].

La nouveauté introduite par cette révolution peut être appréciée par une comparaison avec les conceptions courantes du rationalisme depuis Descartes. Ainsi tout se passe comme si elle poussait à bout la distinction vulgarisée par Locke entre les qualités secondes et les qualités premières : celle-ci admettait déjà que la couleur d'un corps, par exemple, était une qualification relative à notre façon de

---

1. *Réponse à Eberhard*, p. 94.
2. *C.R.P.*, p. 19.
3. *Progrès de la métaphysique*, p. 19.
4. *Progrès de la métaphysique*, p. 21.

percevoir et non une propriété de la chose telle qu'elle existe en elle-même; il faut aller plus loin et en dire autant de son étendue : « Toutes les propriétés constitutives de l'intuition d'un corps relèvent de son *apparition (Erscheinung*[1]*).* » Tel est en effet le terme par lequel Kant désigne « l'objet indéterminé de l'intuition empirique[2] » (qui se rapporte à l'objet au moyen de la sensation). Il demeure indéterminé tant que l'acte spontané de l'entendement ne l'a pas « pensé selon l'unité de ses concepts pour en faire un *phénomène (Phaenomenon)* », et l'on peut parfaitement supposer, par fiction, le cas où « l'entendement ne trouverait pas les apparitions du tout conformes aux conditions de son unité[3] » : elles n'en apparaîtraient pas moins pour cela. Ce qui signifie qu'il faut reconnaître dans la sensibilité une source propre de la connaissance, au lieu de ne voir dans le sensible que de l'intellectuel confus, comme le faisaient Leibniz et Wolff. Cette apparition n'a rien d'une simple apparence qui pourrait se révéler illusoire; elle est authentiquement la représentation de quelque chose qui se donne au sujet comme l'affectant, car il serait absurde de parler d'apparition si quelque chose n'apparaissait pas. Mais c'est dire qu'il faut se garder de croire que la représentation désigne l'existence d'une impression en moi, simple modification psychique toute subjective, et de distinguer l'apparition et la chose elle-même comme un contenu de conscience et une réalité correspondante, car il ne s'agit que d'une même chose, « l'objet pris en deux sens[4] » : au moment même où ma réceptivité sensible me rend présente l'existence de la chose, ma spontanéité intellectuelle la *pense* comme existence « en soi », c'est-à-dire, par exemple, comme pouvant être rendue présente autrement qu'à cette sensibilité qui est propre à l'homme. La chose ainsi prise comme objet d'une pure pensée sera dite *noumène*, à la façon dont

1. *C.R.P.*, p. 68.
2. *Ibid.*, p. 53.
3. *Ibid.*, p. 103.
4. *Ibid.*, p. 23.

elle est dite *phénomène* quand elle est prise comme objet qui apparaît. Il serait absurde « de ne point admettre de chose en soi ou de vouloir donner notre expérience pour seul mode de connaissance possible des choses, donc notre intuition dans l'espace et le temps pour la seule intuition possible, notre entendement discursif pour le prototype de tout l'entendement possible [1] ». Bref il serait parfaitement outrecuidant de faire de l'homme, en ce sens, la seule mesure des choses. Dans ces conditions, la reconnaissance de l'idéalité de l'espace et du temps en tant qu'ils sont les formes *a priori* de la sensibilité introduit bien à un *idéalisme*, mais celui-ci étant *transcendantal*, c'est-à-dire appliqué au rapport de notre connaissance non pas aux choses, mais à la faculté de connaissance, est parfaitement compatible avec un *réalisme empirique* qui laisse hors de conteste la réalité des choses.

Cependant c'est en franchissant le troisième pas, c'est-à-dire en posant la question : comment une *connaissance a priori* par jugements synthétiques est-elle possible? que la philosophie critique a touché au fond du problème de la synthèse. Au témoignage de Kant lui-même, deux choses l'ont « réveillé de son sommeil dogmatique », l'une est la découverte des antinomies : « ce ne sont pas les recherches sur l'existence de Dieu, l'immortalité, etc., qui furent mon point de départ, mais l'antinomie de la raison pure : le monde a un commencement — il n'a pas de commencement, etc., jusqu'à la troisième : il y a une liberté en l'homme —, il n'y a au contraire aucune liberté en lui, tout y est nécessité naturelle; voilà ce qui tout d'abord me réveilla de mon sommeil dogmatique et me poussa à la critique même de la raison, pour mettre un terme au scandale d'une contradiction manifeste de la raison avec elle-même [2] »; l'autre est la lecture de Hume « qui donna à mes recherches en philosophie spéculative une tout autre direction [3] ». Si diverses paraissent d'abord ces causes du réveil, qu'on peut

1. *Prolégomènes*, § 57.
2. Lettre à Garve, 21.9.1798.
3. *Prolégomènes*, p. 13.

faire une hypothèse sur la manière dont elles se sont conjuguées : le scandale de l'antinomie révélant l'impuissance de la métaphysique à se constituer comme science, a pu conduire Kant à s'interroger sur les conditions de possibilité de la connaissance, afin de voir s'il était possible ou non d'y satisfaire en métaphysique. Telle était précisément la démarche de Hume qui eut avant tout aux yeux de Kant le mérite de poser de façon décisive le problème de la connaissance sous sa forme spécifique, celle de l'*objectivité* bien qu'il se soit montré lui-même incapable de lui trouver une solution satisfaisante. Or nous savons d'autre part que ce fut là le problème central dans l'élaboration de la Critique. Après la Dissertation de 1770, où s'exposait déjà en substance l'Esthétique transcendantale, « il me manquait encore quelque chose d'essentiel ... la clé de toute l'énigme de la métaphysique : quel est le fondement sur lequel repose la relation de ce que l'on nomme en nous : représentation, à *l'objet* ? comment mon entendement peut-il se former lui-même tout à fait *a priori* des concepts des choses avec lesquels les choses doivent nécessairement s'accorder ? comment peut-il établir quant à leur possibilité des principes réels avec lesquels l'expérience doit s'accorder fidèlement et qui pourtant ne dépendent pas d'elle [1] » ? Il faut encore préciser que lorsque Kant abordait ce problème, il était animé par deux convictions qui n'avaient cessé de s'affirmer au cours de la période pré-critique [2] : la première est que l'existence n'est pas un prédicat, le simple « complément de la possibilité », mais bien « l'absolue position de la chose ». Alors que le rationalisme cherchait ce qu'on pourrait appeler « l'étalon de l'être » dans la *pénétration* d'une *pensée* qui s'éclaire elle-même et privilégiait la mathématique dans la compréhension de l'être, l'empirisme le trouve dans l'*impression* qui s'*impose* à l'esprit. Le succès de la physique expérimentale de Newton fut

---

1. Lettre à M. Herz, 21.2.1772.
2. L'opuscule de 1763 : *Essai pour introduire en philosophie le concept de grandeurs négatives*, trad. Kempf, Vrin, en donne le témoignage le plus net.

sans doute pour beaucoup dans l'adhésion de Kant au
« principe de Hume de ne pas pousser dogmatiquement
l'usage de la raison au-delà du domaine de l'expérience
possible [1] ». La seconde conviction c'est que la relation
physique de *cause à effet* ne se laisse pas réduire à la relation
logique de principe à conséquence. « La règle de notre
raison ne concerne que la comparaison selon l'identité et
la contradiction. Or dans la mesure où quoi que ce soit est
cause, quelque chose est posé par autre chose et il devient
impossible d'obtenir entre ces deux termes une relation
par identité. » C'est sur ce point précis que Hume a lancé
un « défi » à la raison : il l'a « sommée » d'expliquer de quel
droit elle pense qu'une chose puisse être de telle nature qu'une
fois posée, il s'ensuivra nécessairement qu'une *autre* chose
doive aussi être posée, comme le prétend le concept de
cause.

Si Hume a conduit Kant à poser le problème de la synthèse dans toute sa généralité jusqu'à en faire l'objet même
de la critique, c'est qu'il a parfaitement discerné que la
connaissance en ce qu'elle a de propre consistait dans le
dépassement du donné : « Il pensait que dans les jugements
d'une certaine espèce nous *dépassons* notre concept de
l'objet. C'est à ces jugements que j'ai donné le nom de
synthétiques [2]. » Chaque fois que je touche la pierre que je
vois exposée au soleil, je la sens chaude. Mais je ne m'en
tiens pas à cette seule révélation sensible : j'affirme que
c'est le soleil qui est *cause* de la chaleur de la pierre. De quel
droit passé-je ainsi de la conscience d'une succession de
mes impressions à l'affirmation d'une connexion à la fois
logique (nécessaire) et réelle (efficiente) de causalité ? Hume
a cru qu'il fallait chercher le fondement de ce dépassement,
qui prend la forme d'une croyance confiante *(belief)*, dans
des principes de la nature humaine : l'habitude d'associer
mon réveil matinal au lever du soleil m'amène « douce-
ment », en renforçant peu à peu le lien d'association, à

1. *Prolégomènes*, § 58.
2. *C.R.P.*, p. 103.

m'attendre chaque jour à l'aurore. Mais cette explication pose deux questions : la première est de savoir si elle procure un fondement suffisant aux propositions scientifiques qui se caractérisent comme telles par l'accord qu'elles imposent à tous les esprits. Or cette nécessité et cette universalité sont les deux critères infaillibles d'un mode *a priori* de la connaissance dont la source est la raison et non l'expérience. C'est pourquoi Leibniz faisait déjà valoir que l'astronome, qui connaît le phénomène « par raison », trouvera dans l'absence d'aurore à la Nouvelle-Zemble non la déception de son attente, mais la confirmation de sa prévision. Mais c'est une deuxième question qui va donner tout son relief à l'originalité de la réponse kantienne : ce qui est surprenant et exige explication, ce n'est pas que je m'attende à trouver la pierre chaude, mais c'est qu'elle le soit *en effet*. Si Kant s'était contenté d'opposer les principes *a priori* issus de la raison aux principes de la nature humaine mis en avant par Hume, l'affrontement du rationalisme et de l'empirisme en serait resté au point où les *Nouveaux Essais* l'avaient laissé. Mais précisément il a su montrer sur quel point l'équivalence des hypothèses sur les principes n'était qu'apparente : il ne suffit pas de supposer qu'une faculté interprète les phénomènes, il faut expliquer que les phénomènes se *soumettent effectivement* à ses procédés. Il se pourrait faire que « dans la série des phénomènes rien ne se présentât qui fournît à l'entendement une règle pour sa synthèse et qui correspondît par conséquent au concept de la cause et de l'effet, si bien que ce concept serait tout à fait vide, chimérique et dépourvu de sens [1] ». Ainsi Hume a bien découvert la loi d'association « en vertu de laquelle les représentations qui se sont souvent suivies et accompagnées finissent par s'associer entre elles et par former ainsi une liaison telle que, en l'absence de l'objet, une de ces représentations fait passer l'esprit à une autre, suivant une règle constante ». Mais, c'est ici le point décisif : « cette loi, à vrai dire simplement empirique, de la reproduction *suppose que*

1. *C.R.P.*, p. 203.

*les phénomènes eux-mêmes soient soumis réellement à une
telle règle* et que ce qu'il y a de divers dans leurs représentations forme une série ou une séquence conforme à certaines
règles ; car autrement notre imagination empirique n'aurait
jamais rien à faire qui fût conforme à son pouvoir et demeurerait donc enfouie au fond de l'esprit comme une faculté
morte et inconnue à nous-mêmes. Si le cinabre était tantôt
rouge, tantôt noir, tantôt léger, tantôt lourd ... mon imagination empirique ne pourrait jamais trouver l'occasion de
recevoir dans la pensée le lourd cinabre avec la représentation de la couleur rouge [1] ». Or si Hume a bien aperçu la
difficulté, il n'a pas cru devoir la traiter comme telle et s'est
contenté de dire : « Voilà donc une sorte d'harmonie préétablie entre le cours de la nature et la succession de nos
idées [2]. »

Or ce recours à l'harmonie préétablie, Kant le qualifie
sévèrement de « moyen de salut bien pire que le mal auquel
il devait porter remède, car à cette harmonie on ne peut
ramener cette *nécessité objective* qui caractérise les purs
concepts de l'entendement et les principes de leur application aux phénomènes [3] ». Bref, si Hume a bien vu que la
connaissance est synthèse, il a manqué la solution du problème de l'objectivité, parce qu'il s'est mépris sur la notion
d'expérience. La sensation qui représente l'objet donné dans
son existence et que son lien à la conscience transforme en
perception n'est que la *matière* de l'expérience. « Quand je
dis que l'expérience m'enseigne quelque chose, ce que j'ai
en vue, ce n'est jamais que la *perception* qu'elle contient [4]. »
A ce titre il est bien vrai qu'elle est irremplaçable dans son
rôle de donné : elle seule peut m'apprendre par exemple
que la chaleur du soleil fond la cire tandis qu'elle durcit
l'argile. Mais ce que Hume n'a pas vu, c'est que « lorsqu'on
parle de différentes expériences, il ne s'agit alors que d'au-

1. *C.R.P.*, pp. 112-113.
2. *Enquête*, V, A.
3. *Premiers principes métaphysiques de la science de la nature*, 1786,
trad. Gibelin, Vrin, p. 19.
4. *Prolégomènes*, § 22, note p. 76.

tant de perceptions qui, en tant que telles, relèvent d'*une seule et même expérience* générale. De même qu'il n'y a qu'un espace et un temps où aient lieu toutes les formes du phénomène, de même il n'y a qu'une expérience où toutes les perceptions soient représentées comme se trouvant en connexion complète et conforme à des règles [1] ». Donc « quand la cire, auparavant solide, vient à fondre, je puis connaître *a priori* que quelque chose a dû précéder, par exemple, la chaleur du soleil, dont la fusion a été la conséquence selon une loi constante, bien que cependant je ne puisse, *a priori* et sans enseignement de l'expérience, connaître d'une manière déterminée ni la cause par l'effet, ni l'effet par la cause ». Ainsi, « la synthèse des objets de l'expérience *réelle* qui, de fait, est toujours empirique » a masqué à Hume « le passage du concept d'une chose à l'expérience *possible* qui a lieu *a priori* et constitue la réalité objective du concept [2] ».

Donc l'expérience n'est pas réductible à une sorte d'épreuve dont le sujet serait le siège. Hume a bien vu que, en tant que tel, le « donné » que le sujet ne pouvait que « recevoir » ne recelait pas ce qui permettait de le dépasser en connaissance, mais il n'a pas reconnu dans ce dépassement une authentique *synthèse*, l'acte de « poser ensemble », que le sujet « doit faire lui-même », la manifestation originale de la spontanéité intellectuelle : « Il ne lui est pas venu à l'esprit que l'entendement pouvait être par ses concepts propres le *créateur* de l'expérience qui lui fournit ses objets [3]. » C'est à la nature qu'il a confié le soin d'établir l'*harmonie* en son sein. Mais la connaissance scientifique de cette nature nous en propose une tout autre représentation : celle d'une *soumission* de tous les objets de l'expérience à des lois. Or ces lois n'existent pas davantage *dans* les phénomènes que ces derniers n'existent *en soi* : de même que ceux-ci n'existent que relativement au sujet en tant qu'il est doué d'une sensibilité, de même celles-là n'existent que relati-

1. *C.R.P.*, pp. 123-124.
2. *Ibid.*, p. 522.
3. *Ibid.*, p. 106.

vement au sujet en tant qu'il est doué d'un pouvoir législateur [1]. Il n'est donc nullement besoin de se réfugier dans
l'hypothèse d'une harmonie préétablie puisqu'on doit reconnaître que, tout comme l'espace et le temps contiennent les
conditions qui permettent l'*intuition* nécessaire à l'expérience, les concepts purs de l'entendement contiennent celles
de la *pensée* dans une expérience possible, donc que les
conditions qui rendent possible l'expérience sont les mêmes
qui rendent possibles les objets de l'expérience [2]. Par là se
trouve condamné le projet d'une métaphysique conçue
comme une connaissance du supra-sensible, au-delà des
limites de l'expérience possible. L'usage que le sujet fait
de la raison ne pouvant plus être rapporté à la connaissance,
c'est-à-dire à la détermination de l'objet, doit alors l'être à
la détermination du sujet [3].

L'objectivité pratique

Il est d'autant plus inopportun de parler de « la morale »
d'un philosophe, et, du coup, de s'exposer au risque d'en
faire une théorie parmi d'autres (que ce soit celle du philosophe lui-même ou celles d'autres philosophes), que la fin
ultime assignée à l'entreprise philosophique aura été la
réponse à la question : que dois-je faire? Ainsi de Spinoza
en quête d'un bien qui soit vraiment souverain allant jusqu'à désigner son ontologie comme Éthique; de Descartes
déclarant n'avoir philosophé que pour marcher avec assu-
rance dans la vie; de Platon pour qui la seule question :
qu'est-ce que l'homme? suffit à définir la philosophie parce
qu'elle signifie : que convient-il à sa nature de faire ou de
subir autrement que les autres êtres [4]? Mais, le cas de Kant
est à cet égard « surdéterminé », pourrait-on dire. Si, rétro-

1. *C.R.P.*, p. 141.
2. Cette identité fondamentale est maintes fois formulée dans la *C.R.P.*,
par exemple, pp. 125-126.
3. *C.R.P.*, p. 143.
4. *Théétète*, 174 B.

spectivement, il disqualifie comme « sommeil dogmatique » sa longue carrière de philosophe d'École, c'est au fond parce qu'il fait dater l'avènement de la critique, comme nous l'avons vu, de la découverte de la suprématie de la raison pratique. Il estime alors être dans le vrai, parce qu'il a retrouvé ce qui est déjà de toute nécessité. Si les trois questions que pose la philosophie prise en son sens cosmique : que puis-je savoir? que dois-je faire? que m'est-il permis d'espérer? se ramènent en définitive à une quatrième qui les implique, toutes : qu'est-ce que l'homme[1]? c'est que celui-ci, en tant que raison finie, ne saurait exister que sur le mode pratique de la rationalité, dont la connaissance n'est par conséquent rien d'autre que la conscience exacte de son être. Il est donc décisif que soient par avance disqualifiés tous ceux qui croient pouvoir parler de la « morale de Kant » par la façon dont lui-même a donné acte à son premier censeur de ce qu'il n'avait en effet prétendu établir aucun *principe* nouveau de la moralité, mais qu'il avait tenté seulement d'en proposer une *formule* nouvelle. Qui aurait l'outrecuidance d'introduire un principe nouveau et de se prétendre le premier à le découvrir? comme si avant lui le monde avait été dans l'ignorance ou l'erreur générale touchant la nature du devoir[2]!

La sincérité de Descartes à prétendre qu'il eut « beaucoup d'heur » de trouver la seule méthode qui soit la bonne pour conduire sa raison est l'exacte mesure de sa conviction que cette méthode n'est rien d'autre que la seule démarche qui soit naturelle à cette raison : loin qu'il s'agisse d'agencer par artifice un dispositif de règles qui la contraignent à toutes forces à s'engager en certaines voies, il s'agit bien plutôt d'écarter les obstacles qui l'empêchent de marcher de son propre pas, que ce soit les préjugés d'enfance qui en offusquent la lumière ou les chaînes dont les dialecticiens l'ont importunément chargée. Bref, il n'est aucun effort à faire pour inventer ce que devrait être cette démarche, il

---

1. *Logique* (1800), trad. Guillermit, Vrin, p. 25.
2. *C.R. prat.*, p. 6.

s'agit seulement, si difficile que ce soit, de revenir à ce qu'elle est naturellement. Il y a quelque chose de comparable dans la conception kantienne de la philosophie pratique : elle s'assigne comme tâche de formuler *in abstracto* ce qui est déjà *in concreto*. Est-ce à dire qu'elle se charge seulement de dire tout haut et clairement ce que chacun se contente de penser confusément? On pourrait le croire, à prendre à la lettre l'espoir annoncé par Kant d'être entendu du mathématicien qui sait mieux que quiconque toute la valeur de la seule formulation exacte d'un problème[1]. Pourtant la relation inverse importe sans doute encore davantage, car quel sens pourrait avoir une formule qui ne s'enracinerait pas dans une expérience vivante? De fait non seulement la raison humaine commune a toujours sous les yeux et emploie comme règle de son jugement le principe que la philosophie ne fait que formuler sous une forme séparée et universelle, mais c'est elle que des motifs tout pratiques (et nullement un besoin spéculatif) poussent à faire un pas dans le champ de la philosophie pratique, parce qu'elle est la proie d'une « dialectique naturelle » propre à la raison finie : celle-ci ne peut que commander sans avoir égard à des besoins et inclinations qu'elle n'a cependant pas le pouvoir de supprimer. Mais la sagesse résidant bien plutôt dans la conduite que dans le savoir, si elle a encore besoin de la science, ce n'est pas pour en tirer enseignement, mais pour procurer accès et solidité à ses prescriptions. Du coup, réciproquement, c'est comme tâche morale que la philosophie se détermine. « En son sens littéral de doctrine de sagesse, elle a une valeur absolue puisqu'elle est la théorie de la fin ultime de la raison humaine qui ne peut être qu'unique, car toutes les autres fins doivent lui être soumises ou subordonnées et le philosophe pratique accompli (c'est un idéal) est celui qui satisfait en lui-même à cette exigence[2]. » Pour se hausser à son sens cosmique en se manifestant comme zèle pour la sagesse, la philosophie se doit de se soumettre à la

1. *Ibid.*, note.
2. *Préface* au livre de Jachmann sur la philosophie religieuse, 1800.

même contrainte qui caractérise le devoir dans la condition humaine de la raison finie. Elle ne peut faire autre chose que connaître comme impératif ce que la vie humaine éprouve comme commandement : « La représentation d'un principe objectif en tant que ce principe est contraignant pour une volonté s'appelle un commandement, et la formule du commandement s'appelle un impératif[1]. »

Voilà pourquoi c'est comme philosophie *pratique* que la philosophie *critique* va faire le plein de son sens en y trouvant en quelque sorte une parfaite adéquation à elle-même. Seule la seconde critique est proprement critique de la *raison*. S'il n'est pas nécessaire de procéder à une critique de la *raison pure* pratique, c'est qu'il suffit d'établir *qu'il y a* une raison pure pratique, « car si elle est effectivement pratique, elle prouve par le fait même sa réalité et rend inopérant tout argument captieux contestant la possibilité qu'elle soit telle [2] ». Elle n'a pas à être déduite, c'est-à-dire justifiée dans sa prétention, car elle s'expose d'elle-même à l'être fini qu'est l'homme en s'imposant inconditionnellement à lui. La conscience de sa foi fondamentale : « agis en sorte que la maxime de ta volonté puisse toujours valoir en même temps comme principe d'une législation universelle », est « *le fait de la raison (factum rationis)* qui s'annonce par là comme législative de façon originaire : *sic volo, sic jubeo* [3] ». En effet, pour manifester son pouvoir législateur la raison n'a besoin que de se *supposer elle-même*, car la règle n'est objective et n'a de valeur universelle que si elle est valable indépendamment des conditions subjectives et accidentelles qui distinguent un être raisonnable d'un autre. Aussi, loin d'être limitée aux hommes elle vaut « pour tous les êtres finis qui ont raison et volonté et même pour l'être infini comme intelligence suprême [4] ». Il est remarquable que Kant dise exactement la même chose de ce fait de la raison pure qu'est la loi morale et du système de la raison

1. *F.M.M.*, p. 123.
2. *C.R. prat.*, p. 1.
3. *Ibid.*, p. 31.
4. *Ibid.*, p. 32.

pratique : « *il se soutient* de lui-même [1] ». Aussi voyons-nous ici « la philosophie placée dans une position critique qui doit être ferme sans avoir ni dans le ciel ni sur la terre de point d'attache ou de point d'appui. Elle doit faire la preuve de sa pureté au titre de gardienne de ses propres lois et non pas de héraut de celles que lui inspire un sens inné ou je ne sais quelle nature tutélaire [2] ».

La difficulté extrême de la position où la philosophie se trouve mise par l'obligation de procéder à cette double exclusion de toute révélation transcendante (théologie) et de toute détermination empirique (eudémonie) prend l'exacte mesure de la condition *finie* de la raison humaine. Lorsque Kant analyse [3] les dispositions originaires de la nature humaine, c'est-à-dire « Les éléments qui font nécessairement partie de la possibilité de son être et les formes de leur liaison, requises pour qu'il soit ce qu'il est », outre la disposition à l'animalité (instincts purement naturels qui ne supposent en rien la raison), il en distingue deux autres qu'il prend grand soin de ne pas confondre : en tant qu'être vivant et en outre raisonnable l'homme possède une diposition à *l'humanité*; en tant qu'être raisonnable et en outre responsable (car ce n'est strictement qu'à ce titre que ses actions peuvent lui être imputées), il a une disposition à la *personnalité*. Or la seconde n'est nullement contenue dans la première, car « *de ce qu'un être a de la raison, il ne s'ensuit pas encore que celle-ci soit pratique* », c'est-à-dire qu'elle ait le pouvoir de déterminer le libre arbitre de façon inconditionnelle par la simple représentation que sa maxime peut être érigée en loi universelle. « Il se pourrait faire que l'être du monde le plus raisonnable n'ait pas la moindre idée de la possibilité d'une chose telle que la loi morale qui *ordonne de façon absolue* et *se fait connaître elle-même* en vérité comme le motif suprême. Si cette loi ne nous était pas *donnée en nous-mêmes* nous serions incapables d'en produire une sem-

1. *Ibid.*, p. 47 et p. 6.
2. *F.M.M.*, p. 145.
3. *La religion dans les limites de la simple raison*, 1793, trad. Gibelin, Vrin, p. 45 et suiv.

blable par aucune ratiocination ni de l'imposer au libre arbitre à force de discours; et pourtant c'est cette loi seule qui nous rend conscients de l'indépendance de notre libre arbitre à l'égard de la détermination par tous les autres mobiles (donc de notre *liberté*) et du coup, de l'imputabilité de toutes nos actions [1]. » On ne saurait affirmer plus nettement le lien indissoluble entre la liberté et la facticité de la loi qui l'annonce et en constitue la seule attestation possible, aussi indubitable qu'incompréhensible. Il est donc essentiel d'essayer de comprendre en quel sens cette facticité exprime le dernier mot de la rationalité pour l'homme.

La disposition à l'humanité, c'est la forme physique de l'amour de soi qui met la raison à son service. Cette interférence fondamentale entre la raison et la nature est nécessaire, parce que l'homme est un être fini, qui, comme tel, a des inclinations à satisfaire. La raison se fait ici besogneuse et se manifeste d'abord comme *habileté* dans l'usage des moyens qui permettent aux inclinations d'atteindre leurs fins, dont la diversité est telle que la raison ne peut proposer les principes de cet usage que de façon problématique. Mais loin de s'aliéner entièrement dans cette pure agilité *technique*, elle exerce sa puissance d'universalité et d'inconditionnalité en se manifestant comme *pragmatique* : tous les hommes se proposent effectivement, en vertu d'une nécessité naturelle, une même fin unique qu'ils nomment : *bonheur*, et la raison énonce, de façon assertorique cette fois, ses impératifs comme règle de *prudence*, c'est-à-dire « d'habileté dans le choix des moyens conduisant au plus grand bien-être [2] ». Le concept de bonheur, « maximum de bien-être possible pour tout le temps, présent et futur [3] », est authentiquement une Idée, c'est-à-dire un concept propre de la raison et non de l'entendement qui l'aurait « abstrait des instincts et de l'animalité de l'homme [4] ». Comme toute Idée de la raison, elle dépasse toute expérience possible et ne saurait donc

1. *Ibid.*
2. *F.M.M.*, p. 128.
3. *Ibid.*, p. 132.
4. *C.J.*, § 83, p. 240.

être empiriquement présentée. Mais ici ce qui est grave, c'est qu'il s'agit de l'Idée « d'un état auquel l'homme ne cesse de vouloir rendre son état adéquat *sous de simples conditions empiriques* [1] ». Aussi l'Idée de la raison se dégrade-t-elle en idéal de l'imagination et la contradiction théorique se fait-elle impossibilité pratique : bien qu'ils soient incapables de fixer et de définir ce concept « branlant et flottant », les hommes s'obstinent à poursuivre le bonheur. C'est qu'ils ne peuvent en effet y renoncer, car « être heureux est nécessairement le désir de tout être *raisonnable mais fini*, c'est inévitablement un principe déterminant de la faculté de désirer [2] ». Se trouvant ainsi en quelque sorte acculés, les hommes « mêlent l'imagination et les sens à l'entendement » pour tenter de fixer l'impossible image de ce dont ils auraient besoin pour n'avoir plus rien à désirer. Cet idéal d'affranchissement total, de pure autarcie n'est que le reflet instable et grimaçant, la contrefaçon sur le plan naturel, de l'autonomie, privilège de la pure raison. Ce dont, en fait, les hommes font l'expérience, c'est de son passage dans le contraire : *l'hétéronomie*, car c'est *par autrui* qu'ils se font finalement dicter leur idéal de vie : « C'est seulement par comparaison avec les autres qu'on s'estime heureux ou malheureux [3] », et l'on peut reconnaître dans l'inclination à imiter autrui « qui contraint à se laisser conduire servilement par le simple exemple de la majorité [4] » la même « folie » que dans la passion. En fin de compte, rien de plus relatif que cette prétendue règle absolue : « A toutes les époques de l'humanité, aussi bien que dans toutes les classes sociales à une même époque, trouve place un bonheur qui est exactement approprié aux conceptions de la créature et à son adaptation au milieu où elle est née et où elle a grandi [5]. »

On peut retrouver dans les profondeurs de cette critique

1. *C.J.*, § 83, p. 240.
2. *C.R. prat*, p. 24.
3. *Religion*, p. 46.
4. *Anthropologie*, § 71.
5. Compte rendu de Herder, (1785), trad. Piobetta, p. 124.

du rationalisme eudémoniste la reprise à nouveaux frais du fameux thème de Rousseau : l'homme qui pense est un animal dépravé. L'eudémonisme est par excellence la mésaventure de la condition finie de la raison, qui n'y trouve pas plus son compte que la nature n'y trouve le sien. Se mettant au service des inclinations naturelles, la raison y connaît la servitude et, de besogneuse, elle devient captive dans les passions. Elle est en effet à leur principe, puisque « toute passion implique toujours chez le sujet la maxime d'agir selon une fin prédéterminée par l'inclination [1] ». Mais si cette dernière vient à s'imposer aux dépens de toutes les autres, ce fait de « prendre un élément de la fin pour le tout contredit la raison dans son principe formel »..., ce qui définit la passion strictement comme « folie ». Ainsi l'inclination à exercer une influence sur autrui, « celle qui s'approche le plus de la raison technique et pratique, c'est-à-dire des maximes de prudence [2] », en s'attachant aux principaux moyens d'emprise sur autrui : l'honneur, la puissance et l'argent, engendre les folies d'ambition, de domination et d'avarice. Or ces passions sont proprement la « gangrène de la raison pure pratique », maladie incurable puisque « le malade ne veut pas être guéri et se soustrait au principe qui seul pourrait opérer cette guérison [3] ». C'est ainsi qu'une raison trop humaine s'empêche elle-même de se manifester comme purement pratique. Mais d'un autre côté la rationalité transit si profondément la nature en l'homme que celle-ci à son tour se trouve trahie par l'eudémonisme : le bonheur est bien la fin dernière *naturelle* de l'homme, mais celle-ci ne saurait être la fin de la liberté. Il est bien la fin de l'homme, car, pour Kant, il en va des inclinations naturelles comme des passions pour Descartes : en elles-mêmes elles sont toutes bonnes et rien ne serait plus erroné que de confondre ce qu'il assume lui-même comme rigorisme moral, qui n'est que refus d'en faire le principe déterminant de l'action, avec un quelconque ascétisme qui prétendrait leur refuser par prin-

1. *Anthropologie,* § 80, p. 120.
2. *Ibid.,* § 84, p. 123.
3. *Ibid.,* § 81, p. 120.

cipe toute satisfaction. Mais, précisément parce que le
bonheur n'est pas la fin du « tout » de l'homme, il ne saurait
être sa fin du tout. « Supposé que nous ramenions cette
fin à l'authentique besoin naturel où l'accord de l'espèce
humaine se fasse complet ou encore que nous portions à son
plus haut degré l'habileté qu'elle montre à atteindre les
fins qu'elle imagine, toutefois nous trouverions que la
nature de l'homme n'est pas telle qu'elle puisse s'achever
dans la possession et la jouissance[1]. » Comme l'avait vu
Leibniz, « l'inquiétude est essentielle à la félicité des créa-
tures, laquelle ne consiste jamais dans une parfaite possession qui les rendrait insensibles et comme stupides[2] ».

Si la nature de l'homme n'est pas telle, c'est précisément
qu'elle possède une disposition à la *personnalité*. Cette
notion peut nous donner accès à ce qu'il est sans doute le
plus difficile de saisir dans la pensée de Kant : la facticité
de la loi morale pour la raison finie de l'homme. Si la raison
ne servait à l'homme qu'à ce dont l'instinct se charge chez
les bêtes, on ne voit pas en quoi le fait d'en être doué pourrait
élever l'homme en valeur au-dessus de l'animalité. Tout au
contraire, l'instinct apparaîtrait comme un guide plus exact
et plus sûr. Il est donc à présumer qu'elle est destinée à une
tout autre fonction. De fait, « l'homme n'est pas assez
complètement animal pour être indifférent à ce que dit la
raison *en elle-même* et pour user de celle-ci comme d'un simple instrument pour la satisfaction de ses besoins d'être
sensible[3] ». Mais il est bien remarquable qu'il ne possède
une disposition naturelle à entendre « ce que dit la raison en
elle-même » que pour se soumettre à ce qu'elle lui ordonne
inconditionnellement. Pour quitter la métaphore, la personnalité n'est en effet que « l'Idée de la loi morale avec le
respect qui en est inséparable[4] ». Cette loi lui « révèle une
vie indépendante de l'animalité et même du monde sensible
en son entier ». Elle « élève l'homme au-dessus de lui-même

1. *C.J.*, § 83, p. 240.
2. *Nouveaux Essais*, II, 21, 36.
3. *C.R. prat.*, p. 63.
4. *Religion*, p. 47.

(en tant que partie du monde sensible) et le lie à un ordre des choses que seul l'entendement peut penser ». Bref elle révèle la *liberté*, prise à la fois en son sens négatif *d'indépendance* à l'égard du mécanisme de la nature, et en son sens positif de « pouvoir d'un être qui est *soumis* à des lois spéciales, les lois pures pratiques *données* par sa propre raison [1] ».

Ainsi se trouve accentué à l'extrême le caractère *supranaturel* de cette raison « en soi », de la pure raison pratique. C'est que le « fait de la raison » est un fait *pour* l'homme, ce n'est pas le fait *de* l'homme ; c'est « à titre de données *(data) a priori* que la morale allègue les principes pratiques qui résident de façon originaire dans notre raison [2] » ; la loi morale « se fait connaître *elle-même* en ordonnant de façon absolue » et la raison pratique est « le pouvoir de déterminer *inconditionnellement* le libre arbitre ». Négliger l'importance capitale de ces formules conduit à trahir la véritable signification de *l'autonomie* : on lui fait subir une réduction à l'anthropologique en y voyant seulement l'acte d'une spontanéité qui décrète une sorte de pacte de fidélité à elle-même et en faisant de la dignité de l'homme une propriété originairement attachée à sa qualité d'être raisonnable, puisque, à l'inverse c'est précisément dans l'autonomie que Kant voit « le fondement de la dignité de la nature humaine et de toute nature douée de raison ». Ce qui importe, ce n'est pas tant qu'on se *donne* sa loi, mais qu'on se *soumette* à la loi qu'on se donne. Assurément, si l'on ne se donnait la loi d'aucune façon, cela signifierait qu'on ne fait que la subir, à la façon dont notre être sensible subit celle de la nature, ce qui précisément définirait une hétéronomie. Il n'en serait pas moins absurde d'assimiler l'accomplissement du devoir à la simple réalisation d'un libre projet de l'homme, car ce serait le vider de son contenu substantiel de soumission à une contrainte. Certes, c'est un *acte*, mais c'est un acte *d'obéissance* : « La dignité de l'humanité consiste bien dans le pouvoir qu'elle a d'établir des lois universelles,

---

1. *C.R. prat.*, p. 91.
2. *C.R.P.*, p. 23.

mais à la condition toutefois qu'elle se *soumette* elle-même à cette législation [1]. »

Toute la difficulté est donc de ne sacrifier ni la spontanéité de la volonté, ni la contrainte qu'impose la loi, ou encore, pour choisir une formulation plus abrupte, de comprendre comment l'homme peut se donner une loi qui s'impose à lui comme un fait. Il faut en premier lieu tenir compte d'une « propriété tout à fait particulière » de la liberté de la volonté : aucun mobile ne peut la déterminer à une action si l'homme n'a fait de ce mobile sa maxime; « c'est seulement ainsi qu'un mobile, quel qu'il soit peut subsister en même temps que la spontanéité absolue de la liberté [2] ». Or cette particularité ne peut manquer de se manifester dans la soumission au commandement inconditionné de la loi morale. De fait elle caractérise proprement *l'obéissance* qui est « une contrainte exercée par soi-même, car c'est seulement ainsi qu'il est possible d'unir cette contrainte ... avec la liberté de la volonté [3] ». En second lieu « ce fait grâce auquel la raison fait la preuve qu'elle est effectivement pratique en nous, c'est l'autonomie elle-même, dans le principe par lequel elle détermine la volonté à l'action [4] ». Loin qu'il faille l'admettre comme une donnée, à la manière du fait empirique, c'est « à titre de proposition synthétique *a priori* qu'elle s'impose » comme le révèle la forme catégorique d'impératif qu'elle prend pour l'être raisonnable fini : synthèse, puisque « le fait de vouloir l'action ne saurait être dérivé analytiquement d'un autre vouloir présupposé d'avance, car nous *n'avons pas* [nous autres hommes] un vouloir si parfait; *a priori*, puisque nous ne présupposons pas de condition tirée de quelque inclination, donc de façon nécessaire, encore qu'uniquement objective, c'est-à-dire sous *l'Idée d'une raison* qui aurait plein pouvoir sur toutes les motivations subjectives [5] ».

1. *F.M.M.*, p. 170.
2. *Religion*, p. 42.
3. *Métaphysique des mœurs*, (1797).
4. *C.R. prat.*, p. 41.
5. *F.M.M.*, p. 135.

Il est donc bien caractéristique de la condition finie de la raison qu'elle ne se donne la loi que dans l'exacte mesure où elle s'y soumet : « La volonté doit être *regardée* comme estimant elle-même la loi et, *précisément pour cette raison*, comme avant tout soumise à la loi (dont elle peut se *considérer* elle-même comme l'auteur) [1]. » S'il faut « regarder comme..., considérer comme... », c'est qu'une dualité doit être pensée dans l'unité (comme y insiste, dans les diverses formules de l'impératif, le retour de la clause : *aussi*, ou : *en même temps*) : « une volonté libre doit pouvoir *en même temps* s'accorder de façon nécessaire selon les lois universelles avec ce à quoi elle a le devoir de se soumettre [2] »; et, de toute évidence, il n'est possible d'y parvenir qu'en se plaçant à un *point de vue* : « Tout être raisonnable doit se considérer comme législateur, afin de se juger soi-même et ses actions de *ce point de vue* [3]. » Mais « l'horizon » que découvre ce point de vue est moins de nature *logique* (dans l'intérêt de l'entendement) que de nature *pratique* (dans l'intérêt de la volonté [4]). Certes, pour que le jugement pratique puisse décider si l'action est bien le cas soumis à la règle, il faut bien que l'entendement donne à l'Idée de la raison cette sorte de schème qu'est le « type » de la loi morale : la forme de la légalité naturelle. Mais ce n'est pas là « le principe déterminant de la volonté [5] », ce n'est que la clause de sauvegarde du rationalisme pratique frayant sa voie entre les deux écueils d'un empirisme qui en mettant la raison trop bas s'enlise dans l'eudémonisme et d'un dogmatisme qui en la mettant trop haut se perd dans l'enthousiasme chimérique. Nous l'avons vu, toute la difficulté de la philosophie pratique c'est qu'elle ne peut prendre appui ni sur la terre ni dans le ciel. « Ce qu'Archimède réclamait sans le trouver : un point fixe où la raison peut appuyer son levier, ce n'est ni dans le monde présent,

1. *Ibid.*, p. 155.
2. *C.R. prat.*, p. 161.
3. *F.M.M.*, p. 158.
4. *Logique*, p. 43.
5. *C.R. prat.*, p. 72.

ni dans le monde futur qu'il faut le mettre, mais dans son Idée intérieure de la liberté, celle que l'inébranlable loi morale lui propose comme fondement solide pour mettre en branle grâce à ses principes la volonté humaine elle-même dans son antagonisme à la nature entière [1]. » Or cette liberté n'est à mettre au nombre des « *choses de fait* qu'on peut connaître [2] » qu'au même titre que la loi morale qui lui doit l'existence et à laquelle elle doit d'être connue.

Conclusion : le rationalisme critique

« Lorsque la philosophie critique se donne pour une philosophie avant laquelle il n'y en avait point encore, elle ne fait autre chose que ce qu'ont fait, feront et doivent faire tous ceux qui construisent une philosophie selon leur propre plan [3]. » Il ne faut voir ni arrogance ni scepticisme dans cette affirmation de deux nécessités conjointes, l'une de caractère *logique* : il serait contradictoire qu'il existât deux philosophies vraies; l'autre de caractère *pratique* : il faut penser par soi-même. Ainsi s'exprime l'essentiel du criticisme comme vérité de l'*Aufklärung* [4]. Kant eut la conviction profonde de tracer une ligne de partage des temps [5] par le simple fait d'avoir pu se sentir pleinement le fils de son siècle, « ce siècle qui est essentiellement celui de la critique, à laquelle il faut que tout se soumette. En prétendant ordinairement s'y soustraire, la religion au nom de sa sainteté, la législation au nom de sa majesté, ne font que prêter le flanc à une légitime suspicion et renoncent à prétendre au

---

1. *D'un ton grand seigneur adopté naguère en philosophie*, 1796, trad. Guillermit, Vrin, pp. 105-106.
2. *C.J.*, § 91.
3. *Principes métaphysiques de la doctrine du Droit*, Préface.
4. « Penser par soi-même veut dire : chercher en soi, c'est-à-dire en sa propre raison, la pierre de touche de la vérité. Et la maxime de toujours penser par soi-même, c'est l'Aufklärung. » *Qu'est-ce que s'orienter dans la pensée?*, p. 88.
5. « Jusqu'à la philosophie critique, toutes les philosophies ne se distinguent pas pour l'essentiel. » *Progrès de la métaphysique*, p. 101.

franc respect que la raison n'accorde qu'à ce qui a pu soutenir son libre et public examen [1] ». Encore lui fallait-il confier à la philosophie la tâche critique suprême, celle sans laquelle l'*Aufklärung* se trahirait puisqu'elle n'irait pas jusqu'à se mettre elle-même en question. Car la raison y resterait « passive » si elle se contentait *d'attendre* le progrès des lumières de la seule extension des connaissances, cette passivité engendrant à son tour la double *illusion* que de ce progrès dépend le bonheur des hommes et que ce bonheur est leur fin ultime. C'est ainsi qu'en dépit de leur rationalisme proclamé les philosophes populaires trahissaient l'*Aufklärung* par leur « indifférentisme » à l'égard de la métaphysique qu'ils croyaient pouvoir abandonner aux querelles de l'École, car « il est vain de prétendre affecter de l'indifférence à l'endroit de recherches dont l'objet ne peut être indifférent à la nature humaine [2] ». Leur tort était de demeurer des « naturalistes de la raison [3] ». En effet « c'est *en toutes ses entreprises* qu'il faut que la raison se soumette à la critique, dont elle ne saurait léser la liberté par aucun interdit sans se faire tort à elle-même et s'attirer de préjudiciables soupçons. Il n'est rien de si avantageux, rien de si sacré qui puisse se dérober à cette inquisition décisive qui ne fait aucune acception de personnes. Cette liberté va jusqu'à fonder l'existence de la raison [4] ». Or aller jusqu'à soumettre la raison elle-même à la critique, c'est nécessairement poser la question de la possibilité de la métaphysique, entreprise où la raison humaine n'a jamais cessé de se heurter à l'énigme d'un besoin qui lui apparaît aussi irrépressible qu'impossible à satisfaire. De sorte que la réponse à cette question coïncide avec la connaissance que l'homme acquiert de sa nature d'animal raisonnable.

Tant qu'il ne l'a pas soumise à la critique pour prendre la mesure exacte de son pouvoir de synthèse indépendante de l'expérience, il ne connaît pas sa raison comme humaine

---

1. *C.R.P.*, 1re Préface, p. 6, note.
2. *Ibid.*
3. *Prolégomènes*, § 31.
4. *C.R.P.*, p. 507.

et il l'aliène dans des tâches qui ne peuvent être les siennes
dès lors qu'elle est engagée dans une condition finie : il en
attend une connaissance spéculative du supra-sensible
au-delà des limites de l'expérience possible, alors qu'elle
peut seulement le penser comme objet de croyance lorsque
« l'échec de sa tendance à connaître fait naître le sentiment
d'un besoin inconditionné exigé par son usage pratique [1] »;
il adultère le souverain bien qu'elle exige comme fin ultime
en cherchant sa réalisation sensible dans la seule nature
sous la forme du bonheur dont elle peut seulement le rendre
digne. Pour accéder à cette dignité, expose la critique qui ne
veut ici que formuler le verdict de la conscience morale
commune, il lui faut se soumettre à ce fait « inévitable [2] »
par lequel elle s'expose à lui comme un commandement
inconditionnel dont il doit faire la loi de son action pour
manifester sa liberté.

Lors même qu'on aurait renoncé à chercher dans la philosophie de Kant les prolégomènes de la métaphysique future,
soit parce qu'on doute qu'elle ait jamais à se présenter comme
science, soit que l'on juge que sa lecture d'Euclide et de
Newton a laissé Kant sur une conception erronée ou insuffisante de la science, il faudrait cependant demeurer attentif
à l'annonce, dont il s'est fait le héraut, d'une paix perpétuelle
en philosophie. Car on peut bien dire que « cette paix armée
qui va de pair avec une activité incessante de la raison [3] »
fait de la philosophie une critique continuée qui n'en aura
jamais fini de libérer l'homme, puisque « la raison humaine
ne cesse jamais de tendre à la liberté [4] » et que « la liberté
peut toujours franchir la limite qui lui a été assignée [5] ». Ses
adversaires qui prétendent lui fixer des frontières ne désar-
ment jamais et Kant les a parfaitement reconnus : l'oppression politique qui tend à priver les hommes de la liberté de

1. *Qu'est-ce que s'orienter dans la pensée?*, p. 81.
2. *C.R. prat.*, p. 56.
3. *Annonce de la proche conclusion d'un traité de paix perpétuelle en philosophie*, p. 117.
4. *Qu'est-ce que s'orienter...?*, p. 87.
5. *C.R.P.*, p. 265.

leurs pensées en les empêchant de se les communiquer par
la parole ou par l'écrit ; l'oppression religieuse qui en incul-
quant aux jeunes esprits les formules d'un *credo* leur inspire
à jamais la crainte angoissée de tout examen personnel par
la raison. Mais, de façon plus pénétrante encore, Kant a su
discerner leur origine commune dans cet irrationalisme qu'il
désigne aussi bien comme « délire de la raison [1] » que comme
« vertige de la liberté [2] » et qui consiste à tenter de substituer
un usage sans loi de la raison à la soumission de celle-ci à la
loi qu'elle se donne. Leibniz avait déjà dit ce qui condam-
nait tout irrationalisme au simple « psittacisme » : « parler
contre la raison, c'est parler contre soi-même », ce qui voue
ce genre de discours à n'être que paroles sans pensée. Il
avait même su voir ce qui rend possible cette gageure :
« *Le point principal* de la raison consiste à la connaître et à
la suivre [3]. » C'est précisément à ce « point principal »,
c'est-à-dire ce qui est à la fois la pire difficulté et la plus
instante nécessité, que la philosophie critique s'est atta-
quée. Contre ceux qui s'obstinent à ne voir dans le rationalisme qu'une irritante partialité, méconnaissant ainsi que la
seule façon d'être raisonnable c'est de vouloir l'être et que
le seul choix libre est celui de la liberté, Kant a su montrer
que l'homme ne dispose pas de sa raison comme d'une lumière
mais qu'il se fait libre en se soumettant à ce qu'elle exige de
lui.

Bibliographie sommaire

Principales œuvres de Kant traduites en français :

Critique de la raison pure, 1781, 2ᵉ édition 1787, traduction
   Tremesaygues et Pacaud, Paris, P.U.F., 1965.
Critique de la raison pratique, 1788, traduction Picavet, Paris,
   P.U.F., 1949, ou traduction Gibelin, revue, Paris, Vrin,
   1967.

1. *C.J.*, p. 111.
2. *Qu'est-ce que s'orienter...?*, pp. 86-87.
3. *Nouveaux Essais*, L. II, ch. 21, § 50.

Critique de la faculté de juger, 1790, traduction Philonenko, Paris, Vrin, 1965.

Prolégomènes à toute métaphysique future qui pourra se présenter comme science, 1783, traduction Gibelin, Paris, Vrin.

Fondements de la métaphysique des mœurs, 1785, traduction Delbos, Paris, Delagrave.

La religion dans les limites de la simple raison, 1783, traduction Gibelin, Paris, Vrin, 1952.

De nombreux opuscules ont également été traduits, la plupart chez Vrin ; quelques autres, réunis sous le titre : *Philosophie de l'histoire*, chez Aubier.

Quelques études sur Kant :

E. CASSIRER : *Kants Leben und Lehre*, Berlin, 1918 (tome X des œuvres éditées par Cassirer).

A. PHILONENKO : *L'œuvre de Kant*, 1969.

H. J. DE VLEESCHAUWER : *L'évolution de la pensée kantienne*, 1939.

G. DELEUZE : *La philosophie critique de Kant (Doctrine des facultés)*, 1963.

H. COHEN : *Kants Theorie der Erfahrung*, 1871, *Begründung der Ethik*, 1877 ; *Begründung der Æsthetik*, 1889.

M. HEIDEGGER : *Kant et le problème de la métaphysique*, 1929.

J. VUILLEMIN : *Physique et métaphysique kantiennes*, 1965.

V. DELBOS : *La philosophie pratique de Kant*, 1905.

G. KRUEGER : *Critique et morale chez Kant*, 1931.

J. BOHATEC : *Die Religions philosophie Kants*, 1938.

J.-L. BRUCH : *La philosophie religieuse de Kant*, 1968.

G. VLACHOS : *La pensée politique de Kant*, 1963.

E. WEIL : *Problèmes kantiens*, 1963.

II

G. W. F. HEGEL

par François CHÂTELET

Lorsque paraissent, à Berlin, en 1812-1816, les deux
tomes de la *Science de la Logique* de G. W. F. Hegel, une
page est tournée dans l'histoire de la culture occidentale.
Avec cet événement, une période s'achève : celle de la
philosophie spéculative. Sans doute ne faut-il point parler,
comme on l'a fait fréquemment et d'une manière trop hâtive
de *mort de la philosophie*. La mort de la philosophie commence avec les dialogues platoniciens, avec le *Gorgias*
singulièrement, lorsque Calliclès — qui est *aussi*, d'une
certaine manière, le porte-parole de Platon — met en question la prétention de Socrate à construire le discours universel comme instance suprême de toute pensée et de toute
action. Et il est bien possible que la philosophie n'en finira
pas de mourir. Ce que Hegel propose — avec tout ce que
cela suppose et ce que sa logique impose —, c'est un achèvement. Ou, si l'on préfère, une *clôture*. Un champ a été
déterminé, que les questions platoniciennes (et aristoté-
liciennes, pour autant qu'on puisse les entendre) ont balisé :
des réponses ont été données, dans l'ordre spéculatif,
diverses, géniales ou médiocres, intégrant tel aspect ou tel
autre des pratiques des sociétés humaines (religieuses,
artistiques, guerrières, politiques, scientifiques). Aucune
n'a été exhaustive; et chacune charriait, avec les solutions
qu'elle apportait, de nombreux problèmes.

Or, Hegel juge que le temps est venu de répondre *défini-*

tivement, d'en terminer avec la philosophie, c'est-à-dire d'en venir enfin à l'exposition systématique de la *science*, de ce *savoir absolu* à quoi aspirait depuis vingt-quatre siècles l'humanité; et que c'est à lui que cette tâche est dévolue. Ce n'est point qu'en tant que personnage empirique il s'estime doué de capacités particulières. G. W. F. Hegel vient au bon moment pour en finir avec une tâche définie par Platon, développée par Aristote, Descartes, Spinoza, Leibniz, Hume, Kant et ses successeurs, alimentée par les durs combats que soutinrent les nations, par les inventions des savants et des artistes, par les besognes quotidiennes des peuples et les hauts faits des héros et des capitaines.

Ainsi l'hégélianisme se présente d'abord comme une recollection de tout le passé historique et culturel de l'humanité. Il constitue l'ultime étape d'une forme de pensée — la philosophie spéculative — qui a eu pour objectif de construire le discours unifiant, le *texte* unique, le *livre* répondant, directement ou indirectement, aux interrogations qui s'imposent aux sociétés, dans les traverses de leur évolution (et proposant, du même coup, des solutions « logiques » aux problèmes pratiques des individus et des groupes). Avec le système hégélien, la rationalité n'est plus un idéal auquel on rêve, un modèle qu'on applique, quitte à mettre entre parenthèses d'encombrantes scories, une recherche infinie à quoi il faut se conformer : elle est le tissu même du réel et de la pensée. Il n'y a pas à établir sa validité; il y a à l'exposer. Pour ce faire, il convient de reprendre patiemment, discursivement, à ses divers niveaux et dans une perspective synthétique, le dur parcours des hommes et de la pensée.

Cette fois, la synthèse, à quoi a toujours tendu le discours spéculatif, est totale : hors d'elle, elle ne veut rien laisser tomber de l'activité humaine. Et, en même temps, elle se donne comme norme l'absolue rigueur. Le projet est grandiose — pour ne point dire : délirant (il y avait de l' « humanité », de la modestie dans certains dialogues de Platon, dans les lettres de Descartes, dans les ironies théoriques de Hume, dans les lourdeurs concertées de Kant). Mais avant d'en juger (et d'en mesurer la réussite), il importe de poser quatre questions :

1. Sur quels fondements, en fonction de quelles causes et de quelles raisons, un tel projet a-t-il pu se former et s'affermir ?

2. Comment, par quels chemins « pédagogiques » s'est-il imposé ?

3. A quel texte a-t-il conduit ?

4. Comment a-t-il été exploité par son auteur même ?

I. LA FORMATION DU SYSTÈME

La formation du système hégélien — la période dite de jeunesse — va de 1790 à 1806. En 1790, Hegel et ses compagnons d'université, Schelling et Hölderlin, plantent, dit-on, à Tübingen, un arbre de la liberté, pour célébrer le premier anniversaire de la prise de la Bastille. En 1806, le jeune philosophe — qui est *privat-docent* à l'université d'Iéna depuis cinq ans — rédige, sans le publier, le contenu de ses trois dernières années de cours. Entre ces deux dates, l'étudiant en théologie, qui a bientôt renoncé à la profession de pasteur et qui est devenu professeur, a participé activement à la vie intellectuelle de son temps. Il a, entre autres, publié d'importants articles dans le *Journal critique de philosophie*. Déjà, l'ambition théorique est démesurée : elle vise à rien de moins qu'à englober dans un discours unifié la diversité des expériences s'offrant à l'homme cultivé.

« Penser la vie... »

« ...Voilà la tâche. » Cette formule péremptoire du tout jeune Hegel — dans sa naïveté provocante — permet de comprendre, dans sa racine, le projet de celui qui deviendra l'administrateur suprême de la pensée spéculative. Elle précise, en premier lieu, ce fait que, pour Hegel, le sens primordial de l'enquête philosophique, c'est le *présent*, qu'il y a à rendre intelligible. La référence au passé, pour indispensable qu'elle soit, n'a de valeur qu'*explicative* : ce qu'elle vise, c'est à former la pensée de telle manière qu'elle soit capable, actuellement, de répondre à ses objectifs contemporains. La « vie » — de l'individu, de la culture, de l'humanité — est le phénomène qui dure, qui se répète en se renouvelant et qui, en tout cas, s'impose par sa constante présence. Voici ce dont la philosophie a à rendre compte, *en priorité*. Dans la querelle des Anciens et des Modernes — dont la signification fut si longtemps retardée en Allemagne —, Hegel prend parti, plus résolument que le trop prudent Gœthe, pour les Modernes. Non qu'il les juge supérieurs, mais parce qu'il les tient immédiatement pour plus intéressants.

Il y a un second aspect, décisif et concret. La vie, alors — nous sommes dans la dernière décennie du XVIIIe siècle —, c'est la Révolution française, avec ses enthousiasmes, ses contradictions, la « terreur » et l'impérialisme qu'elle est contrainte d'exercer, les compromis qu'elle doit passer et, bientôt, le pouvoir de Napoléon Bonaparte. Soumise depuis des siècles au gouvernement à la fois autocratique et anarchique des princes, l'*intelligentsia* allemande accueille d'abord avec reconnaissance l'entreprise de liberté venue de France. Elle la considère volontiers comme la réalisation des idées de l'*Aufklärung*. Mais cet engouement ne dure que quelques années : le jacobinisme, les victoires militaires des armées révolutionnaires entraînent chez beaucoup d'intellectuels un complet revirement. Parmi ceux qui restèrent fidèles jusqu'au bout à la Révolution, il y a Kant; il y a aussi Hegel, dans une autre perspective, il est vrai. En tous cas, l'étudiant de Tübingen, le jeune professeur de Francfort et d'Iéna se passionne pour les événements qui bouleversent l'Europe et effraient la plupart de ses contemporains allemands : il sait qu'un théoricien digne de ce nom ne peut ignorer cette mutation capitale, qu'il a, non à l'omettre comme fait contingent, non à le critiquer d'un point de vue empirique, mais à l'intégrer au Savoir, au même titre qu'il doit comprendre la Cité grecque, l'Empire romain, la Révélation chrétienne ou la Réforme.

Le bouleversement politique et social qui secoue l'Europe à partir de 1789 a fait entrer le vent de l'histoire au sein de la spéculation même. De Burke à Gœthe, de Chateaubriand à Fichte, la réflexion en est profondément ébranlée. Hegel est peut-être le premier à comprendre la signification théorique de cette prise en charge nouvelle. Car, pour lui, il ne s'agit pas seulement de compter avec cet événement : celui-ci administre la preuve que la philosophie — si elle veut sortir de l'abstraction — doit changer à la fois de contenu et de méthode. La vie qu'il y a à penser n'est pas la totalité indifférenciée du sentiment ni la multiplicité contrôlée des faits organiques : c'est l'ensemble des actions des hommes, dans leur réalité douloureuse et inventive...

Du coup, le philosophe doit s'efforcer à forger l'instrument qui va lui permettre de faire correctement ce travail. Par une sorte de réactivation, la Révolution française, l'Empire napoléonien le contraignent à réfléchir autrement qu'on ne l'a fait jusqu'alors sur les moments déterminants du devenir de l'humanité. Ainsi, la reprise systématique du sens de la Cité grecque, du destin du peuple juif et du christianisme primitif va donner l'occasion de construire cet outil nouveau.

Hellénisme et christianisme

L'entreprise de « recollection » n'est pas nouvelle. Déjà la pensée spéculative moderne l'avait exemplairement réussie. Descartes avait su admirablement reprendre au compte du projet métaphysique les inventions copernico-galiléennes : la physique « renaissante » lui avait donné l'occasion d'un *écart essentiel* — lui permettant de rompre avec le contenu, sinon avec la forme de la philosophie dite scolastique —; pour aussitôt réduire cet écart et réintégrer la pratique théorique des physiciens à l'idée d'une science universelle fondatrice et porteuse de la vérité tout entière. D'une manière analogue et avec des différences décisives, la *Critique de la Raison pure* a mené la même opération à propos de la physique de Newton : il s'agissait alors — dans l'ambiguïté de l'approfondissement critique — de reconnaître l'*objectivité*, c'est-à-dire l'*universalité* et la *nécessité*, des énoncés des disciplines expérimentales et, en même temps dans le mouvement logique, de mettre à sa place, essentielle et inférieure, la production des sciences expérimentales.

Avec Hegel, cependant, un autre *écart* s'introduit. Le modèle, ce n'est plus Galilée, Newton ou Lavoisier : c'est la prise de la Bastille, la fête de la Fédération et, bientôt, le Comité de Salut public et l'enthousiasme triomphant des troupes de Valmy. Quelque chose s'impose à la spéculation — que celle-ci ne pourra plus guère éluder —, et que l'on appellera « le vent de l'histoire ». Le jeune Hegel (comme ses contemporains allemands, mais avec plus de rigueur et de retenue), comme Chateaubriand, se demande comment cette étrange affaire a pu arriver. Et, du coup, il cherche une autre « recollection » qui, cette fois, n'a point pour objet des genres culturels, mais les pratiques réelles de l'humanité aux prises avec son destin. Or, les points qui lui paraissent importants, c'est d'une part, la Cité grecque, et, d'autre part, le christianisme, avec ses trois moments constitutifs : sa préparation, le judaïsme; son avènement, le Christ et la religion romaine; sa réalisation, la Réforme. Les textes d'extrême jeunesse (publiés par Hoffmeister comme *Documents sur l'Evolution de Hegel*) s'interrogent sur le statut des pensées grecque et romaine; à vingt-cinq ans, Hegel écrit une *Vie de Jésus*; trois ans plus tard, il étudie *L'Esprit du christianisme et son destin* (publié par H. Nohl, sous le titre *Ecrits théologiques du jeune Hegel*).

Les thèmes qui vont constituer le matériau de la dialectique de la *Phénoménologie de l'Esprit* sont déjà actifs; à la même époque, Hegel se préoccupe du présent : il analyse *La nouvelle situation du Wurtemberg*, qui est en train de se doter d'une constitution; il commente les écrits économiques de Steuart. La ligne générale du système s'amorce : « penser la vie », c'est connaître le devenir effectif des sociétés ; c'est reprendre le présent comme résultat d'un processus long et dramatique qui l'a produit ; c'est comprendre le passé comme étape de formation de la situation contemporaine. La philosophie de l'histoire — qui définit le progrès, non comme accumulation, mais comme progression doulou- reuse — est en place, au moins dans son schéma. Il est nécessaire, cependant, que le philosophe fasse valoir cette perspective nouvelle, qui implique des intégrations sur- prenantes, face aux doctrines philosophiques dominantes. Hegel ne saurait poursuivre s'il ne répond pas à Kant, à Fichte, à Jacobi, à Schelling...

Philosophie critique et exigence métaphysique

L'essentiel des recherches portant, à cette époque, sur les expressions diverses du devenir de la culture est organisé dans le *Système de la Moralité sociale*, écrit en 1802. Mais à la même époque — dans une perspective dont la signification polémique est évidente — Hegel doit s'imposer comme le législateur de la philosophie nouvelle. Il utilise, à cet effet, *le Journal critique de philosophie*, dont il est, avec Schelling, le coresponsable. Les cinq articles qu'il y publie, dans les années 1802-1803, préfigurent les textes déterminants que constitue la *Préface* à la *Phénoménologie de l'Esprit* : le principe fondamental qui, désormais, va conduire la critique théorique de Hegel y est précisément défini, dans sa forme et dans son contenu. Il s'agit de tenir compte des résultats de la critique kantienne : l'ancienne métaphysique ne peut plus prétendre au titre de science ; la *Critique de la Raison pure* a rendu manifestes l'incertitude et l'insuffisance des systèmes traditionnels ; elle a montré, d'autre part, que la prétention des connaissances expérimentales à se substituer à la métaphysique devenue caduque est dérisoire, dans la mesure où celles-ci ne sauraient se constituer en savoir de ce qui est en soi, en savoir de l'Être. Faut-il donc reconnaître, avec le criticisme, qu'il n'y a pas de savoir de l'Absolu ; que

l'Absolu n'est pas de l'ordre du Savoir; que sa réalisation
est ailleurs : dans l'acte moral; que le bon usage de la
Raison, c'est seulement dans le domaine pratique qu'il est
à sa place...

La leçon salutaire, est cependant par trop pauvre, si l'on
tient compte, surtout, du fait que l'analyse morale de Kant
reste singulièrement abstraite. Il est bien légitime, dès lors,
que, s'opposant au « désert spéculatif » de la pensée critique,
se construisent des doctrines qui visent l'Absolu, dans
l'ordre théorique même. Kant a prouvé que l'exigence
métaphysique est irrépressible; elle l'est, décidément!
Voici que, sous des formes diverses, la spéculation se réor-
ganise. Cependant quelles que soient la légitimité historique et la subtilité théorique que mobilise cette entreprise
renouvelée, elle ne parvient plus à convaincre. La critique
ne lui permet plus de développer tranquillement les démonstrations qui, de ratiocination en ratiocination, conduisent
à l'Absolu. Du coup, cet Absolu, elle doit l'administrer
arbitrairement; le poser, comme commencement et comme
fin. Bien vite, Hegel se sépare de son ami Schelling — qui va
devenir son adversaire avoué : il lui reprochera de délivrer
l'Absolu comme un « coup de pistolet au cœur »; il mettra
en question le romantisme qui, trop avide de plénitude, s'y
jette avec un tel enthousiasme qu'il en oublie la nécessité
d'une légitimation discursive. Contre cette avidité compréhensible, il fera valoir l'exigence de la *science*, qui, certes,
pose des principes, mais qui prouve, dans le développement
rigoureux du système, leur validité.

Bref, au moment où il entreprend la rédaction de la
Phénoménologie de l'Esprit, qu'il achève au moment où
tonnent les canons d'Iéna, Hegel s'est donné trois objectifs :
réconcilier la spéculation et la réalité; comprendre la vie
contemporaine, dans ses contradictions mêmes, comme
produit d'un passé dramatique; reconnaître et dépasser
les conséquences de la critique kantienne, afin de mettre
à leur place des entreprises qui, désormais, se séparent :
la religion, la politique, l'histoire, la spéculation, les sciences
expérimentales, les activités artistiques; réfuter *concrète-*

ment, par la construction d'un discours majeur, les solutions philosophiques qui consistent soit en un hyperkantisme à tournure métaphysique — c'est ainsi que Hegel comprend l'œuvre de Fichte —, soit dans la philosophie romantique qui s'établit dans les travaux de Schelling. Pourquoi Hegel fait-il alors l'ellipse d'autres productions, qui lui sont contemporaines et qu'il connaît, celles d'Hölderlin, de l'*Athaenum*, de Novalis? Pourquoi s'accommode-t-il si aisément du passage de la tumultueuse Convention à l'ordre thermidorien et à l'organisation bonapartiste? Laissons ces questions, pour l'instant sans réponse; afin de vivifier ce qui suit.

II. COMMENT LA CONSCIENCE SE FAIT ESPRIT

Hegel a été un chercheur inlassable; jusqu'à la fin de sa vie, il a sollicité les informations à quelque domaine qu'elles renvoient, philosophique, artistique, politique et scientifique (ou parascientifique); et il est resté constamment sensible à l'urgence politique. Mais il ne s'agit pas pour lui — héritier conscient de cet « Age des Lumières » dont il sait bien que l'optimisme est dérisoire — de construire un nouvel encyclopédisme où s'ordonneraient, dans la ligne unifiée du progrès, les conquêtes cumulatives des sciences, des techniques et de la moralité. A ses yeux, il importe, sans doute, de « récupérer » les forces, d'avanthier, d'hier et d'aujourd'hui. Mais cette opération d'intégration, il ne peut la mener qu'en la justifiant face à une tradition désormais fort complexe.

Les trois niveaux de la « Phénoménologie de l'Esprit »

Hegel présente le texte qu'il publie en 1806-1807 comme étant à la fois l'*introduction* et la *première partie* de son système. Ce double statut, l'œuvre le doit à la conception

profonde de Hegel. Le Savoir absolu, c'est le Savoir *vrai*.
Or, la vérité n'est pas un fait, mais un résultat ; son énoncé
ne vaut qu'en tant qu'il produit les moments de son développement ; l'être-vrai n'a de sens que s'il exhibe le processus
par lequel il est devenu vrai. Dès lors, il n'y a pas, à proprement parler, d'*introduction* à la philosophie : on ne peut
pas expliquer à des lecteurs qu'on supposerait ignorants
de la philosophie ce qu'*est* la philosophie. Aucune rhétorique
ne permet de passer magiquement du non-savoir au savoir :
on ne s'habitue pas à la philosophie et à son achèvement, la
science spéculative complète. Toute *introduction*, dès lors,
est une *première partie* : elle a pour tâche de prendre l'« igno-
rant » là où il est, dans l' « immédiateté » de ses certitudes
afin de construire, pour lui et avec lui, le chemin qui le
conduira, précisément, au Savoir.

« Ignorance », « certitude » ? Ces catégories, la métaphysique traditionnelle les a comprises trop simplement. Au
fond, en chacun (qui est susceptible de lire la *Phénoménologie de l'Esprit*), il y a trois niveaux de l'ignorance / certitude.
L'homme moyen continue de croire, comme lorsqu'il est
enfant, à la véracité du témoignage sensible ; quoi qu'il en
ait, celui-ci reste son critère. De cette croyance, il importe
d'abord de parler, de l'analyser et de déterminer à quoi elle
conduit, pourvu qu'on l'explique, qu'on la « déplie ». Mais,
simultanément — tel est le deuxième niveau qu'il faut
évoquer —, chacun de ces hommes moyens est engagé dans
une civilisation qui, en même temps, lui impose des cadres
et lui offre des choix ; qui lui indique aussi des nostalgies...
On épouse la cause de l' « honnête homme », mais on rêve
de bravoure féodale ; on se bat pour le jacobinisme, mais
c'est au citoyen de la république romaine qu'on songe. Une
recollection exacte doit tenir le compte systématique de
ces diverses attitudes « existentielles » imposées / choisies.
L'introduction au système devra établir la nomenclature
précise des moments réels (et, en même temps, remémorés
ou projetés) par lesquels passent les hommes dans leurs
pratiques sociales.

Mais il y a un troisième niveau : ces « positions » de la

conscience, ces « attitudes » ont été réfractées exemplairement ou symboliquement dans des œuvres. L'homme grec,
c'est à la fois la conscience qui s'ouvre à la réflexion scientifique (premier niveau), qui « croit » et ne « croit » pas à la
science ; c'est aussi le guerrier-citoyen, soumis aux dieux
et pleinement maître de son destin comme être sensible-
profane (deuxième niveau) ; mais c'est aussi Héraclite,
Anaxagore, Phidias, Eschyle, Sophocle, Platon, Aristote...
Il y a un troisième niveau : celui de l'histoire de la culture
(comme on dit aujourd'hui) qui s'exprime dans les rites et
les hymnes religieux, dans les contes des poètes, dans les
comptes rendus des « physiciens », dans les inventions des
dramaturges, dans les récits des historiens et, surtout, dans
les discours organisés des philosophes. Dès lors, l'introduction / première partie du savoir devra être une analyse
systématique des productions « culturelles » et, singulièrement, des philosophiques, qui en sont comme la synthèse.

Disons cela autrement : la *Phénoménologie de l'Esprit* est
une œuvre *pédagogique*, au sens le plus rigoureux du terme.
Elle vise à conduire celui-là qui est dans l'ignorance, dans
l'in-science, à *ceci*, qui est le développement du savoir.
Elle a donc pour tâche de recueillir la conscience — celle de
l'individu ou celle de la collectivité — là où elle est. Or,
celle-ci se situe, d'entrée de jeu, dans trois registres :

— comme conscience (en soi), comme sensation, comme
perception, comme entendement (comme reconnaissance
d'un objet) et, plus tard, quand d'autres médiations surgi-
ront, comme connaissance du monde et de ses lois, comme
tâche morale, comme conduite politique ;

— comme conscience de soi (comme pour soi), comme
désir, comme exigence de reconnaissance, comme effort
pour rendre intelligibles les modalités de l'existence, dans
leur statut et leur devenir : du sujet des despotismes orien-
taux au citoyen des États modernes en passant par le
guerrier grec, le seigneur féodal, le « bourgeois conquérant »
et le patriote révolutionnaire ;

— comme conscience en soi et pour soi : comme *connaissance*. Les sociétés produisent des œuvres et des genres

culturels, en quoi elles se retrouvent et s'expriment. Les
religions, les arts construisent des « objets » qui concrétisent,
dans les rituels, dans des montages spectaculaires, ces
processus de *réalisations* sociales. Le discours philosophique,
cependant, possède une vertu supplémentaire : il réfléchit
sur cette réflexion ; sa fonction est de développer, dans
l'idéal de l'adhésion universelle, de la transparence intégrale, l'*idée* de ces pratiques religieuses, éthiques ou artistiques. Dans la mesure où il y parvient, il est exemplaire.

C'est donc toute l'histoire de l'humanité que la *Phénoménologie de l'Esprit* va avoir à présenter. Tout devrait y
figurer, au moins à titre d'indication. Cette « histoire »
sera naïve : elle cherchera à chaque instant, à prendre le
lecteur, l'étudiant, là où il est, avec sa « culture classique »,
ses motivations, pour le conduire, patiemment, douloureu-
sement, vers la science. Or, il se trouve que cette entreprise,
folle, est réussie. Le seul chapitre décevant de la première
partie/introduction du système, c'est le dernier. Mais
c'est une déception que Hegel a voulue. Nous y reviendrons.

La conscience

Puisqu'il s'agit de décrire le devenir par lequel se construit
l'Esprit — ou si l'on préfère la Culture —, il convient de
prendre pour premier moment la forme apparemment la
plus humble et la plus simple de la connaissance : ce que la
tradition désigne comme conscience. La conscience, c'est
d'abord la présence de ce qui est *ici* et *maintenant ;* c'est la
sensation. En celle-ci, la conscience s'épand tout entière ;
elle s'y reconnaît et s'y perd. Elle est ce bleu, cette étendue,
cette fraîcheur qui se montrent à elle. Mais quand elle doit
s'établir en ce qu'elle a senti, quand elle a à préciser ce en
quoi elle est pleinement reconnue, elle ne retrouve plus la
même « chose » : le bleu est devenu vert, l'étendue calme
s'agite, la fraîcheur est froidure... Ce que la conscience
s'absorbant en son pur sentir peut *poser*, c'est qu'il y a eu,
qu'il y a du *ceci ici* et *maintenant*.

Dès lors s'introduit une première médiation : la conscience ne se reconnaissant pas dans cette diversité indéfinie va construire une « chose » stable : la chaise, la table, le ciel... Elle se constituera en activité perceptive. La multiplicité des réseaux sensibles se regroupera autour d'une entité qui, étant, cette fois, « extérieure », a la force d'*établir*, dans l'unité d'un rapport simple, *ce* qui perçoit — la conscience — et *ce* qui est perçu — la chose. L'établissement est provisoire : dès le moment où est instituée la chose — comme régulation des multiples « sentir » — se donne l'éventualité d'un système des choses — comme régulation des multiples « perçus ». La conscience se fait, du coup, *entendement :* elle revient vers soi et comprend le donné comme *ordre* de la perception, comme cet ordre qui renvoie à une conscience qui doit se comprendre désormais comme le lieu d'un rapport constituant la deuxième médiation, conduit l'Esprit en ces figures encore élémentaires, à prendre en charge cette vérité qu'administrait la *Troisième Méditation métaphysique* de Descartes, à savoir que percevoir des « choses », c'est se faire soi-même, implicitement, sujet pensant; c'est poser le sujet comme pensée; c'est penser la pensée comme sujet.

La conscience de soi

Or, le sujet — après s'être éprouvé dans ses « naïvetés », retrouvant son statut constitutif — s'appréhende en même temps comme rapport direct à soi. Il s'est perdu dans l'en soi des multiples sensations; il s'est reposé dans la fausse tranquillité de la « chose »; il s'est construit comme sujet du système des choses (l'entendement). Il doit revenir vers soi : *être* pour soi et désigner la force qui l'anime. Cette force, c'est le *désir*, expression de la vie même. La tradition hégélienne, en France, a accordé à cette partie de la *Phéno-ménologie de l'Esprit* une place exorbitante; elle l'a comprise comme étant l'essentiel; elle a donné au processus de reconnaissance, à la dialectique du Maître et de l'Esclave, à la découverte du sens du Travail une portée exemplaire (et, en même temps, elle a prédéterminé une interprétation de Marx, disciple hétérodoxe, matérialiste, de Hegel, fort contestable).

L'épisode « phénoménologique » consacré à la conscience de soi — au pour soi de la conscience — est important. Il ne saurait être considéré comme la substance de l'hégélianisme; celui-ci a d'autres développements, plus riches et plus rigoureux. Il est une étape, cependant; et, comme tel, il convient d'en rendre compte. La vérité de la conscience de soi est donc le *désir*. Mais précisément ce qui distingue le désir humain du désir animal, c'est qu'il porte, non point seulement sur « son objet » grâce à quoi il pourra s'assouvir, mais précisément sur un autre désir. Aimer, c'est tendre son corps vers un autre corps; mais c'est aussi, plus fondamentalement, exiger que ce corps se tende aussi, qu'il désire; c'est désirer le désir de l'autre...

Dès lors, la conscience de soi, égoïste /altruiste, s'institue dans un rapport décisif où se disputent les forces amoureuses et agressives. Cette dispute est celle de la reconnaissance. La conscience de soi n'est sûre de soi que si elle est posée par un autre que soi qui est, en même temps, un autre soi. Elle *doit* imposer, cette reconnaissance : pour elle, elle combattra, *jusqu'à la mort*. La relation première, dans l'ordre du désir, est celle de la guerre. Or, à ce conflit radical — non dialectique, il faut le remarquer : les consciences en lutte ne parlent pas —, il n'y a que trois solutions : 1) les adversaires sont dans l'équilibre et l'affaire est indéfiniment réitérée; 2) l'un d'entre eux, le plus faible, vaincu, accepte de mourir; 3) celui-là, le plus faible, demande grâce et accepte d'être esclave.

En apparence, la relation maître-esclave est claire. Le premier, ayant risqué sa vie, a gagné; sa puissance, attestée, lui impose de ne pas se commettre à des tâches matérielles, de se vouloir constamment guerrier courageux, d'être, précisément, le *maître* de la vie et de la mort. Le second est relégué dans l'*autre* partie du monde : il est dans la dépendance absolue; il dépend du seigneur, qui décide de son existence; de la nature, sur laquelle il doit œuvrer, pour fournir à sa subsistance et, bien plus, à la survie matérielle de celui qui l'a vaincu. L'expérience — la *phéno-ménologie* — prouve qu'au fond c'est là le rapport le plus instable, le plus explosif marquant le mouvement élémentaire de la conscience vers l'Esprit.

Le maître, en effet, a le droit de tuer l'esclave; mais s'il le tue, s'il fabrique un cadavre, une « chose », il détruit la *reconnaissance* qu'il a de sa conscience de soi. Son désir n'est plus rien que violence naturelle, colère. Quant à l'esclave, il est exclu qu'il sorte de son statut de travailleur dépossédé, immédiatement, du produit de son travail. La lutte pour la reconnaissance conduit ici au rapport faux par excellence : deux esclaves : le maître, qui, faute de travailler, n'exerce qu'une domination abstraite, devient esclave; l'esclave, qui, retranché de toute possession, demeure esclave. Cette impasse même est la vérité de la conscience de soi : elle s'exprime théoriquement. A ce stade, la conscience de soi sera stoïque, puis sceptique. Stoïque, elle développera — en soi — l'idée qu'au-delà de cette contradiction abstraite, qui débouche inéluctablement sur une double servitude, il y a le retrait dans le *moi* concret qui pense. Qu'il soit maître, exerçant un pouvoir dérisoire, ou qu'il soit esclave, incapable de récupérer le produit de son activité laborieuse, la conscience de soi, quand elle réfléchit, se réfugie en elle-même. Son statut est celui d'une liberté abstraite qui — abstraitement — peut tout penser : la mort, la dépossession, l'esclavage, et qui pose comme sa règle la soumission à un destin extérieur. A celui-ci, il y a à adhérer, où qu'on soit situé empiriquement; il y a à se fabriquer une sagesse, triste et conséquente, faite d'acceptation et de noblesse : le *Moi* est libre, mais sa liberté n'est pas réelle; il ne *peut* rien.

Le *Moi* sceptique est le retournement en même temps que l'approfondissement de l'attitude stoïcienne. La conscience de soi restait en soi quand elle se définissait comme liberté de la pensée; désormais elle revient vers soi et cherche à s'appréhender dans sa pratique; elle est liberté *du* penser : elle ne *fait* rien de plus, mais elle se donne — encore abstraitement — la capacité de détruire; pour assurer ce droit, elle s'attache à dissoudre la réalité du monde, la cohérence du discours, les prétentions de l'éthique et l'ordre des institutions politiques. Elle le fait *pour soi.* L'ordre /désordre de l'existant subsiste; mais il doit s'avouer tel, comme produit d'une reconnaissance qui, restant au niveau de la conscience, ne pouvait qu'échouer...

Malheureuse est cette conscience de soi qui se trouve écartelée entre le vrai renoncement du stoïcien et la fausse autorité du sceptique : elle comprend l'infinie capacité de sa liberté au moment même où elle éprouve son impuissance réelle. Elle s'installe en cette contradiction et s'y repaît. Son malheur est précisément le décalage irréductible s'instituant entre les possibilités auxquelles elle aspire et l'activité qu'elle peut avoir...

La conscience de soi, dès lors, doit sortir de soi. Elle va se faire *Raison ;* elle va comprendre qu'elle a à dépasser son immédiateté et les fausses médiations que celle-ci implique. A l'ordre de son discours subjectif, elle substituera un autre « objet » : cet objet de son activité, de sa production, ce sera une *réalité* (une *intelligibilité*) qui, à la fois, la fonde en son propre statut et lui assure le « répondant » sérieux à quoi elle s'affronte et en quoi elle se confronte.

La raison

Il ne saurait être question, dans cet exposé schématique, de suivre les divers moments de la constitution de la *conscience* (du « sujet ») en *esprit* (la « culture »). L'analyse qui précède devrait permettre de saisir la « méthode » qui est à l'œuvre dans la *Phénoménologie de l'Esprit*. En fait, il n'y a nulle méthode, mais, comme le titre l'indique, une *description* systématique des figures différentes que l'humanité a prises lors de son développement intellectuel. Ainsi la Raison sera d'abord en soi : elle se reconnaîtra, dans un premier moment, dans la nature (du physicien, du logicien, du psychologue), dans l'opération qui fonde l'individualité (esthétique, morale, calculatrice), dans les attitudes critiques (de l'écrivain, du moraliste, du raisonneur). Le lecteur, insatisfait, revenant vers soi, sera alors capable de construire les concepts lui permettant de comprendre comment se sont instituées ces communautés, ces « sujets » de l'histoire que sont la Cité grecque, au début du devenir, jusqu'à la vision du monde étatico-romantique, dominante quand Hegel écrit. Reste le ciment : ce qui donne à la Raison son efficacité. La Raison se manifeste comme art et comme religion : tout ce en quoi la conscience, la conscience de soi, la Raison en soi, la Raison pour soi avaient cru, trouve son expression dans les religions diverses qui, du culte de Zoroastre aux raisonnements de la théologie et à la Réforme, ont assuré concrètement le dynamisme des peuples en lutte pour la survie et la reconnaissance ; et aussi dans ces rituels sociaux, dans ces objets sensibles que sont les œuvres esthétiques...

L'esprit

La Raison se fait art, religion, État. Où est donc cette philosophie achevée que la *Phénoménologie de l'Esprit* présentait comme son couronnement ? Précisément, elle est absente ; elle figure seulement comme expression circonstantielle des moments de la culture, en tant qu'elle n'est pas achevée. Où se trouve, dès lors, la science promise ? Quel savoir délivre-t-elle ? Bref, qu'est-ce que l'Esprit (la culture) ? Il est absent /présent. Le Savoir absolu, celui que nul ne peut contester, n'est rien d'autre que le chemin dialectique de l'ontologie traditionnelle, telle qu'elle s'est développée à partir de la lecture alexandrine, puis chrétienne des œuvres platonicienne et aristotélicienne. Mais il ne s'agit pas ici, pour Hegel, de parcourir l'histoire de la pensée philosophique (des leçons ultérieures y seront consacrées). La *Science* part ici de cette idée, établie dans la *Phénomé-*

nologie de l'Esprit, que la philosophie est l'expression la plus haute — parce que la plus claire —, la plus systématique de l'Esprit (ou Culture); et elle accepte, comme commencement, ce présupposé premier de la métaphysique, à savoir que l'Être *est*, ou, plus précisément, que ce qui *est*, c'est l'*Être*. Dès lors, le premier moment va consister à se demander ce que *veut dire* cette affirmation.

Et que dit-on? Que pose-t-on ou qu'impose-t-on quand on procède ainsi? Cela : en disant que l'Être *est*, onne dit *rien*; plus exactement le *rien*, ou encore le *néant*, car l'Être est une catégorie si générale, si vaste qu'elle ne désigne finalement que le vide. Penser, dire l'Être, c'est en même temps penser le néant. Et, du coup, c'est penser le passage d'un terme à l'autre; c'est penser le mouvement — qui peut être indéfini — renvoyant d'un contraire à l'autre. Or, ce mouvement est la vérité de cette pensée : quand on pense fermement la coprésence nécessaire et antagoniste de l'Être et du Néant, ce qu'on pense est le *Devenir*.

L'analyse de cette première triade est décisive. Elle manifeste clairement le mécanisme qui détermine le développement du discours de la science. La *dialectique* qui vient ici d'être définie comme position /opposition /dépassement — c'est là un modèle logique qui va avoir une grande fortune, excessive peut-être — n'est en aucune manière une méthode. Comme dans la *Phénoménologie de l'Esprit*, le texte ne fait qu'analyser le mouvement de la pensée lorsqu'elle pense sérieusement ce qu'elle pense; il n'impose, en aucune manière, une grille qui, de l'extérieur, viendrait s'appliquer à un matériau indifférencié. La *Science de la Logique* va donc poursuivre cette opération : en vertu de ce même critère de « pensabilité », elle étudiera les diverses catégories par quoi doit systématiquement passer le penser lorsqu'il veut penser l'Être comme référence absolue. C'est ainsi qu'elle définira — dialectiquement — les catégories de Qualité, de Quantité et de Mesure...

Mais il n'est pas possible de résumer ici des pages dont le contenu constitue la recollection de la philosophie occidentale tout entière. Il est plus important de souligner le

fait que la théorie de l'Être est seulement le moment initial
de la Science : à l'issue de cette première partie, il apparaît
que la catégorie d'Être ne permet pas de développer la riche
diversité dialectique de la pensée (= du discours = de la
réalité) : qu'elle ne saurait être tenue pour le terme absolu.

L'essence

Au fond, la catégorie de l'Être reste liée à la notion
commune de la présence, de l'immédiateté. Elle renvoie à
ce qui se donne, dans l'extériorité, comme étant à la fois
l'objet et l'obstacle. Mais quel est donc le statut de ce
« donné » : qui le donne? A qui — à quoi — se donne-t-il?
La *position* de l'Être comme catégorie fondamentale renvoie
à *ce* qui pose. L'Être se réfléchit comme Essence. L'Essence
est la catégorie qui, finalement, établit le rapport entre ce
qui est et ce pour quoi (ou pour qui) cela est. Ainsi, par
exemple, le premier moment du développement systématique de l'Essence sera l'*Apparaître* : l'Être se donne comme
ce qui apparaît; mais, son caractère inessentiel étant ainsi
attesté, la preuve étant faite que la « massivité » de l'Être
doit être désarticulée de l'intérieur, alors doivent être
définis les termes essentiels permettant de déterminer ce
dont l'apparaître est apparence...

La théorie de l'Essence étudie ainsi les catégories grâce
auxquelles l'Esprit, après s'être fructueusement perdu dans
l'extériorité de l'Être, découvre la *médiation*, le *rapport* et,
du coup, se retrouve dans son propre travail réflexif. Sont
examinées alors les diverses notions qui ponctuent les
théories de la connaissance de Platon à Kant : *fondement,
existence, phénomène, absolu, réalité*, entre autres.

Le concept

Il s'agit, toutefois, d'aller au-delà d'une double abstraction : celle d'un Être prétendument pur (et de ses articula-

tions) et celle d'une médiation qui s'abîme en sa propre autosuffisance. La réconciliation — ou si l'on préfère la synthèse dépassante —, c'est la pensée se connaissant, d'abord implicitement, puis de plus en plus clairement, comme ordre même de la réalité (et reconnaissant dans la réalité ce en quoi elle s'ordonne). Le domaine du concept est celui où les oppositions de l'immédiat et du médiat, de l'objet et du sujet, du fini et de l'infini, de l'en soi et du pour soi se maintiennent et, en même temps, s'abolissent. La troisième partie de la *Science de la Logique* étudie systématiquement les catégories du discours logique ; du discours de sa propre constitution. Il ne dit rien de plus que ce qui a été dit, exprimé, construit au cours de ces pages introductrices et fondamentales. La fonction du livre intitulé *Phénoménologie de l'Esprit* est de prouver, en installant simplement le lecteur dans la nécessité du texte, que, par quelque abord qu'on prenne le problème du savoir — « psychologie » (la conscience), « moral » (la conscience de soi), « intellectuel » (l'entendement), « politique », « éthique », « artistique », « religieux », « historique » (la Raison) —, en fin de compte, on se trouve ramené, si l'on est sérieux, à un ordre unique et systématique qui est celui de l'*advenu*...

Ce qui est vrai, c'est ce qui est advenu et qui s'est imposé, historiquement. Connaître les diverses étapes de cet accouchement douloureux, de cette monstration pratique dramatiquement développée, c'est *savoir*. Ce qui *est* est le résultat de ce qui a été, de ce qui s'est fait, de toutes ces actions menées par des peuples et leurs héros et leurs porte-parole (chefs militaires, prophètes, artistes, meneurs, écrivains, philosophes, poètes). Savoir, se faire *réellement* Esprit, c'est reprendre pour soi ce devenir et comprendre ce qu'il implique de renoncements et d'actions.

De la *Phénoménologie de l'Esprit* (1806), qui développe ce programme et son résultat, aux *Principes de la philosophie du Droit* (1821), qui définit ce que l'homme moderne a à connaître de l'État et, du coup, comment il a à se comporter, la liaison est conséquente et directe. Il reste qu'il y a, aussi, à *prouver* aux autres philosophes, passés, présents et à venir, à tous ceux — artistes, religieux ou politiques — qui s'inscrivent circonstantiellement dans le domaine de la philosophie, que, *désormais*, tout est dit; qu'il n'y a pas à désirer indéfiniment le savoir; que le savoir est là, pourvu qu'on sache comprendre pourquoi et comment il est advenu, selon ses modalités successives. La *Phénoménologie* — qui montre — doit se faire *Logique* — qui prouve.

III. LE DISCOURS DE LA SCIENCE

Le texte, publié en 1812/1816, en deux volumes, intitulé *Science de la Logique*, définit, sans que reste aucune ambiguïté, la signification de l'œuvre hégélienne. Lénine ne se trompait pas, lorsqu'il recommandait à tout théoricien marxiste de l'étudier rigoureusement; il est certain que Marx, lorsqu'il écrivit *Le Capital*, avait constamment présent à l'esprit la technique monstrative exemplaire que met en cause ce traité général — à prétention et à réalisation exhaustives. Mais de quoi ce livre est-il le traité général? De toutes les effectivités et de toutes les possibilités discursives. Hegel, qui a remis en question, dans la *Phénoménologie de l'Esprit* l'ensemble des « extériorisations » en quoi les collectivités humaines ont cru se reconnaître, qui a situé la connaissance absolue comme Savoir de ce qui est advenu, de ce qui est devenu Savoir, se demande maintenant quelles sont les catégories, les concepts fondamentaux autour desquels s'organise cette *mise en ordre* fondamentale.

L'idée de la science

Il faut être bref sur ce sujet, sous peine de trahir Hegel. La science n'existe, en effet, qu'en tant qu'elle est réalisée, et définir abstraitement, extérieurement son « idée », c'est déjà la méconnaître et, ainsi, la trahir. S'il est bien entendu, comme l'a établi la *Phénoménologie de l'Esprit*, que le Savoir est *contenu*, non point *forme*, *preuve* et non pas *modalités d'administration de la preuve*, il y a seulement à développer l'ordre *nécessaire* de ce discours, qui, quoi qu'il fasse, dit l'homme, les sociétés humaines, les pratiques militaires, esthétiques, politiques, religieuses, institution- nelles, existentielles... Et ce en quoi s'exprime cette *position*, selon Hegel, c'est le jugement prédicatif, celui qui dit : « il est *ceci*, il est *cela* », « Socrate *est* homme, Socrate *est* mortel ». Questionné par Platon, le philosophe de Berlin répond comme Aristote. « L'Être se dit de manières multiples » : il y a à s'y reconnaître, en cette affaire : la Science absolue s'établit à partir de ces bases « banales ». Voyons son déve- loppement.

Théorie de l'Être

La première partie de la *Science de la Logique* étudie la catégorie fondamentale scientifique, élaborée, du discours philosophique achevé (par Kant, par exemple), pour en arriver à l'Idée absolue, qui est l'accomplissement ultime.

Mais, là encore, on aurait tort de croire que le texte consacré à l'Idée absolue délivre un savoir spécifique, qui serait l'expression décisive du contenu de la *Science*. La *Science* n'est jamais rien que la présentation logique des concepts à l'œuvre dans les diverses connaissances produites par les sociétés humaines. Ainsi se trouve dressé le *code* du Savoir, de tout Savoir, grâce auquel désormais toute connaissance passée ou présente pourra être classée et identifiée et dans laquelle devra nécessairement puiser toute connaissance à venir.

L'encyclopédie des connaissances

En fait, l'œuvre ultérieure de Hegel est comme l'admi- nistration des résultats acquis et comme la preuve de leur efficacité. Ainsi le *Précis de l'Encyclopédie des Sciences philosophiques*, publié en 1817, dessine le cadre général des applications du Savoir (de la philosophie devenue science) aux multiples activités humaines. Afin que tout soit bien clair, l'ouvrage rappelle d'abord l'ordre discursif établi par la *Science de la Logique*. La seconde partie est consacrée à la philosophie de la nature : elle analyse le statut et les concepts de la mathématique, de la mécanique, de la physique, de la chimie, de la géographie, de la biologie.

La nature

A lire rapidement cette philosophie de la nature et si l'on ne prend garde aux pages qui l'introduisent et aux précisions qui sont données dans les œuvres précédentes, on risque de commettre un contresens. Or, celui-ci a de lourdes conséquences et, en vérité, il a hypothéqué gravement la compréhension générale de l'hégélianisme. Il a contribué, en particulier, à présenter ce dernier comme étant une ontologie idéaliste (ou spiritualiste) — à laquelle Marx et Engels auraient opposé une ontologie matérialiste. Il est tentant, en effet, de procéder à ces simplifications et de considérer les catégories physiques analysées par Hegel comme constitutives de la nature, en prenant ce terme dans son acception banale. Il y aurait ainsi une dialectique de la nature, les thèmes de la position, de l'opposition et du dépassement se retrouvant dans les « choses mêmes ».

Il n'en est certes pas ainsi. Hegel définit strictement sa perspective : ce qu'il étudie, ce sont les concepts qu'élaborent les physiciens au cours de leurs travaux d'investigation empirique et dans leurs constructions théoriques. La dialectique qui se développe alors porte sur les progrès, les reculs, les ruptures, les obstacles qui jalonnent la production de la *science* de la nature. Les divers concepts, dialectiquement systématisés, constituent des reflets de ce qui existe « naturellement », mais sont aussi l'expression dramatique des efforts faits par la pensée physicienne pour mieux cerner son objet (théorique) et son domaine (empirique),

et cela aux divers niveaux de son développement. Bref,
l'identification Être = pensée doit être prise au sérieux, y
compris sous la forme : Nature = Physique.

L'esprit subjectif et l'esprit objectif

Il y a cependant une dialectique plus profonde (qui
correspond au moment du *Concept* dans la *Science de la
Logique*) : ce qu'elle examine, c'est le système des catégories
construites par la pensée pour essayer de rendre intelligible
le devenir de l'homme et des sociétés humaines. Fidèle à
son préjugé « extérieur », Hegel y rend compte d'abord des
idées qui furent forgées pour fonder et comprendre l'Esprit
entendu comme individualité libre; mais ce n'est là que
l'élément en soi de la Culture. La liberté n'a de sens que
dans la relation interindividuelle : cette relation décisive
est celle que le *Précis* désigne par le terme d'Esprit objectif.
La première forme de la liberté réelle — de l'Esprit se
reconnaissant en soi et pour soi —, c'est le Droit, qui assure
la « personne » (*avec* et *contre* les autres « personnes ») dans
sa propriété; la forme seconde, c'est la moralité, telle que
l'a définie Kant, comme instauration d'un ordre où toute
subjectivité se doit d'assumer — du seul fait de son rapport
nécessaire avec l'*autre* subjectivité — la fonction de sujet
universel (ou absolu). Mais, précisément, l'Absolu est
ailleurs : il est dans la collectivité agissante, dans le *consensus*
des individualités qui font des enfants, qui produisent des
biens, qui s'organisent, au sein de l'État, contre les ennemis.
La théorie de l'État constitue l'actualisation de la science
hégélienne; il faudra y revenir, car peut-être en est-elle
l'achèvement et la norme.

L'art

Cependant, ce n'est qu'au terme d'un long devenir —
qui sera l'objet des *Leçons sur la philosophie de l'histoire* —
que l'État peut être compris comme étant la réalisation de
l'Esprit. Celui-ci se manifeste d'abord comme activité

esthétique. De toutes les œuvres de Hegel, l'*Esthétique* est celle, sans doute, qui a été le mieux reçue par l'aimable culture : les philosophies de l'Art qui foisonnent aujourd'hui sont les rejetons, souvent insuffisants, presque toujours répétitifs, de cette construction facile et cependant grandiose, qui examine, tantôt avec désinvolture, tantôt méticuleusement, le statut réel des productions artistiques.

En ce qui la concerne, il importe de comprendre son originalité. Contre la tentative de rationalisation kantienne, qui s'efforce de définir le concept (ambigu) de la beauté, et contre l'exaltation romantique, qui, insatisfaite de cette mise en ordre, s'installe, d'entrée de jeu, dans l'absolu de l'œuvre d'art, Hegel *situe* l'activité artistique. Celle-ci est un moment de l'Esprit : elle apparaît lorsque la culture se libère de la finitude, de la sujétion à la nature et se rend capable de développer, au sein de la collectivité, son libre essor. La catégorie de *beauté* n'apparaît que beaucoup plus tard, lorsque précisément la production d'œuvres d'art devient affaire individuelle.

Ainsi, dans son essence, l'Art exprime l'Esprit se découvrant lui-même, dans son expression *sensible*, *naturelle*, dans l'intuition. Spontanément, les peuples déposent dans les œuvres artistiques leurs idées les plus hautes, qui, par ailleurs, s'expriment dans les religions ou les textes philosophiques. La fonction de l'Art est de présenter l'Être comme « beau », c'est-à-dire d'établir ponctuellement, dans l'œuvre, l'adéquation de l'Esprit et de la réalité sensible. La beauté, définie de la sorte, ne saurait être *naturelle* (ou imitation de la nature) : elle est toujours *culturelle*.

Cette activité s'incarne diversement, dans les « beaux-arts », l'accent étant mis, selon les civilisations, sur tel ou tel art : par exemple, à l'époque moderne : la peinture, la sculpture, la musique, la poésie ; elle passe, normalement, par trois étapes : le symbolisme, le classicisme, le romantisme. Hegel élabore ainsi une *Phénoménologie de l'Esprit se connaissant comme producteur de beauté* qui allie à une surprenante culture — héritière des acquis de l'Aufklärung —

les préjugés de la philosophie de l'histoire. En tout cas, une ère nouvelle est ouverte : l'Esthétique comme discipline ne devrait plus pouvoir être conçue ni comme spéculation sur le jugement de goût ou sur la beauté, ni comme science de l'Art. Le succès de Hegel, du texte des *Leçons sur l'Esthétique*, lues superficiellement, a été tel que celles-ci ont alimenté les plus aberrantes spéculations sur le devenir de la « culture artistique » et sur l'histoire de la beauté. Ce qu'il y a de sûr, c'est que Hegel a écrit que « l'Art est chose du passé » (ce qui ne veut point dire qu'il soit réalité morte).

La religion

La religion est aussi de l'ordre du passé. Certes, bien des subjectivités la tiennent pour présente; elles s'y reconnaissent et s'y enfoncent; et celles qui la refusent abstraitement — dans l'athéisme théorique — ne font qu'alimenter le courant. Mais il est dans la nature de la subjectivité de se satisfaire (ou d'être mécontente) de cette situation en porte à faux. L'activité religieuse est le doublet de l'activité artistique : celle-ci s'extériorise dans l'*objet*, celle-là, dans le *sujet*. Entre l'une et l'autre, l'ambiguïté subsiste longtemps. Ainsi, chez les Grecs, par exemple, manifestations religieuses et manifestations esthétiques se confondent : elles unissent confusément, dans des pratiques collectives, l'amour des riches et beaux objets et la participation rituelle aux cultes civiques.

La religion trouve son essence dès le moment où elle s'entend comme religion révélée : « La religion manifeste est la religion révélée .» A ce niveau de l'analyse, la richesse de l'information recueillie par le jeune Hegel, passionné de problèmes théologiques, se trouve reprise et organisée. Il est bien compréhensible, dès lors, que la « philosophie religieuse » de Hegel — comme l'*Esthétique* — ait produit de multiples rejetons, depuis l'école hégélienne « de droite » des années 1840 jusqu'aux variations contemporaines sur la relation herméneutique entre la triade thèse / antithèse / synthèse et le dynamisme exaltant de la Sainte Trinité.

Les *Leçons sur la Philosophie de la Religion*, professées entre 1821 et 1831 étudient systématiquement la construction théorique du discours religieux : elles pourraient avoir pour premier sous-titre : comment l'Esprit, limité à la religion s'est efforcé, par de multiples médiations, toujours provisoires, d'élaborer le système des principes et des actions permettant aux subjectivités d'agir et de pâtir ici-bas; comment la Religion a joué de l'imaginaire et du symbolique pour assurer, pour rassurer, l'Esprit s'installant pour soi; pour définir cette extériorité majeure et grandiose en quoi, à travers la multiplicité des rituels, l'intériorité des individus et des peuples peut se retrouver.

De nombreux commentateurs — et qui n'étaient point tous mal inspirés — ont insisté sur la formation théologienne de Hegel et se sont efforcés de suivre dans les œuvres de la maturité les conséquences de cette formation. Certains sont allés jusqu'à tenir pour essentielles des analogies formelles : celle, par exemple, que nous signalions à l'instant, entre la Trinité Sainte et la triade thèse/antithèse/synthèse. D'autres, tout aussi remarquablement informés, ont montré les relations qu'entretenait Hegel avec l'athéisme que véhiculaient les diverses sociétés issues de l'*Aufklärung*. Le problème n'est pas là, il se déplace dès qu'est franchi le pas que constitue la *Phénoménologie de l'Esprit*. Il n'est que de médiocre importance de connaître le rapport empirique que l'individu Hegel a entretenu avec les religions (ou les anti-religions) de son temps; pas plus qu'il n'y a d'intérêt — sinon anecdotique — à mesurer le poids des « œuvres de jeunesse ».

Ce qui est exemplaire, c'est que Hegel présente, dans une synthèse à la fois désinvolte et péremptoire, une « histoire » des religions qui, bientôt, va fournir les matériaux du renversement feuerbachien et de la subversion marxiste. Et, de même qu'en ce qui concerne l'activité esthétique, ce devenir qui, certes, peut être pris comme processus autonome de développement, ne se reconnaît en sa pleine signification qu'au sein de la production même de l'Esprit par soi-même. Aussi bien ne faut-il pas espérer de ces *Leçons sur la Religion* ni démonstration ni réfutation des « vérités » de la religion ; et, dès lors, ni dépassement de l'institution religieuse (vers une assomption philosophique à prétention universaliste) ni régression (vers une quelconque « religion naturelle » ou vers un athéisme militant). Il s'agit — et il ne peut s'agir — que d'une *exposition :* l'exposition de la religion comme une manifestation de l'Esprit, de la culture se comprenant soi-même (et seulement ainsi) jusqu'au moment où la *religion manifeste* devient *manifestée*, où son essence comme produit et moment partiels de la Culture s'impose si clairement comme telle qu'elle se dissout — comme telle.

Ne tentons point ici de suivre l'analyse critique que développe Hegel à propos de la religion, des cultes « primitifs », perdus dans l'immédiateté naturelle, jusqu'aux raisonnements les plus élaborés des protestantismes. Reste ceci que le christianisme, vérité de l'attitude culturelle religieuse en tant qu'elle place celle-ci en son statut effectif (l'Esprit se reconnaissant immédiatement pour soi), trouve dans la Réforme son effectuation authentique. La Réforme réalise le chrétien ; elle donne à chacun la possibilité de vivre selon le Christ, avec ses moyens et dans la civilisation à laquelle il appartient ; elle indique une conduite ; elle ne la prescrit point. Elle fait exister l'amour de Dieu, non comme rituel, mais comme possibilité pratique, à réaliser dans un comportement quotidien. Luther donne réalité à la liberté subjective, que promettait le message chrétien. Mais — répondrait l'institution religieuse —, il abandonne cette subjectivité à ses forces seules, qui sont médiocres...

La vérité de la critique luthérienne, c'est la Révolution française. Du coup, la religion révélée (= manifeste) avoue son insuffisance radicale. Ce qui s'impose alors, c'est son incomplétude : quoi qu'elle fasse et quoi qu'elle en pense, elle exige la dimension politique. Le « révolutionnaire » est la réplique *concrète* (sérieuse, appliquée, engagée) du « protestant ». L'Art signifiait en creux — avec une sous-détermination qui laissait aux individus le jeu de leurs inventions et de leurs caprices ; la Religion, elle, s'inscrit en *plein* ; et même en *trop plein*; elle veut développer infiniment ses principes; mais elle sombre dans l'indéfini, dans la réitération de ses prières, de ses invocations au courage subjectif.

Bref, Art et Religion révèlent respectivement en soi et pour soi ce qu'est l'Esprit. Mais l'Esprit effectivement concret, c'est la communauté des individus, des familles, des professions, c'est l'État, unité significative de ce système de contradictions.

IV. L'ÉTAT

A respecter une stricte nomenclature, cette rubrique devrait constituer la simple conclusion du chapitre en cours : l'État n'est rien que la « synthèse » logico-ontologique de l'activité esthétique et de l'attitude religieuse. Une alerte cependant! Le *Précis de l'Encyclopédie des Sciences philosophiques* présente une autre « trilogie » : le troisième terme, le *dépassement*, ce n'est point l'État, mais la philosophie. Le coup de semonce est décisif : la philosophie en tant qu'elle est devenue le Savoir même est l'achèvement du discours (de la Pensée = Être), comme l'État est le terme du procès dramatique qu'a accompli l'humanité pour se trouver en son être (en son Être = Pensée). La philosophie se connaissant enfin comme science définit la possibilité non seulement d'une histoire véridique de la culture sous ses diverses formes, mais encore d'une compréhension de ce qu'est devenue la société des hommes. Quand la philosophie (= science) s'effectue dans sa totalité, l'État se donne à connaître tel qu'il est.

Il y a un cercle, de toute évidence. Il n'est pas vicieux. Il exprime simplement ceci : qu'en un double tableau, se correspondant adéquatement, apparaissent la fusion de l'Être-devenir et de la Pensée et la réalisation de l'humaine histoire dans l'État moderne. Le philosophe (= savant) Hegel écrit dans des livres ce qu'a fait Napoléon Bonaparte

— sans y comprendre — et ce que promettent — quoi
qu'ils n'en sachent rien — les gouvernants de la Prusse, de
la France et de l'Angleterre d'après 1815.

Quel est donc cet État, qui est la réalisation de la philosophie ou, si l'on préfère, l'Esprit en acte? Il convient de
le prendre d'abord en sa « matière ». Et cette matière, c'est
la famille. Dans la percutante *Préface* aux *Leçons sur la
Philosophie du Droit* — qu'il serait bon, quelles que soient
les limites historiques, de mettre constamment sous les yeux
de tous les discoureurs politiques passés, présents et à
venir —, Hegel précise que la théorie politique n'a rien à
prescrire, qu'elle n'a pas à dire ce qui *doit* être et qu'elle a
seulement à annoncer comment *ce qui est* doit être connu.
« La chouette de Minerve ne s'envole qu'à la nuit tombée. »
Ou encore : la fonction des hussards, sabre au clair, est de
faire l'histoire, sans y rien comprendre, comme la fonction
de la science est d'entendre leur action... Le fait *est*, en ce
premier tiers du XIXe siècle, que la famille, la propriété
privée (sous la double forme de patrimoine et des enfants),
est, selon une formule équivoquement consacrée, « la cellule
sociale ». Fidèle à sa tache de recollection, Hegel prend donc
à son compte l'administration du droit romain et de son
actualisation moderne : le code civil institué par le régime
napoléonien. Il étudie systématiquement les modalités
d'existence de l'individu en tant qu'il est père (et, dialectiquement, épouse, fils, fille) et propriétaire (ou, dialectiquement, approprié) : et il fixe, en bon libéral qu'il est, les normes, passablement différentes de celles qui s'imposent dans
le royaume prussien (dont il est cependant, à l'époque, le
philosophe officiel) et dans les États soumis à la réaction
institutionnelle organisée par la Sainte-Alliance, qu'implique l'ordre familial rationnellement conçu.

C'est encore à ce libéralisme, à ce despotisme de la Raison
pratique qui, désormais, sait ce qu'elle peut inscrire dans
l'ordre de sa volonté que ressortit l'analyse hégélienne de la
liberté. Car il importe que la liberté se connaisse d'abord
comme liberté abstraite, subjective. Si l'individu qui va
devenir citoyen ne se saisit pas premièrement comme res-

ponsable, comme maître de ses décisions et, dès lors, comme
justiciable des instances qui lui en demandent compte, il ne
peut participer effectivement à la communauté. La politique hégélienne réfute la morale de Kant. Non en tant
qu'il la rejette dans l'extériorité de l'erreur, mais précisément parce qu'il la *dépasse*. Il n'est de vrai citoyen que
celui qui se connaît comme « législateur et sujet et dans le
règne des fins voulue par l'autonomie de la volonté » : cela,
la « pratique » kantienne l'établit ; mais elle ne parvient pas
à déterminer dans quelles conditions cette « réalité » se
réalise. L'intention morale, fondement de l'ordre politique,
ne devient concrète qu'au sein de l'activité sociale même.

Or, celle-ci se manifeste d'abord comme *Société civile*. Par
cette expression, Hegel entend le système de la production,
de la répartition et de la consommation des biens. Ceci, nous
l'appellerions l'*économie* ; en tout cas, c'est à cet objet encore
mal défini que se sont appliqués des chercheurs comme
Steuart, Quesnay, Adam Smith et David Ricardo. Le philosophe de Berlin a lu beaucoup de leurs textes (il connaît
Steuart depuis 1800 et nous savons qu'il l'a étudié précisément). La Société civile est un *système* : chaque activité
professionnelle renvoie à toutes les autres et aucune n'est
pensable sans référence à la totalité des professions. Cependant, ce système est, *par essence*, contradictoire ; les contradictions qui le traversent constituent sa vie même et il serait
naïf de vouloir les ignorer ou, pire, de prétendre les réduire
effectivement. Il est normal qu'à l'intérieur de chaque
« profession » les individus rivalisent les uns avec les autres ;
que chaque profession s'oppose, dans un concert dysharmo-
nieux, à chaque autre ; que s'installe ainsi un antagonisme
de plus en plus marqué entre possédants et non-possédants,
entre la « richesse « et la « plèbe ».

Ces contradictions sont nécessaires. A cet égard disciple
beaucoup plus de Ricardo (et annonciateur de Marx) que
d'Adam Smith, Hegel considère que ces oppositions diverses
et qui se renforcent les unes les autres sont le principe du
devenir matériel des sociétés, que leur disparition signifierait la stagnation et, bientôt, la mort. Cependant, pour

indispensables qu'elles soient, elles compromettent, par l'agitation qu'elles introduisent, l'unité du corps politique. C'est pourquoi la *Société civile*, d'elle-même, tend à sécréter des remèdes, des anticorps, comme on dirait aujourd'hui; ainsi, à l'époque moderne, la guerre et la colonisation. La première a le mérite de reconstituer — face à une menace venue de l'extérieur — l'homogénéité nationale; la seconde permet aux États riches de se débarrasser des indésirables, de redonner à ceux-ci un patrimoine... au détriment, il est vrai des peuples colonisés!

Cependant ces remèdes sont insuffisants. Les sociétés, au cours de leur évolution, l'ont bien vite compris, qui ont reconnu la nécessité de l'État. De même que la *Société civile* ordonne les activités individuelles et familiales, l'État, comme rationalité en acte, organise la *Société civile*. Sa fonction est son essence même. Il n'y a pas à se demander ce qu'il doit être; il n'y a pas à s'interroger — comme les théoriciens du droit naturel — sur son fondement; il n'y a pas à enquêter — comme les historiens partisans du « droit historique » — sur ses origines. Il est, par définition, dans sa forme et dans son contenu, l'instance suprême : l'État est la vérité de la société. Aujourd'hui, en ce premier tiers du XIXᵉ siècle, gouvernants et gouvernés restent dans une quasi-inconscience; leurs activités correspondent à la nature de l'État, mais maladroitement, parce qu'ils ne savent pas ce qu'est l'État.

L'objectif des *Principes de la Philosophie du Droit* est d'exposer ce qu'*est* l'État. Il est et ne peut être que la Raison réalisée. Produit de l'histoire, il présente l'ordre de l'Esprit dans son actualité (et cela est vrai aussi bien des États modernes que de la Cité grecque ou de l'Empire romain). Il est l'absolu dans sa réalité /rationalité; il incarne, quoi qu'il soit, la souveraineté existante. Quelle est donc, de ce fait, sa constitution? On a cherché à définir, dans le passé, le statut des gouvernants. La force, la naissance, la fortune sont des critères si contingents qu'on ne saurait les retenir. Le recrutement démocratique n'est pas de meilleur aloi, si l'on en juge par l'expérience historique.

Hegel retrouve la leçon platonicienne : le régime correct est celui qui met au pouvoir l'aristocratie. Or, les *aristoï*, les meilleurs, sont ceux qui — comme le pensait déjà l'auteur de *La République* — possèdent le savoir.

Pour recruter les fonctionnaires qui auront à charge de décider de l'intérêt général, il faut substituer aux hasards de l'histoire (oligarchies nobiliaires ou ploutocratiques), aux caprices des élections et du tirage au sort (démocraties), aux forces charismatiques (théocraties et monarchies absolues) le choix en fonction des compétences. Hegel détermine ainsi les règles de fonctionnement de l'État techno-bureaucratique moderne; il rêve — ou feint de rêver — d'un pouvoir pur et dur, soucieux seulement d'universalité, organisant, en fonction de ses connaissances et de ses calculs, le dynamisme de la *Société civile*. Le philosophe, devenu savant, travaille comme spécialiste de l'universel, pour le triomphe réel de la rationalité!

Sans doute, Hegel, pour optimiste qu'il soit, sait que l'affaire n'est pas jouée. Aussi, dans les *Principes de la Philosophie du Droit*, se contente-t-il de militer pour une monarchie constitutionnelle : qui doit détenir, en fin de compte, la décision? Ce sera, n'importe comment, un personnage empirique exprimant le *consensus* des gens qualifiés. Pourquoi pas un de ces souverains que les détours de l'histoire ont désignés (sommes-nous logés à meilleure enseigne avec nos présidents démocratiquement élus?). Quant à la nécessité d'assurer une médiation correcte entre l'État et la *Société civile*, entre l'exigence d'universalité et les intérêts particuliers, Hegel la prévoit : des organismes consultatifs réuniront régulièrement les représentants de l'État et ceux des familles et des professions. Ces « chambres » auront à faire connaître aux premiers ce qu'ils auraient pu omettre, aux seconds ce qu'ils ignorent. Il va de soi que la décision, finalement, revient toujours aux fonctionnaires, qui *sont* l'État.

Le texte publié de Hegel date de 1821. Un siècle et demi après, on se demande s'il n'est pas de l'ordre de la prophétie, la seule erreur de Hegel étant de croire qu'une telle situation

réalisée apportait, pour tout un chacun, la satisfaction mini-
male. L'État rationnel que décrit Hegel est devenu réalité :
le malheur politique subsiste...

Sans doute, l'hégélianisme prévoyait-il des lendemains
dramatiques. Ce n'est pas par clause de style que les *Principes de la Philosophie du Droit* s'achèvent sur un « résumé »
de la *Philosophie de l'Histoire*. L'humanité commence seulement à aborder son présent : il faudra des guerres longues
et douloureuses pour que se réalise l'État mondial, au sein
duquel, chacun dans sa singularité et, s'il lui plaît, dans ses
drames personnels, se reconnaîtra et sera reconnu comme
citoyen. Hegel n'a pas eu l'idée — dont Marx, dans sa
jeunesse, sera le héraut — que, peut-être, c'est la réalité
de l'État qu'il faut questionner.

Bref, Hegel est un libéral profond, comme, à la même
époque, en France, Tocqueville fut un libéral superficiel.

V. PHILOSOPHIE, SAVOIR ET CONNAISSANCES

En tout cas, l'hégélianisme, avec beaucoup plus de force
que la pensée critique de Kant, met un terme à l'illusion
métaphysique : au-delà de ce qu'on peut dire, il n'y a rien
(même pas des rêveries, des balbutiements). Le réalisme de
Hegel balaie l'allure idéaliste de son discours. L'ensemble
des textes hégéliens constituent, péremptoirement, une
somme critique de la civilisation occidentale, de ses triom-
phes, de ses lacunes, de ses contradictions, de ses ruses, de
ses mensonges...

Lénine ne se trompait pas lorsqu'il invitait à lire la
Science de la Logique. Certes, on n'y trouve ni savoir décisif,
ni méthode qui — à l'usage — s'impose. On y rencontre le
penseur qui, porté par le « retard allemand », comme disait
Marx, a su donner des réponses (qui restent, aujourd'hui, acti-
ves, par exemple celles concernant l'État), et des questions
(dont nous n'avons pas fini de comprendre la nouveauté).

Le poids de la théorie — serait-il abstrait — passe par Hegel.

──────── **Bibliographie** ────────

Éditions allemandes :

Sämtliche Werke, hg. von Georg Lasson, 21 vol., Leipzig, 1911-1938 (Felix Meiner, « Philosophische Bibliothek »); *Sämtliche Werke*, Neue kritische Ausgabe, hg. von Johannes Hoffmeister, 32 volumes prévus, en cours de publication, Hambourg, à partir de 1952 (Felix Meiner, « Philosophische Bibliothek »).

Traductions françaises :

Vie de Jésus, trad. D.-D. Rosca, Paris, Gamber, 1928; *L'Esprit du christianisme et son destin*, trad. D. Martin, préf. de J. Hyppolite, Paris, Vrin, 1948; *Premières publications (Différence des systèmes de Fichte et Schelling, Foi et Savoir...)* trad. M. Méry, Paris, Vrin, 1952; *Phénoménologie de l'Esprit*, trad. J. Hyppolite, 2 vol. Paris, Aubier, 1944; *Propédeutique philosophique*, trad. et introd. de M. de Gandillac, Paris, Éd. de Minuit, 1963; *Science de la Logique*, trad. par S. Jankelevitch, 2 vol., Paris, Aubier, 1949; *Précis de l'Encyclopédie des Sciences philosophiques*, trad. J. Gibelin, Paris, Vrin, 1952; Introduction aux *Leçons sur l'histoire de la philosophie*, Paris, N.R.F., 1954; *Principes de la Philosophie du Droit*, trad. A. Kaan, préf. de J. Hyppolite, Paris, N.R.F., 1940 (rééd. 1965); *Leçons sur la Philosophie de la Religion*, trad. J. Gibelin, 4 vol., Paris, Vrin, 1954-1959; trad. de l'*Introduction* sous le titre *La Raison dans l'Histoire*, par K. Papaioannou, Paris, « 10-18 », 1965; article sur les *Méditations bibliques* de Hamman, trad. P. Klossowski, Paris, Éd. de Minuit, 1948; *Correspondance*, trad. J. Carrère, 3 vol., N.R.F., 1962-1965.

Principales études en français :

P. CHAMLEY : *Économie politique et philosophie chez Steuart et Hegel*, Paris, 1963; V. D'HONDT : *Hegel, philosophe de l'histoire vivante*, Paris, 1966; E. FLEISCHMANN : *la Philosophie politique de Hegel*, Paris, 1964; *La Science universelle ou la Logique de Hegel*, Paris, 1968; M. HEIDEGGER : « Hegel et les Grecs », trad. J. Beaufret et P.-P. Sagave, *Cahiers du Sud*, nᵒ 349, janv. 1959; L. HERR : article pour la *Grande Encyclopédie* in *Choix d'Écrits*, t. II, pp. 109-146, Paris, 1932; J. HYPPOLITE : *Introduction à la philosophie de l'Histoire de Hegel*, Paris, 1948; *Genèse et structure de la Phénoménologie de l'Esprit*, Paris, 1946; *Logique et Existence, Essai sur la Logique de Hegel*, Paris, 1953; *Études sur Marx et Hegel*, Paris, 1955;

A. Kojève : *Introduction à la lecture de Hegel*, Paris, 1947 (2e éd. augmentée, 1962); A. Koyré : « Note sur la langue et la terminologie hégéliennes », *Revue philosophique*, nov.-déc. 1931; K. Löwith : « L'Achèvement de la philosophie classique... », *Recherches philosophiques*, 1934-1935; J. Wahl : *Le malheur de la conscience dans la philosophie de Hegel*, Paris, 1929; E. Weil : *Logique de la Philosophie*, Paris, 1950; *Hegel et l'État*, Paris, 1950.

LA PHILOSOPHIE POSITIVE D'AUGUSTE COMTE

par René VERDENAL

Ambiguïtés sur le positivisme

Comte n'est guère étudié par les historiens de la philosophie. L'approche de sa pensée est gênée par les ambiguïtés autour de l'idée de « positivité ». Un Littré jette un voile pudique sur les débordements érotico-mystiques de la synthèse subjective : les fidèles de l'Église positiviste éliminent, eux, la part du rationalisme du *Cours de Philosophie positive*. On se tire souvent d'affaire en juxtaposant deux philosophies chez Comte sans autre lien qu'une succession chronologique il nous semble que la deuxième philosophie formule l'impensé qui déterminait la première philosophie. Vulgairement le terme de « positivisme » désigne le refus de tout philosopher, et on allègue l'antimétaphysicisme de Comte. D'aucuns croient que le positivisme se borne à confier à la science positive la tâche de philosopher. Mais le terme de « positivité » présente une redoutable polysémie : tout un nuage l'entoure : relatif, organique, précis, certain, utile, réel, social, pratique.

Cette situation oblige à considérer l'intégralité de l'œuvre pour saisir son unité constitutive.

Certes, il y a un « cas » Comte. Le style de l'œuvre d'abord : quel lecteur n'est pas étonné de voir surgir les invocations à l'ange bien-aimé, Clotilde de Vaux, célébrée comme l'apparition de la Femme-Vierge, à la fois « mère subjective » et « fille objective »,? Imperturbablement, Comte mélange exposé des principes et querelles personnelles, comme sa vie elle-même mélange les motifs privés et les préoccupations publiques : il s'en dégage une impression de malaise comme devant des comportements pathologiques, avec les tics, les bouffées de délire et les hallucinations de persécution. Biographie exceptionnelle : Comte fut habité par sa vocation de penseur et de réformateur à ce point que l'homme devait s'introniser comme « Pape » de l'humanité. Il n'eut pas d'effort à faire pour cela : très naturellement, il consacre sa vie à un culte et il retrouve par une sorte de mimétisme toutes les conduites sacralisantes, jusques et y compris les plus fétichistes.

On en saurait comprendre le phénomène Comte que sur l'arrière-plan d'une société secouée et traumatisée par la Révolution française. L'ébranlement révolutionnaire a induit une sorte de terreur devant l'histoire, monstre redoutable et cruel qui prépare des catastrophes pour les temps à venir [1]. Comte, à sa manière, a vécu le mal du siècle et propose une psychothérapie. Tiré de sa province languedocienne où vit sa famille catholique et monarchiste, expulsé de l'école polytechnique à la suite d'une pétition, sans cesse inquiet de sa sécurité matérielle, Comte s'inflige des séances de travail forcené, qui le plongent plusieurs fois dans le surmenage nerveux, jusqu'à la dépression. Il s'invente une « hygiène cérébrale » qui lui interdit toute nouvelle lecture depuis l'âge de trente ans. Mais, comme ces solutions de psychothérapie individuelle ne suffisent pas, il va construire un environnement social qui le mette définitivement à l'abri des convulsions historiques : la religion de l'Humanité qui résorbe la société des vivants dans la communauté des morts, dans cette trinité du Grand-Être, du grand Fétiche et du grand Milieu...

Cette panique est ressentie par tous les contemporains de Comte : elle est le ressort de ce sursaut ultra-conserva-

---

1. Un Littré exprime encore ce sentiment du vide historique « Clergé, noblesse, royauté, tout s'ébranle, tout s'amoindrit, tout s'écroule en France et hors de France » (*Application de la philosophie positive au gouvernement des sociétés et en particulier à la crise actuelle*, 1849, p. 18).

teur qui se dresse contre la Révolution française. Comte a été fasciné par la lecture du *Pape* de Joseph de Maistre, il a été le secrétaire d'un « Messie », il peut confirmer ses rêves de « régénération » dans les palingénésies de Ballanche, et on sait comment Pierre Leroux se flatte de recréer le christianisme. Les contemporains de Comte réclament aussi le renforcement de l'État, désirent une police qui surveille les agitations dangereuses, dans l'espoir d'arrêter le cours de l'histoire. Un bon point pour Comte : il aperçoit clairement la vanité de ces restaurations de pacotille et il ne confond pas réaction et conservatisme. Peut-être y a-t-il aussi une envie de « ruser » avec l'histoire : cela expliquerait les fluctuations entre le camp « républicain » et le camp « conservateur », jusqu'à donner l'impression de palinodies.

La philosophie de Comte se place consciemment dans le sillage contre-révolutionnaire qui suit 1789 : il se situe lui-même à l'aube d'une phase « organique » qui met fin à la phase de « négativisme ». Il se veut artisan d'une reconstruction générale, au moment où les événements révolutionnaires ont épuisé leur force destructrice. De là naît cette impérieuse vocation de réformateur universel qui est chargé d'instituer l'ordre d'une manière souveraine. Cette idée d'ordre commande et le travail de systématisation théorique de la philosophie et le travail de régénération spirituelle de la religion et le programme de la politique positive de manière à enfermer l'histoire dans un cadre fixé une fois pour toutes. Curieusement, Comte pense à rebours pour aménager cette régénération du genre humain. Il est parti d'un diagnostic sociologique : la Révolution française est l'aboutissant de phénomènes centrifuges qui ont dissocié les lois et les mœurs, les mœurs et les croyances, les croyances et les idées. Toutes les institutions temporelles se sont émancipées de la tutelle spirituelle qu'incarnait le catholicisme médiéval. Le remède? Rétablir la primauté du pouvoir spirituel, supprimer la confusion du spirituel et du temporel. La « logique » de cette analyse fait passer Comte de la synthèse objective du système des sciences à la synthèse subjective de la religion. Le passage est assuré par la socio-

logie, à la fois clef de voûte des sciences positives et fondement de la religion sociolâtrique.

L'idée d'ordre

Toute la pensée de Comte tourne donc autour de cette
idée d'ordre qui est la matrice de tous les thèmes philosophiques : Gaston Milhaud avait bien vu cela autrefois.
On s'aperçoit que cette idée d'ordre est interprétée selon
une vision conservatrice où l'ordre est un cadre figé, à la
fois structure mentale et type d'organisation, oscillant entre
la catégorie intellectuelle et la loi des choses. Dans la politique positive, il met les points sur les i : « Il suffit de comparer les deux acceptions du mot ordre, qui toujours signifie
à la fois commandement et arrangement. » L'ordre est conçu
de manière rigide et chosifiée, comme l'emboîtement
des pièces dans un mécanisme. Nous sommes loin de l'ordre
cartésien comme loi de l'activité intellectuelle, résultat
de l'opération d'analyse et de synthèse. L'idée d'ordre est
liée à l'idée de hiérarchie comme système de subordination
rigide de la partie au tout, de l'inférieur au supérieur, du
processus au résultat, et cela donne la clef du fameux mot
d'ordre : par le progrès à l'ordre [1]. Peu à peu, Comte dérive
de l'idée l'ordre « naturel » cher au XVIIIe siècle vers de
l'idée de l'ordre comme type abstrait de la pensée spéculative, ou pire, comme modèle chosiste imposé du dehors.
Cette idée d'ordre inspire vraiment toutes les démarches
de Comte. Cela est manifeste dans les tableaux qui deviennent catéchisme, calendrier, rites culturels de façon
à imbriquer l'individu dans un organisme religieux où sa
place est consacrée dogmatiquement par le Grand-Prêtre.
On mesure la méticulosité du cérémonial religieux la violence de l'angoisse que Comte ressent devant l'histoire.
La manie classificatoire illustre sans cesse cette obsession

---

1. « Aucun grand progrès ne saurait effectivement s'accomplir s'il ne
tend finalement à l'évidente consolidation de l'ordre. » *Politique positive*,
t. IV, p. 17.

de l'ordre. Connaître la société, c'est la décomposer en
« classes » selon des rapports hiérarchiques : classe prolétaire, classe industrielle, classe féminine, classe sacerdotale.
La sociologie lui rend le service d'étaler l'histoire, ce lieu
d'inquiétude et de mouvement, en un tableau où toutes
les phases sont incorporées dans un équilibre stable. De
même, l'intérêt de Comte pour le phrénologie de Gall procède de la même passion de l'ordre : chaque individu peut
être rangé dans une suite de facultés cérébrales, et le Comte
tardif sera de plus en plus attaché à cette classification
psychologique. La classification des sciences selon une
« échelle encyclopédique », telle qu'elle forme le squelette
du *Cours de philosophie positive*, répond aux mêmes exigences d'ordre. Ce qui intéresse Comte, c'est qu'il fait le
tour de toutes les sciences, car il a décrété que les sciences
forment un tout fermé, et cela nous rappelle le ἀναγκὴ
στῆναι d'Aristote pour clore tout processus illimité. Puis, il
procède à une deuxième réduction qui refoule les sciences
concrètes à l'arrière-plan au profit des seules sciences
abstraites. Les motivations de Comte sont explicitement
formulées dans les œuvres tardives : les recherches trop
détaillées des sciences concrètes feraient perdre de vue l'unité
générale de l'édifice. « Les sciences vraiment concrètes
resteront toujours interdites à notre faible intelligence et
inutiles à notre sage activité. » Les sciences abstraites seront
d'ailleurs amaigries et, de disciplines théoriques qu'elles
sont, amenuisées à l'état de formulaires, et de là, à quelques
généralités. Opération normale aux yeux de Comte : « Tous
les purs *théoriciens* seront de vrais *philosophes*, ou plutôt
des *prêtres*, voués à construire et à appliquer la synthèse
fondamentale [1]. » Curieusement, par-delà les siècles, Comte
ressuscite l'antinomie aristotélicienne entre la science du
général et la réalité individuelle ! Le sublunaire est subsumé
par le sidéral. La classification des sciences, dès le *Cours*

---

1. « Quand la science abstraite aura enfin construit suffisamment le
fond général de la sagesse humaine, les seuls exercices théoriques qui pré-
vaudront seront esthétiques et non scientifiques. » *Politique positive*,
p. 432.

de philosophie positive, fonctionne déjà comme un critère
« sociocratique », où le philosophe de la positivité assigne à
chaque savant sa tâche spécifique, en lui interdisant de
transgresser les frontières qui séparent une discipline d'une
autre. L'ordre même des sciences, selon les degrés de généralités décroissante et de complexité croissante, ne sert pas
à préparer les transitions, mais plutôt à confiner chaque
science dans son compartiment dûment étiqueté. On comprend que Comte ait dû, pour préserver ce sécurisant, avoir
recours à cette fameuse « hygiène cérébrale » qui le tient
éloigné de la science mouvante, telle qu'elle est en train
de se faire et de se refaire sans cesse !

Il vaut la peine de s'arrêter un instant sur ces tentatives
pour enfermer les sciences dans une classification. L'Encyclopédie, dans le Discours préliminaire de d'Alembert, avait
repris cette donnée traditionnelle de l'enseignement philosophique : la classification des sciences. Pour la philosophie
antique ou médiévale, la philosophie avait seule compé-
tence pour classer correctement les sciences, indiquer leur
hiérarchie et justifier le système de classification : on sait
comment Aristote subordonne le faire à l'agir et celui-ci
à la « contemplation ». La situation est toute différente au
début du XIXe siècle et il faut bien s'interroger sur le besoin
intellectuel que satisfait cette recherche d'une classification.
Comte n'est pas le seul à s'en occuper : Ampère publie un
gros traité consacré à la classification des sciences. On s'aperçoit aussi que la philosophie allemande, un Kant ou un Hegel,
tient à la conception hiérarchique des sciences, selon une
hiérarchie qui subordonne l'inorganique à l'organique.
Le problème semble différent pour Comte : il veut partir
de ses connaissances scientifiques pour découvrir un
système de classification. L'important ne réside pas
tellement dans le choix et le sens de cette classification que
dans la satisfaction accordée à un besoin classificatoire.
Tout se passe comme si Comte appréhendait le pouvoir
de bouleversement intellectuel de la science et installait
une sorte de barrage contre les débordements illégitimes.
Ajoutons aussi, ce qui est évident, combien la classification

des sciences se rapporte à des préoccupations didactiques et pédagogiques : n'a t-il pas la manie d'enseigner et de figer les idées en tableaux?

Ainsi, Comte s'acharne-t-il à séparer arithmétique et algèbre : si celle-ci est théorie des fonctions, que viennent faire d' « irrationnels scrupules » d'ordre arithmétique, si ce n'est détruire la simplicité et l'harmonie de la théorie des séries chez Lagrange? On sait l'animosité de Comte contre Cauchy, qui a amorcé cette arithmétisation de l'analyse. De même, Comte est satisfait de pouvoir enfermer les fonctions élémentaires dans un catalogue bien répertorié. Notons aussi que le degré d'abstraction d'une science est définitivement fixé : ainsi, en mécanique analytique, ne voit-il aucun intérêt dans les recherches théoriques qui se proposeraient de formuler un principe plus général que le principe des vitesses virtuelles de Lagrange. Lorsqu'il aborde la biologie, on constate la même passion pour la nomenclature, la taxinomie, la logique classificatoire. Faisons une remarque curieuse en biologie : puisque la classification est « destinée au perfectionnement logique des hautes spéculations vitales », Comte recommande d'intercaler des « espèces fictives » pour mieux assurer les transitions dans les séries. La biologie devient donc le prétexte à des exercices de « logique comparative ».

Ainsi, l'idée d'ordre forme le squelette d'un dogmatisme général qui prémunit contre les « variations » de l'histoire et de la pensée. L'histoire se présente comme un tout fermé, dont les phases sont solidaires de manière rigide[1]. Sans doute, l'homme dispose-t-il d'une légère faculté d'intervention sur les faits sociaux, mais l'ordre de la société est permanent, à l'image de l'invariabilité de l'ordre naturel. Cette conviction amenait Comte à professer un cours d'astronomie populaire qui était destiné à répandre l'idée d'ordre, de hiérarchie et d'immutabilité parmi ses auditeurs,

---

1. Littré a bien senti cela : « Toute théorie incapable d'expliquer le passé historique est frappée d'impuissance, l'avenir social ne pouvant être que le prolongement du passé » et il dit bien que le positivisme retrouve la « tradition historique » (*Application...*, p. 34).

en espérant qu'ils la transféreraient à la société elle-même.

L'homme est rivé à l'histoire comme à un bloc massif dont toutes les époques se déterminent invariablement, une fois pour toutes. Aussi est-il possible de récupérer le passé : c'est même inévitable. Ainsi, le fétichisme est restitué par la religion positive, comme un terme corrélatif à un régime affectif de la nature humaine. Comte projette, en effet, sur sa vision de l'histoire les facultés de la nature humaine, qui est posée comme un invariant fondamental. On pourrait rappeler la définition que Lucien Febvre suggérait pour l'historien : conservateur du passé. Comte sacralise ce rôle comme un devoir religieux devant la mort. La philosophie positive à l'air d'exorciser la conscience historique par des « exercices spirituels » de contemplation afin de figer l'histoire dans un tableau.

Une contre-épistémologie

On assiste à une série de glissements : de la méthologie des sciences positives, on passe à une réforme logique des sciences, et de là à une interruption des sciences par la philosophie du positivisme. Le XVIIIe siècle (d'Alembert, Lagrange, ...) faisait effort pour découvrir la philosophie immanente à la recherche scientifique, attentif à la théorie de la connaissance élaborée par la science. On tourne le dos à cette épistémologie. Kant, lui, avait déjà introduit des tabous métaphysiques par sa théorie de l'*a priori* de la conscience transcendantale. Comte, de son côté, introduit un système d'interdits métaphysiques non moins arbitraires.

Le *Cours de philosophie positive* mène apparemment une enquête méthodologique sur les sciences positives : en fait, Comte forge une idée de la science qu'il substitue au travail effectif de la science. Il introduit subrepticement une série de postulats auxquels il soumet l'idée de science : il part du rôle que la science doit jouer pour assurer la marche normale et régulière de la société industrielle. Ainsi la théorie philosophique de la connaissance est remplacée par une idéologie. Comte introduit plusieurs critères : un critère sociologique, où la positivité est une structure mentale de la société moderne ; un critère idéologique, la conformité de la science avec une somme d'opinions reçues dans la société moderne ; un critère méthodologique, de type quasi « comparatif », où la science est caractérisée par la spécificité des méthodes et des procédures particulières.

Ce bric-à-brac philosophique se décante dans les œuvres terminales. La science est rendue « positive » par la haute surveillance des prêtres qui font prévaloir l' « esprit d'ensemble » contre l'« esprit de détail ». Chaque science est soumise à l'autorité du pouvoir spirituel qui veille à ce que le savant ne fomente pas l' « insurrection moderne de l'esprit contre le cœur », péché majeur de la société moderne.

Si on regarde d'un peu plus près la pensée de Comte, on s'aperçoit cependant que sa philosophie utilise des thèses philosophiques du XVIIIe siècle : Locke, Hume, Condillac, les idéologues (Cabanis, Destutt de Tracy) : l'idée de phénoménisme, l'exorcisme contre la substance par peur de la théologie, le sage tempérament d'une sagesse réduite à des valeurs morales, le compartimentage de la science loin de la religion au risque de scinder la raison humaine. Plus tard, les courants de l'empirio-criticisme et du néo-positivisme vont déployer ces sous-entendus de la philosophie de Comte : une certaine combinaison entre l'empirisme et l'idéalisme, dont le dépassement semble assuré par la science ; mais la science juxtapose le fait observable et la relation logique, sans parvenir à fondre les deux séries d'opérations. N'y a-t-il pas là les retombées du dualisme cartésien ou de l'occasionalisme ? Quoi qu'il en soit, l'important, c'est que Comte interprète l'idée de science au sens malebranchiste d'un savoir achevé, sous la forme de résultats et de recettes. Et on peut mettre en évidence cette contre-épistémologie en examinant le traitement infligé aux mathématiques. On assiste à une dégradation de la *mathesis universalis* d'origine cartésienne vers l'idée d'une sorte de canon logique, qui se ramène finalement à une formule de culture

générale. Ce dernier point devient net dans la Synthèse
subjective qui expose la philosophie mathématique des
années 1856.

On est d'abord frappé de la maigreur de cette mathématique, en état de cachexie théorique à laquelle Comte
inflige un régime d'abstinence de crainte de la suralimenter
en idées. Le XVIIIe siècle avait mis en œuvre la *mathesis universalis* avec une merveilleuse souplesse d'inspiration :
la mécanique, la théorie des gaz, l'arithmétique politique,
comme on disait, la cosmogonie, la théorie des nombres,
l'algèbre des nombres complexes, ce fut une profusion de
découvertes mathématiques. La méthode « analytique »
devint *ars inveniendi* dans tous les domaines, à charge
pour le mathématicien d'enrichir et d'affirmer son outillage. Les mathématiciens du XVIIIe siècle dessinent le canevas d'une pensée mathématique avec ses lois internes.
Or, ce qui manque complètement à Comte, c'est la notion
de « fait mathématique », à savoir l'idée que les techniques
de calcul supposent l'existence de lois générales d'ordre
mathématique, ce que nous appellerions des « structures »
mathématiques. Si bien que les ressources des mathématiques
se présentent de façon dispersée, comme un ensemble de
recettes hétéroclites, sans aucune architecture théorique :
le plus souvent, il offre des catalogues. Par la suite, il insistera
sur les « artifices » du mathématicien.

Cela se reflète dans la manière dont Comte tient à séparer
et à hiérarchiser mathématique abstraite et mathématique
concrète, arithmétique et algèbre, algèbre ordinaire et
analyse transcendante, analyse et géométrie, géométrie
et mécanique. L'esprit général de cette philosophie mathématique se tire de Lagrange par la prédominance de l'algèbre sur toutes les disciplines mathématiques : mais si on
regarde de plus près, on s'aperçoit que Comte se trouve en
porte-à-faux vis-à-vis de Lagrange.

Remarquons en passant que les notices historiques de
Lagrange fournissent la plupart des matériaux qui meublent
le premier tome du *Cours de philosophie positive*. Dans son
Discours sur l'objet de la théorie des fonctions analytiques (*Jour-*

nal de l'École polytechnique, an VI), Lagrange dit qu'il veut lier « immédiatement » le calcul différentiel à l'algèbre, car l'analyse « ne doit avoir d'autre métaphysique que celle qui consiste dans les premiers principes et dans les opérations fondamentales du calcul ». Cela évite d'employer le « circuit métaphysique » des infiniment petits ou des limites. Il sait qu'il est à la recherche d'un « algorithme » (le mot est de Lagrange) qui ramènerait le calcul différentiel à une origine purement algébrique. Lorsqu'il a voulu ramener l'analyse à l'algèbre, Lagrange entend rendre compte des faits mathématiques de la théorie des fonctions par des méthodes « analytiques » de calcul : éliminant toute espèce de « métaphysique » (cf. l'essai de Carnot sur la métaphysique du calcul infinitésimal), Lagrange montre que les dérivées et les intégrales s'interprètent en termes d'opérations du calcul algébrique. Lagrange ne sépare pas cette réforme logique du calcul infinitésimal de son extension par des découvertes telles que le calcul des variations. Sans cesse Comte expose ses craintes : il doute que l'on puisse s'engager dans une théorie générale de l'intégration. Il considère toujours l'œuvre de Lagrange comme un résultat définitif : Là où Lagrange fait le constat de ses résultats effectifs, Comte promulgue des brefs dogmatiques. Par exemple, Lagrange fait part de son échec devant le problème de la résolution générale des équations algébriques de degré *n* quelconque : Comte décide qu'il faut clore toute recherche dans ce domaine : le piquant est que les recherches de Galois ont lieu en 1831 ... Ce que Comte retient donc de Lagrange, c'est un certain nombre de recettes, et aussi une liste d'échecs définitifs. Ce qui étonne grandement chez ce professionnel du travail mathématique, c'est le peu d'antennes vis-à-vis des nouvelles directions de la création mathématique.

Il semble ne rien deviner des nouvelles voies des mathématiques : ni Gauss avec la théorie des congruences, ni Cauchy avec la théorie des fonctions à variable complexe, ni l'idée de géométrie générale qui se fera jour autour des géométries non-euclidiennes jusqu'à Riemann. Lorsqu'on ouvre la synthèse subjective, Comte n'arrête pas de vitupérer contre l' « utopie algébrique », contre « les prétentions de l'algèbre à la présidence encyclopédique », contre la prétention des mathématiques à s'étendre à tous les domaines : il parlera du danger de ce « matérialisme théorique ». La régénération des mathématiques doit les vider de leur contenu propre et les ramener à des exercices de la science sacerdotale qu'est la logique[1]. Mais, disons-le, dès le cours de philosophie positive, Comte semble préoccupé sans cesse de limiter l'intervention des mathématiques dans les diverses sciences. L'idée même de *mathesis universalis* lui répugne comme un facteur qui libérerait indéfiniment le travail théorique et provoquerait ainsi une « anarchie » des esprits.

En ce qui concerne les autres sciences, il serait fastidieux d'énumérer les contresens de Comte, lorsqu'il récuse tel ou tel type de recherches : ces recherches sont suspectées de déranger les schémas de la philosophie positive. Il serait tout au plus amusant de collationner les fixations affectives de Comte qui se traduisent par une liste de doctrines surestimées et d'omissions (apologie de Fourier en physique, théorie des proportions définies en chimie, taxinomie en biologie, théorie de Gall, théorie de Broussais en psychiatrie...). Inlassablement Comte établit des frontières avec des points de passage obligé de façon à contrôler les échanges d'une science avec l'autre.

Prenons encore un exemple à propos de la physique. Comte insiste fortement sur l'insuffisance radicale des méthodes mathématiques dans le domaine de la physique et il majore le rôle de la physique expérimentale. Or, là aussi, il trahit l'esprit de Fourier. Dans son discours préliminaire, Fourier s'explique clairement : les phénomènes de la chaleur « se résolvent en un très petit nombre de faits

---

1. Le lecteur de Comte est inquiet devant ces pages où la science sacerdotale ressuscite le « calcul fétichique » ou le « calcul théorique » et, un peu plus loin, il lit : « Bornée au Grand-Milieu, la science fondamentale aspire au Grand Fétiche, par l'entremise du ciel et de la double enveloppe terrestre, pour aboutir au Grand-Être, quand la végétalité suivie de l'animalité la rend théoriquement accessible. » (*Synthèse subjective*, 1856, p. 769).

généraux et simples », ce qui est l'affaire de l'observation :
commence alors le travail mathématique, car « toute question physique de ce genre est ramenée à un simple exercice
d'Analyse mathématique », c'est-à-dire de calcul différentiel
et intégral. Fourier n'oublie pas poutant de confronter
le résultat du calcul avec l'expérience physique.

On observe une fois de plus la tendance de Comte à
penser l'histoire non tellement comme un devenir mouvant
que comme une suite figée d'états définitifs : le passage
de la mentalité métaphysique à la mentalité positive est
datée à un moment précis, si bien que le statut d'une science
positive est définitivement arrêté. La positivité en mathématiques a l'âge de Lagrange, en astronomie celui de Kepler,
en physique celui de Galilée, en chimie celui de Lavoisier
et en biologie celui de Bichat et de Cuvier. Tout déplacement de la recherche vers de nouvelles visées théoriques
rompt avec la positivité. Laplace a tort de forger une fiction
comme le calcul des probabilités qui introduirait l'indécision
dans les questions pratiques et il a tort aussi de poursuivre
la chimère d'une théorie unitaire de la physique autour
de la mécanique des forces d'attraction. Un Poisson ou un
Lamé ont tort de chercher d'autres hypothèses en théorie
de la chaleur, déviant dangereusement du point de vue adopté
par Fourier. Les chimistes ont tort de vouloir scruter les
structures atomistiques de la matière ou de construire une
théorie de l'affinité chimique et les biologistes sont dupes
d'illusions métaphysiques s'ils prétendent étudier la vie à
un étage inférieur aux organes et aux tissus.

La lecture du *Cours de philosophie positive* nous laisse sur
notre faim, c'est certain, et Huxley avait exprimé cela assez
crûment. Pourquoi est-ce si maigre ? Il semble que la démarche même de l'analyse dite « épistémologique » soit en cause.
On se trouve en effet, face à deux types d'analyse : l'une par
généralisation, par appauvrissement logique, l'autre par
abstraction, par composition enrichissante des idées. Comte
manie une analyse qui rêve de clore, de réduire, de résumer
en formules générales, et cela n'est pas très excitant. Un
malentendu séculaire pèse sur cette épistémologie de

Comte : la confusion entre généralisation et abstraction.
De plus, cela arrange bien le réformateur religieux : « C'est
de cette hauteur que maintenant je sanctifie la science
proprement dite en la disciplinant comme une simple introduction fondamentale à la religion. » (Lettre à Laffite,
18 octobre 1849).

De la sociologie à la religion par la politique posi-tive

Venons-en à la « sociologie », au tome VI du *Cours de
philosophie positive*. Il baptise cette science du nom nouveau
de sociologie : la sociologie, Comte la voit comme une
« physique sociale », Comte tente la pari d'expliquer intégralement l'histoire : expliquer, c'est étaler les phases de
l'histoire dans un tableau immobile qui est offert à notre
survol. Le problématisme de l'histoire, du moins le seul
qui soit réel, l'inquiétude du présent, est éliminé. Cette
sociologie embrasse d'une seule vue tous les hommes de tous
les temps, ceux du passé, du présent et de l'avenir. Une
telle vision continuiste de l'histoire supprime la disconti-
nuité du présent. La question angoissante qui retentit dans
la pensée européenne : que faire? est éludée. Car il n'y a
rien à faire qui réclame décision ou risque : théoricien de
la prédestination sociologique, Comte enseigne l'*amor fati*
comme devoir moral d'intégration à la société telle qu'elle
demeure sous les changements apparents de l'histoire.
Comte n'est pas allé jusqu'à formuler la théorie du retour
éternel : mais comment ne pas être saisi devant cette histoire
qui boucle l'évolution par la répétition du primitif? L'histoire est cercle, sphère, domaine fermé, condition pour que
la sociologie puisse en faire le tour par une théorie définitive.
E. Bréhier l'avait noté : « La pensée de Comte tend finalement à une forme moins linéaire que circulaire. »

La sociologie est définie comme « physique sociale » :
toutefois sa division en statique et en dynamique n'est pas
d'origine physique, mais est empruntée à la biologie. Une

coupure profonde sépare, en effet, les sciences de l'inorganique : astronomie, physique, chimie — des sciences de l'organique : biologie et sociologie. Statique et dynamique prolongent en sociologie le clivage anatomie-physiologie que Comte doit surtout à Bichat. De même que Bichat a conçu une science abstraite, l'anatomie générale, la statique étudie abstraitement la société, alors que la dynamique étudie le fonctionnement de la société, en élargissant le concept de milieu tiré de Lamarck. Le sociologue étudie le fonctionnement de la société en partant des conditions d'existence de la société, et cela par analogie avec la biologie. Mais, par ailleurs, les concepts biologiques trouvent leur explication au niveau de la sociologie comme théorie de l'organisme collectif. On pourrait appliquer à l'ensemble de la sociologie ce que Comte énonçait pour la théorie de l'âme : « l'inspiration sociologique contrôlée par l'appréciation zoologique » (*Pol. Pos.*, p. 673).

Essayons de caractériser cette sociologie par ses omissions d'abord. La plus grosse rature, celle de l'économie politique. Les griefs sont divers : dogmatisme, discussions scolastiques sur les notions élémentaires de valeur, de monnaie, de capital, amoralisme, conception métaphysique de l'intérêt économique : mais ce qui dit mieux le sens de ces critiques, c'est la sympathie de Comte pour Dunoyer, théoricien des « harmonies économiques ». H. Marcuse a montré l'importance de cette rature de l'économie politique : « Comte tranche le lien qui attache la théorie sociale à la philosophie négative, et la fait entrer dans le champ du positivisme. En même temps, l'économie politique cesse d'être à la racine de la théorie sociale, et la société devient l'objet d'une science indépendante, la sociologie. » (*Raison et révolution*, p. 388). En comparant la philosophie positive de l'État de Stahl et la philosophie positive de Schelling avec la philosophie de Comte, il note justement : « La philosophie positive constitue une réaction consciente, particulièrement hargneuse en Allemagne, contre les tendances critiques et destructrices du rationalisme des lumières en France et en Allemagne. » Autre lacune : l'absence d'une théorie de l'État comme appareil politique. Comte fait un éloge de Montesquieu, mais il n'a guère compris cette analyse de la structure juridique de l'État et de cette philosophie du droit. L'idée de gouvernement a l'air de lui tenir lieu de concept d'État : quant au droit, il le considère comme un artifice des légistes d'esprit métaphysique.

La société étudiée par Comte n'est donc ni pourvue d'un appareil d'État ni dotée d'une assise économique. Les points saillants de la société sont les noyaux permanents : la propriété, la famille, le travail, la patrie, et surtout la religion. Le titre même du système de politique positive est éclairant : *Système de politique positive ou Traité de sociologie instituant la religion de l'Humanité.*

Force est bien de constater l'ambiguïté sur le statut de cette sociologie : doctrine programmatique pour l'avenir, de type messianique, ou interprétation théorique de la société telle qu'elle fonctionne en fait. La pensée de Comte semble très instable : on verse sans cesse de la sociologie — science — à la sociocratie — technique politique — ou à la sociolâtrie (religion) de façon tourbillonnaire. Cela paraît tenir à ce que Comte ne doute pas un instant qu'une société est assise sur un fondement idéologique, un système de croyances : l'idée hégélienne de la société civile avec son organisation économique est absente chez Comte. On passe donc presque instantanément de la théorie à la pratique : toute réforme des croyances modifie tout de suite les mœurs et les conduites, et sans cesse Comte parcourt ce chemin qui va de la régénération spirituelle à la réforme sociale. Sans doute le sacerdoce doit-il mener la guerre sainte contre les erreurs, les « divagations » et les « aberrations » qui peuplent les cerveaux humains. Les difficultés viendraient plutôt de l'individu, et l'on comprend que le Comte de la fin ait érigé la morale en science suprême : son objet est d'amener l'individu à fondre sa « personnalité » dans la « socialité », et cela comporte un sacrifice !

Où est la « positivité » de cette sociologie? La question n'avait guère de sens si positivité s'entendait comme objectivité. Il y a une telle confusion entre la visée théorique et la destination pratique, entre le fait et la norme, entre la constatation et le programmatisme, que nous avons affaire à une idéologie dont il est impossible de trier les éléments : morale, religion, croyances politiques, etc. Peut-être pourrait-on dire que cette sociologie est une utopie conservatrice que la naïveté politique de Comte confondait avec une « politique ». Les positions politiques de Comte sont éclairantes : il serait cruel d'insister sur cet « appel aux conservateurs », au tsar de toutes les Russies, ou sur les démarches entreprises auprès des « ignaciens », nom qu'il donne aux membres de la Compagnie de Jésus.

Un point essentiel de la sociologie comtienne, c'est la détermination des besoins affectifs de la nature humaine : comme un Fourier, Comte explore la gamme des sentiments et des passions, parce qu'il a acquis la conviction que l'affectivité joue un rôle moteur pour l'action. Ainsi il est amené à privilégier le sexe « affectif », la classe féminine, et la classe prolétaire, classe active. La femme et le prolétaire deviennent les alliés les plus précieux du sacerdoce pour restaurer l'ordre social. La femme est prêtresse du foyer domestique : morte ou vivante, elle est rivée à l'union monogamique. La morale explique d'ailleurs aux hommes leur devoir de nourrir les femmes. Bizarrement, Comte rêve d'une reproduction virginale, où la femme n'aurait plus besoin du concours du sexe masculin. Disons toutefois que Comte accorde à la femme un rôle majeur : sans parler de son culte privé pour Clotilde, rappelons son estime pour Sophie Germain et le culte pour Jeanne d'Arc. Les prolétaires sont conviés à un « armistice » avec les riches : ils reçoivent une promotion sociale en qualité de « fonctionnaires » au service de la communauté. L'adhésion des prolétaires et des industriels à la religion positive crée le consensus moral qui permet d'arbitrer harmonieusement les conflits sociaux.

Comte est donc amené à dissocier le problème social du problème politique, en vidant la politique de tout contenu propre. Il y a là une sorte de nihilisme politique : Comte combat le suffrage universel, l'organisation constitutionnelle

de l'État, la démocratie parlementaire. Position nettement
réactionnaire chez lui : qu'on le veuille ou non, le parlemen-
tarisme est la forme historique de la politique au XIXe siècle.
Cette attitude inspire logiquement l'appel aux conservateurs
et sa vision anachronique du despote éclairé. Le problème
social, de son côté, n'est pas soluble par le moyen de la
réforme économique, mais uniquement par une réforme
morale qui change les mœurs et les croyances. Nous voilà
renvoyés à la solution religieuse : la réforme morale n'est
qu'un sous-produit d'une régénération spirituelle qui
incombe à une nouvelle religion. Comte est donc obligé de
créer une nouvelle religion comme un organisme capable
de susciter de nouvelles croyances et de ritualiser les comportements quotidiens sous la direction d'un sacerdoce éclairé
et philanthropique. Naturellement, le choix de ce clergé se
fera parmi les populations de l'Occident, spécialement de
la France, en vertu d'un banal ethnocentrisme d'Occi-
dental :

De la sociologie à la sociolâtrie : la religion de l'Huma-nité

Le *Système de politique positive* expose comment la sociologie entreprend d'instituer une nouvelle religion : la religion
de l'Humanité comme Grand-Être. L'examen de la religion
positive nous met derechef devant les ambiguïtés comtien-
nes : s'agit-il d'une rationalisation du sacré ou d'une sacralisation du rationnel? est-ce restitution de l'archaïsme ou
fossilisation du moderne? Cette fois, l'accent est mis définitivement sur la restauration de la tradition catholique,
sur la récupération des cultes fétichistes, sur la prééminence
de la communauté religieuse sous sa forme institutionnelle.
   Il faut replacer la religion positive dans l'évolution des
idées religieuses à la fin du XVIIIe siècle. La problématique de
la religion en cette première moitié du XIXe siècle est symp-
tomatique pour le changement d'attitude vis-à-vis de la
philosophie des lumières. Que l'on évoque un Hegel, un

Feuerbach, ou les socialistes utopistes ou Kierkegaard même, on s'aperçoit que la critique de la religion est menée d'une manière ambiguë : la critique de la religion opère une retraite vers la critique de la théologie, et cela en vue d'éliminer l'athéisme et d'exalter la religiosité. Cette critique entend détruire la théologie comme une formulation inadéquate de la religion : l'opération destructrice de la théologie suscite des religions antithéologiques où la religiosité s'épanouit comme sentiment religieux. Tout cela a été dit et redit par Feuerbach et les hégéliens comme Strauss ou Bruno Bauer. Mais ce qui colore particulièrement la pensée de Comte, c'est qu'il entend sauvegarder la religion en qualité d'institution sociale, comme « corps mystique », pourrait-il dire s'il précisait ses références théologiques. S'il le faut, on ressuscite le fétichisme afin de donner vie à cette communauté : Delvolvé parle à juste titre de « néo-fétichisme ». L'idée de religion, d'après Comte, se ramène à la représentation du lien social : représentation mystifiée dans des conditions magiques, où la représentation possède l'efficace du lien social en même temps que le rapport social réside dans la représentation même de la société. On discerne clairement le mécanisme d'une mystification du lien social qui est transmué en liaison affective. Alors qu'un Fourier imagine des méthodes d'association pour unir les hommes, Comte espère intégrer les hommes à une Église, sorte de communauté mystique où les vivants se mettent sous la houlette des morts. Incarnant le Grand-Être, « l'ensemble des êtres passés, futurs et présents qui concourent librement à perfectionner l'ordre universel », l'Église nouvelle assure la subordination du présent à l'éternel, des vivants aux morts, de l'histoire à l'univers immobile. *La Synthèse subjective* définit le sens de cette religion : « Écartant tous les préjugés théoriques, tant scientifiques que théologiques ou métaphysiques, propres à l'initiative humaine, la sagesse finale institue la synergie d'après une synthèse fondée sur la sympathie, en concevant toute activité dirigée par l'amour vers l'harmonie universelle » (p. 234).

On comprend que Comte adresse les critiques les plus

virulentes à l'athéisme, n'a-t-il pas des accointances avec
le parti révolutionnaire et avec la fermentation anarchique?
— tandis qu'il jugera moins sévèrement la théologie où il
relève seulement une interprétation erronée de la religion.
D'innombrables textes confessent l'admiration de Comte
pour le catholicisme médiéval, ses papes et ses princes :
il récupère une version spécialement intégriste du catholicisme, et sans doute Comte aurait-il pu souscrire au
texte pontifical du *Syllabus.*

Comment se présente cette religion de l'Humanité? Comte
a posé le problème de façon fort précise : comment réactiver
émotionnellement les croyances de manière à conditionner
un nouveau système de conduites pratiques? Comte conçoit
l'organisation méticuleuse (un Delvolvé signale « les minuties
du cérémonial cultuel ») du « culte systématique de l'humanité » et décide de créer « des signes physiques de nos divers
progrès spirituels ». En avril 1849, Comte institue un nouveau
calendrier : le fondateur d'une religion se doit d'introduire
une nouvelle dimension du temps. Chaque jour, chaque
semaine, chaque mois est consacré à des principes ou à des
personnages, en combinant ce qu'il appelle le culte abstrait
et le culte concret de l'humanité. Chaque semaine a sept
jours, chaque mois a quatre semaines, et l'année comporte
treize mois. Les jours de la semaine sont affectés successive-
ment, de lundi à dimanche, au mariage, à la paternité, à
la filiation, à la fraternité, à la domesticité, à la femme ou
à l'amour, à l'Humanité. Les mois récapitulent les moments
de l'histoire : ainsi janvier est voué à la théocratie initiale
avec un personnage mensuel, Moïse, et des personnages
hebdomadaires : Numa, Bouddha, Confucius, Mahomet. A
remarquer que Comte a exclu de ces commémorations les
hommes « négatifs » : Luther, Calvin, Jean-Jacques Rousseau.

En 1852, paraît le catéchisme sous forme de dialogue entre
le Prêtre et la Femme. Il contient la liste des sacrements :
présentation, initiation, admission, destination, mariage,
maturité, retraite, transformation, incorporation. L'incorporation, par exemple, consiste en ce que le prêtre, après
une enquête de trois années, admet ou rejette définitivement

le défunt pour le corps de l'humanité. Comte précise minu-
tieusement l'organisation du Sacerdoce : le Grand-Prêtre
dirige 2 000 collèges sacerdotaux pour l'Occident. Il calcule
qu'il a besoin d'un prêtre par 6 000 habitants et il évalue
à 100 000 l'effectif sacerdotal pour toute la terre. Mais le
catéchisme prévoit aussi que le gouvernement temporel
sera exercé par les trois principaux banquiers sous la haute
surveillance du pouvoir spirituel.

On s'aperçoit que Comte se propose de réactiver les
« formules » de la religion par une surcharge émotionnelle,
et cela indique que Comte se fait une idée assez précise
de la religion, puisque la religion exprime sans doute le
caractère contraignant, obsédant de certains actes de la vie
quotidienne. Comte a pu imaginer de transférer ce potentiel
de contrainte émotionnelle à toutes les catégories d'actes qui
lui semblent devoir régénérer la vie de la société. La religion
lui apparaît comme un faisceau de complexes affectifs qui
assurent la rituatisation de la vie quotidienne selon des
structures mentales de type infantile. Les fidèles de la
religion positiviste n'ont pas accès aux « vérités » de la
science, mais ils se contentent d'adhérer à des croyances
dont la teneur a été fixée autoritairement par le sacerdoce :
cela suppose que les fidèles aient été soumis aux formulaires
du mythe et du geste par la ritualisation affective. Ce serait
éclairant de comparer le cérémonial de la religion positive
avec les manifestations de la piété religieuse dans le catholicisme français du XIXe siècle. Là aussi on assiste à une
sorte de conditionnement « viscéral » de la religiosité, de
façon à rendre « sensible » le sacral : il suffit de songer au
culte marial et aux divers cultes de saints.

Si on se situe dans le mouvement des idées du XIXe siècle,
force est d'accorder une valeur de symptôme à la religion
positive, où il faut surtout relever le dessein de Comte de
réactiver le fétichisme. A lire les textes de Comte, on observe
la survivance de la sacralisation dans un inconscient
archaïque dont la religion du Grand-Être donne une expression sur un mode délirant et confusionnel. Mais cela va plus
loin : on peut y lire l'irruption de l'irrationnel archaïque

dans la psychologie d'un homme moderne aux prises avec
la société industrielle. Le développement de la civilisation
industrielle semble nourrir cette poussée d'archaïsme sacra-
lisateur, comme dans une réaction équilibrée où un processus
de modernisation est freiné par un processus compensateur
de type régressif. La lecture de Comte initie à une structure
imaginaire et affective que la civilisation industrielle induit
dans l'homme moderne. Nous sommes en présence d'une
sorte de phénomène de contre-modernité qui consiste à
penser la modernité à rebours, de façon que le développement de la modernité se mue en involution vers l'archaïsme.

Comte paraît bloqué par une attitude de refus de l'avenir,
la peur de penser ce qui n'existe qu'à l'état d'ébauche
historique. Avec une rigueur obsessionnelle, Comte peuple la
société industrielle de jalons familiers, de repères concrets,
de génies tutélaires et maternels : tout un système de gestes
concrets — prières, cérémonies, commémorations, rites —
organise les lieux d'ancrage affectif tels que la propriété
privée, la famille, l'atelier, etc. Il est permis d'y voir un
épisode classique de la crise que provoque la civilisation
industrielle. Les représentations « familières » sont perturbées,
les contacts « concrets » avec les groupes traditionnels sont
empêchés, et il en résulte une sous-alimentation affective.
La femme est désinsérée de la famille, l'ouvrier est frustré
de sa piété filiale envers le patron, et le citoyen ne reconnaît
plus le principe paternel dans l'homme d'État. Les gestes
rituels de la religion usuelle ont perdu toute efficace et ne
servent plus à organiser le séjour terrestre de l'humanité.
La société industrielle a de plus en plus recours à la pensée
mathématique, à la technique politique, à l'abstraction juridique, à l'organisation économique pour assurer sa survie.
Face à ce « malaise », Comte veut récupérer le fétichisme
à titre psychothérapique pour satisfaire le besoin de « sécurité » corporelle et de tranquillité émotionnelle. Une telle
psychothérapie tente d'équilibrer la science et la religion :
la science répond au besoin de spéculation, tandis que la
religion comble l'activité émotionnelle. Le processus
d'abstraction est jumelé avec un processus de concrétisation

affective, le péril d'abstraction est conjuré par la réinstitution de signes corporels. Cela va jusqu'à inverser l'expérience du temps : la prospective inquiète du futur est résorbée dans la morne répétition de l'archaïque.

Les courants du positivisme au XIXᵉ et au XXᵉ siècle

Le positivisme, tel qu'il a été formulé avec la « phraséologie » de Comte, suivant le mot de Stuart Mill, ne se propage guère dans son acception littérale : par contre, le thème diffus du positivisme s'imposera à un large secteur de l'opinion dans la deuxième moitié du XIXᵉ siècle. Le « philosophe solitaire » (Littré) donne le ton à la façon de penser d'une société.

Citons des témoins à cet égard. Un observateur de la fin du XIXᵉ siècle, Th. Ruyssen, diagnostique cette influence « diffuse » d'Auguste Comte : « Méfiance à l'égard de toute métaphysique, culte de l'expérience, croyance à l'efficacité morale de la science, hiérarchie des sciences, notions de progrès et d'évolution, subordination naturelle de l'individu à la société, théorie des milieux, établissement de la morale sur la solidarité humaine, reconnaissance de la grandeur sociale du catholicisme et du Moyen Age, enfin création d'une science nouvelle, la sociologie, telles sont les grandes idées qu'Auguste Comte a mises ou remises en circulation.

« C'est ainsi que se rattachent à lui, souvent sans le savoir et par l'intermédiaire de Stuart Mill ou de Littré, des philosophes proprement dits, tels que : Taine, Ribot, de Roberty, en France; Spencer, Bain, Lewes, en Angleterre; Dühring, Laas, Riehl, Lange, en Allemagne; des physiologistes tels que : Claude Bernard, Maudsley, Huxley, Hœckel; des philologues tels que Renan; des criminologistes tels que : Lombroso, Garofolo, E. Ferri, enfin les sciences vraiment modernes, anthropologie, science des religions et sociologie. » *(Grande Encyclopédie)*.

Plus tard, en 1930, D. Parodi constate également : « Le positivisme avait dominé pendant la seconde moitié du

xixᵉ siècle » *(Du positivisme à l'idéalisme)*. Dans son étude
sur *La philosophie contemporaine en France* publiée en 1919,
D. Parodi situe cet « état d'esprit » positiviste : « Dédain
de la métaphysique, culte du fait, de l'expérience et de la
preuve, confiance sans réserve dans la science, exaltation
de ses bienfaits, effort pour donner la forme de science à
l'étude des faits moraux ou sociaux ... tel est l'état d'esprit
que définit dogmatiquement Littré, qui anime les premiers
écrits de Renan et de Taine, et qui caractérise la période où
Claude Bernard, Pasteur, Berthelot réalisent leur œuvre. »

Une telle formulation se retrouve dans le *Vocabulaire* de
Lalande :

« On donne par extension le nom de positivisme à des
doctrines qui se rattachent à celle d'Auguste Comte ou qui
lui ressemblent, quelquefois même d'une manière assez
lointaine, et qui ont pour thèses communes que seule
la connaissance des faits est féconde ; que le type de la certitude est fourni par les sciences expérimentales ; que l'esprit
humain, dans la philosophie comme dans la science, n'évite
le verbalisme ou l'erreur qu'à la condition de se tenir sans
cesse au contact de l'expérience et de renoncer à tout
a priori ; enfin, que le domaine des « choses en soi » est
inaccessible, et que la pensée ne peut atteindre que des
relations et des lois. Telles sont, en s'écartant de plus en
plus du positivisme primitif, les doctrines de J. S. Mill,
de Littré, de Spencer, de Renan et même de Taine. »

La transformation de la philosophie en religion va scinder
ce groupe. Ainsi, Littré ne suivra jamais le maître dans les
voies de la synthèse subjective : il lui garde son estime,
mais refuse d'adhérer à la religion du culte positiviste. La
secte religieuse n'arrive guère à se propager en France.
Mais l'amalgame politico-idéologique de la religion positiviste prendra racine en Amérique latine : au Brésil, au
Chili, en Mexique. La révolution brésilienne de 1881 sera
l'œuvre des sectes positivistes : depuis ces temps, le drapeau
brésilien porte la devise : Ordre et progrès. Constant, le
ministre de l'Instruction publique de cette époque, réforme
l'enseignement selon les vues de Comte.

Ce qui est certes plus important, c'est que la philosophie du positivisme renforcera et précisera une sorte d'attitude positiviste, un état d'esprit philosophique. Cette attitude rassemble plusieurs thèmes diffus : la critique de la métaphysique, en accord avec un kantisme superficiel, le refus de la philosophie générale indépendamment des sciences exactes, la considération de la science comme un catalogue de faits.

Littré aide à comprendre la diffusion du positivisme dans certains milieux d'érudits ou de savants, et aussi dans certains milieux « radicaux » dont l'influence s'exercera à l'intérieur de la IIIᵉ République (Clemenceau a traduit l'étude de Stuart Mill sur Auguste Comte). En général, ce que Littré écrit n'a pas la même résonance que les textes de Comte : son ton est moins prophétique et il argumente de façon plus serrée. Il y a même un déplacement d'accent en matière politique : les positions de Littré vis-à-vis du socialisme sont plus ouvertes que celles de Comte. Il envisage le problème social du prolétariat de façon plus précise que Comte : il réclame à la fois l'instruction et le travail régulier pour pouvoir « incorporer » les prolétaires à la société moderne. Le positivisme lui apparaît comme une voie moyenne et raisonnable entre la conservation et la révolution, suivant le titre de son ouvrage de 1852. Certaines de ses formules sonnent étrangement, lorsqu'il appelle à constituer un « parti de l'ordre » d'où seraient éliminés les conservateurs. Il est d'accord encore avec Comte sur le caractère « religieux » de l'homme : à son avis, cette nature religieuse de l'homme fait sauter l' « enveloppe » théologique et inaugure ainsi le régime de la religion vraie. Cependant, il refuse obstinément de se laisser embrigader dans les sectes de la religion positive.

Vis-à-vis de la science, Littré estime que son caractère positif supprime la spéculation philosophique : une fois pour toutes, la science est coupée de la théologie et de la métaphysique. Et sans doute ce genre de « positivisme » engendrera-t-il facilement ce que l'on a appelé le « scientisme ». En France, ce thème diffus du positivisme se

discerne chez Taine, chez Renan (non seulement dans
L'Avenir de la science, mais aussi dans ses conceptions
« technocratiques » d'un gouvernement de savants), chez
les physiologistes comme Claude Bernard, Magendie, Paul
Bert, chez un chimiste comme Berthelot. Abel Rey prolon-
gera cette vision positiviste de la science dans ses études
de philosophie des sciences, et cela au XXᵉ siècle.

La teneur de ce thème positiviste se fond avec une
certaine variété d'idéalisme, de nuance vaguement criticiste :
ainsi Louis Weber écrit son ouvrage en 1903 sous le titre :
Vers le positivisme par l'idéalisme absolu. L'idéalisme était
chargé de compenser les déficiences philosophiques de
l'épistémologie positiviste.

Autour des années 1900, on assiste à une critique du
positivisme au nom d'une étude philosophique des sciences
positives : ce courant critique se renforce sans cesse au
cours des années suivantes. Les études critiques de
G. Milhaud, d'Édouard Le Roy, d'E. Meyerson, de L. Brunschvicg poursuivent cette enquête critique sur le positivisme.
Meyerson s'attaque de front au légalisme de Comte, et
Brunschvicg accentue cette démonstration dans *L'Expérience humaine et la causalité physique* (1922). Dans le
Progrès de la conscience dans la philosophie occidentale (1927),
Brunschvicg s'en prend surtout à l'équivoque de la sociologie
positiviste, prise entre l'analyse positive du progrès et la
synthèse dogmatique de l'ordre. L'évolutionnisme de Spencer
ajoute une autre nuance à l'attitude positiviste : sa théorie
de l'évolution fournit, en effet, une formulation plus précise
du « progrès » chez Comte (cf. le livre de Roberty : *Criticisme,
positivisme, évolutionnisme*, 1891).

Le cas de l'Allemagne est intéressant à examiner. Une
histoire usuelle de la philosophie, celle de J. Hirschberger,
étudie le positivisme dans un chapitre intitulé : « Le phénoménisme et ses variétés », à côté de l'empirisme anglais, du
néo-kantisme et du pragmatisme. Dès 1869, E. Dühring,
dans son *Histoire critique de la philosophie*, met en première
place Feuerbach et Comte. Le thème positiviste, amalgamé
avec un résidu néo-criticiste, inspire la polémique contre le

matérialisme mécaniste d'un Vogt, Moleschott ou d'un Hæckel ; mais, d'un autre côté, les positivistes comme E. Laas ou Lange ou W. Schuppe bataillent contre l'idéalisme spéculatif de Hegel. C'est vrai encore avec un déplacement d'accent plus proche de Kant pour l' « empirio-criticisme » d'Avenarius ou d'E. Mach.

Le thème du positivisme resurgit après la première guerre mondiale dans le mouvement du néo-positivisme dont se réclame le Wiener Kreis. Ce type de positivisme est plus radical que celui de Comte. On est loin de la perspective historique de la loi des trois états. Le positif, c'est ce qui est constatable et susceptible d'être énoncé de façon cohérente par le langage : pour M. Schlick, la métaphysique est une maladie du langage qui crée des pseudo-problèmes. La seule tâche de la philosophie est d'unifier les sciences : l'*Encyclopedia for united sciences* dérive de cette inspiration. Cette position se radicalise encore chez un Wittgenstein : parti d'une théorie du langage philosophique, il aboutit à une espèce d'aphasie où le philosopher n'a plus d'autre sens que d'offrir une psychothérapie. On voit donc comment le concept de positivité fonctionne comme un concept auto-radicalisateur, dans les parages du nominalisme et du pragmatisme.

La signification du positivisme

L'historien de la philosophie choisit une certaine perspective pour déchiffrer un système philosophique, et toute perspective crée des alignements, des proportions, des zones d'ombre et de lumière. Il est loisible d'interpréter la philosophie de Comte selon des points de vue différents : la perspective de la science positive, celle de la politique positive ou celle de la religion positive. Ces trois points de vue appartiennent-ils à la pensée même de Comte ? ou n'y a-t-il que deux points de vue, comme le suggère Comte, lorsqu'il écrit : « Dès 1845, j'avais pleinement apprécié, sous sa sainte influence [celle de Clotilde de Vaux], l'ensemble de ma carrière dont la seconde moitié devait transformer la philosophie en religion, comme la première avait changé la science en philosophie. »? Ou, s'il y a des points de vue différents, Auguste Comte passe d'un point de vue à un autre par une suite de déplacements dont le principe est contenu dans le point de départ. N'est-ce pas indicatif que les opuscules du début traitent la question de la « politique positive »? On est sans cesse renvoyé d'un point de vue à l'autre : le point de vue de la science positive vise à éliminer le sujet pensant, mais Comte le réintégrera comme sujet affectif. Le point de vue de la politique positive tend à éliminer l'anarchie de l'individu, mais Comte réinstitue l'individu comme pôle actif de l'histoire en sa qualité de « prêtre » de l'humanité. Le point de vue de la religion élimine la spéculation métaphysique, mais cette dernière reparaît sous les espèces de l'imagination fétichiste.

Il nous faut pousser notre réflexion : car la signification d'une philosophie n'est pas tant le sens qui exprime l'articulation des divers thèmes à l'intérieur du système philosophique que le renvoi vers le signifié de l'histoire avec ses structures socio-culturelles. On ne peut comprendre la signification de la philosophie de Comte qu'en replaçant cette philosophie dans la conjoncture historique de la première moitié du xixe siècle.

Apparemment, la démarche de Comte consiste à « constater » la « positivité » de la science comme un état de fait qui s'impose à l'observation historique. Mais cette « constatation » se prolonge par une « analyse » sociologique qui interprète la science comme un produit historique d'une structure mentale : la mentalité positive qui succède à la mentalité métaphysique et à la mentalité théologique. Pourtant, lorsqu'on examine de près les critères de l'esprit positif, seule une partie d'entre eux relève de l'enquête sociologique : le positif est utile, social, pratique, comme si ces valeurs s'imposaient du dehors comme des données, sans nécessiter une élaboration philosophique. Par contre, le « relatif » renvoie à un jugement d'ordre philosophique : cette notion de relatif au sens d'un légalisme anticausaliste, excluant le projet de découvrir l'essence des choses, implique une critique de la connaissance où la positivité revêt la signification d'une pensée antimétaphysique, et cela sous l'influence des thèmes de l'empirisme et du sensualisme du XVIIIe siècle. Or, l'empirisme du XVIIIe siècle lance des interdits à la spéculation métaphysique pour lui refuser l'accès à la « chose en soi » : mais non pas tellement pour protéger l'œuvre positive de la science que pour préserver le privilège de la théologie chrétienne. De Locke à Kant, l'agnosticisme métaphysique sert avant tout à interdire au philosophe d'examiner de façon critique les concepts de Dieu, d'âme et de substance : si bien que la connaissance des choses reste le privilège de la théologie. C'est dire que l'aspect épistémologique de ces thèses est mince, comparé à l'importance du facteur idéologique : c'est en vertu d'une conception idéologique de la société et de la religion que ces philosophies enferment la science dans le monde des apparences sensibles, sans oser trancher le débat entre théologie et science.

La positivité de la science se trouve donc subordonnée à la conception philosophique d'une idéologie positiviste : la science est fondée sur l'idéologie. Dès le début de la réflexion de Comte, on discerne le germe qui va s'épanouir dans la « synthèse subjective »!

Mais serrons de plus près cette idéologie du positivisme. La philosophie, pour Comte, ne prétend à rien d'autre qu'à donner le bilan de la science positive : mais, dès que la philosophie a établi le tableau des « généralités scientifiques », elle formule la théorie de la mentalité positive, et, du coup, elle se donne pour mission la tâche de propager les conceptions positivistes dans tous les milieux de la société. On s'aperçoit rapidement que l'esprit positif, entendu au sens d'une idéologie de la vie sociale, ne se définit plus en termes épistémologiques qui seraient inaccessibles aux non-savants, mais qu'elle est imposée d'en haut comme une croyance à une certaine idée de la science, sans que les hommes ordinaires puissent juger en connaissance de cause. D'un côté, il y a les savants, ceux qui savent, et de l'autre, les ignorants qui ne savent rien. A l'usage de ces derniers, Comte offre un succédané, sous forme d'un exposé « populaire » de l'astronomie. Comte institue entre les savants et les foules un rapport pédagogique de maître à élève, qui joue le rôle d'un substitut pour le rapport de domination politique entre le maître et l'esclave. En définitive, la science est réhabilitée comme instance dogmatique, source de certitude absolue, et elle fait naître une société de « doctes » et de « fidèles » qui détiennent la vérité définitive. Le positivisme devient alors l'affaire de l'État qui impose autoritairement cette idéologie : mais cette tâche politique n'arrive à bout qu'en se soumettant à l'autorité suprême de la nouvelle religion. La science fournit le ciment d'une institution religieuse : la religion de l'humanité. Il ne suffit pas que la philosophie positive décrète le constat de la positivité comme système de la science du XIXe siècle, mais il faut que l'histoire elle-même soit canonisée et sacralisée : c'est l'office de la nouvelle religion, religion du Positif hypostasié dans l'Humanité. Comte conçoit une réédition de ce que G. Gurvitch a appelé une « théocratie charismatique », « à la tête de laquelle se trouvent les rois-prêtres-dieux naissants » dans une société qui vit « selon un temps cyclique de caractère mystico-théologique ».

La philosophie positive fait découvrir à Comte que la subjectivité pensante peut être éliminée au bénéfice de ce que pense la société des savants, et derrière eux, l'ensemble de la société : aussi s'identifiera-t-il à l'organe de la raison collective qui émane de la tradition historique.

Ces remarques donnent la clef de l'apparente contradiction entre la philosophie positive et la synthèse subjective : l'individu, vidé de sa subjectivité par la pression de la conscience collective, revient en force comme sujet affectif et agissant de type religieux. La conscience religieuse n'est-elle pas précisément l'enveloppe collective qui habille la subjectivité de l'individu, au point de masquer et de refouler le libre exercice de la pensée critique? La « religiosité » exprime de façon obscure la conscience trouble de l'attache historique qui lie l'individu à la société : c'est l'exercice magique et affectif de la conscience sociale chez l'individu qui a transféré sa subjectivité dans la « personnalité » mythique du Grand-Être de l'Humanité.

Ce sont donc les valeurs et les institutions de la société établie qui décident les normes épistémologiques de la positivité. Dès que Comte est placé sur ce terrain, il est obligé d'avaliser les représentations collectives de l'idéologie politique et religieuse de la Restauration comme phase de la Contre-Révolution. La religiosité n'est rien d'autre que l'identification trouble et obscure de l'individu avec les institutions et les représentations collectives que Comte présente comme fétiches à la conscience individuelle. Il réinstaure un nouveau fétichisme social et politique comme comportement rituel de l'homme moderne : la religiosité de Comte n'a d'autre contenu que les fétiches des institutions conservatrices et arriérées de l'humanité. C'est une tentative de sacraliser le passé par une ritualisation émotionnelle !

De même que la science apporte surtout une formule de dogmatisme pour imposer une discipline intellectuelle contre les « divagations », de façon à empêcher l'aventure de la connaissance, ainsi la religion tend à imposer un ordre moral par les vertus conservatrices de l'institution. La religion renforce l'armature de la société en comprimant les consciences qui seraient tentées par la recherche de la liberté. Comte préfigure étonnamment l'évolution du catholicisme vers une société hiérarchisée qui accorde au pape l'infaillibilité doctrinale. L'interprétation comtienne de la religion se conjugue avec la vision réactionnaire d'un Bonald ou d'un Maistre, et cette conjonction se retrouvera plus tard chez Maurras. Les milieux conservateurs aimeraient ne retenir de la religion que la carcasse qu'une technique politique utilise comme corset idéologique : on comprend que Comte méditait l'alliance du positivisme et du catholicisme pour éliminer les « trois degrés de la maladie moderne : le protestantisme, le déisme, le scepticisme ». Une telle conception de la religion trahit un réflexe ultra-conservateur, expression d'une angoisse insurmontable devant le mouvement révolutionnaire qui évoque troubles, désordres et destructions.

Angoisse qui rend Comte sensible surtout à l'aspect de
thésaurisation, de transmission héréditaire et de permanence
inerte dans le fonctionnement de la société.

Le phénomène central du positivisme, là où se situe le
point de cristallisation du système positiviste, c'est la problématique de la science, non pas tant le fondement philosophique de la science, mais plutôt le rôle de la science dans
la société. Comte tient à scruter les incidences de la science
sur la société et la place de la science dans la culture. Cette
problématique est commune à Comte et à Kant. Le philosophe fait bien de méditer cette aventure intellectuelle de
Comte. Tout est enclenché, en effet, par l'appréciation de la
science comme forme de pensée « positive ». L'enchaînement
est rigoureux à partir de ce point : la science est la somme
des idées définitives qui permettent d'organiser un système
stable de croyances pour les foules. A la place de la pensée
théorique, la sociologie fournit un critère d'appréciation de
la connaissance selon la façon dont les sciences fonctionnent
dans la pratique sociale, celle-ci réduite à ce qu'en aperçoit
une interprétation conservatrice de l'histoire. Notons, en
passant, le paradoxal renversement de la situation qui en
résulte pour la philosophie. La loi des trois états a mis fin à
l'office spéculatif de la pensée métaphysique : mais tout se
passe comme si, d'avoir éliminé la spéculation métaphysique, la philosophie était condamnée à multiplier ses tâches
et ses fonctions. Voilà le philosophe chargé d'une tâche
« spéciale » : étudier les généralités de la pensée scientifique, définir une méthodologie et organiser une épistémologie. Mais cette fonction dérive d'un pouvoir spirituel
qui fait du philosophe le magistrat, le politique, l'éducateur,
le prêtre ! Au moment où Comte proclame la faillite de
l'effort spéculatif, le philosophe s'avance comme un personnage mystérieux et tout-puissant !

Mais, au-delà de l'aventure personnelle du philosophe, la
problématique de Comte éclaire le comportement ambigu
du xixᵉ siècle devant la science. L'épistémologie du positivisme sert de stimulant pour la restauration de la pensée
mystico-magique. Les limites ou les servitudes imposées

à la science se répercutent fatalement par la prolifération d'idéologies extraordinairement mystifiées : Comte avait installé la science dans un domaine d'irrationnalité sociale qui prétend maintenir l'ordre ancien : inévitablement la science est domestiquée par les idéologies les plus rétrogrades. Disons qu'on ne fait pas sa part à la science : on ne peut la confiner dans les traités ou dans les laboratoires, mais elle fait basculer l'ensemble de la culture. La philosophie de Comte apporte une réponse à un problème majeur : peut-on réglementer la science? peut-on créer une association entre la science et le conservatisme social? La réponse de Comte prononce la réintégration de la science dans la religion, au risque de tarir la pensée scientifique. Il y a donc là une sorte de logique du système positiviste qui révèle une problématique fondamentale de la société moderne. La survivance de la religion comme institution, même si les esprits se tournent apparemment vers l'athéisme, maintient un ensemble de structures mentales, de stéréotypes intellectuels, de conduites psychiques. L'esprit religieux subsiste comme mentalité de la religiosité, sans que les thèses antithéologiques mordent sur cette situation. Aussi Comte, bien avant l'invention de la religion positive, envisage-t-il d'emblée la science avec le point de vue d'une mentalité religieuse : il y voit un rite de la pensée, une autorité dogmatique, un consensus social, et pour préserver cette image de la science, il récuse l'interrogation théorique qui est frappée d'interdit. La façon dont Comte promulgue sa liste d'interdits : interdiction de la théorie, interdiction de la démocratie, interdiction de la réalité économique, etc., appartient bien à la mentalité religieuse : ces interdits ont un caractère pulsionnel et obsessionnel pour protéger contre les phobies face à des régions démoniaques! Comte prend le parti de défendre la religion, au moment où le développement des sciences met en question la vieille représentation qui accorde à la religion un pouvoir de « connaissance » capable de fournir des informations sur la réalité. Le cheminement de la pensée comtienne est révélateur de la disjonction qui sépare la science et la religion : le travail théorique de la science ne saurait que « réduire » les rites affectifs de la religion. Les « démonstrations » de Comte se retournent contre son entreprise tendant à résorber la science dans la religion.

Ajoutons que cette entreprise de Comte s'inscrit dans une vision conservatrice de la culture et de la société : Comte remanie les pièces qui composent la culture de son temps, mais ne se décide pas à changer la formule générale de cette culture, ne voulant pas changer la formule générale de la société qu'exprime la culture. Il manie le puzzle traditionnel de la culture : religion, politique, science, philosophie, morale : ce qui suppose que ces éléments subsistent de façon stable. Si la religion est un ingrédient permanent de la culture il ne sera pas question de la supprimer, mais seulement de l'améliorer. La façon dont Comte combine la religion et la science à l'intérieur de la philosophie positive éclaire la signification profonde de la métaphysique. Il s'agit d'une combinaison instable, de type explosif! La critique de la mentalité métaphysique suspend la spéculation métaphysique, mais libère le déferlement imaginatif de la religion : le texte de Comte révèle à quel point le discours métaphysique s'alimente, non pas tellement à la spéculation métaphysique, mais aux thèmes de la morale, de la politique et de la religion. En ce sens, le positivisme, tel un détecteur. met à nu les présupposés souterrains de la métaphysique traditionnelle. Comte exprime en clair ce que les métaphysiciens disent de façon occulte! Le positivisme affûte le rasoir contre le discours de l'ontologie et de la théologie, mais par là même il met à nu, par une sorte d'opération de décapage, la pratique sociale avec ses grilles religieuses et morales. Si les métaphysiciens traduisaient de façon abstraite une pratique sociale jusqu'à refouler la pratique sociale dans l'obscurité d'un impensé, le philosophe Comte exprime en clair le texte caché de la pratique religieuse et morale.

Il y a un autre point sur lequel il convient de revenir : la destination politique que Comte assigne à la philosophie. La philosophie positive nous accorde une sorte de démonstration par l'absurde en montrant à quelles aberrations le penseur se condamne lorsqu'il prétend forcer la philosophie à accoucher d'une politique. On se rappelle la démarche de Comte : la réforme politique de la société n'est viable que si elle repose sur la réforme des croyances et des mœurs; la philosophie doit donc endosser ce rôle de réforme spirituelle et morale, dût-elle aller jusqu'à la restauration de la religion. Chose curieuse : Comte ne doute pas un instant qu'un penseur est capable d'inventer une philosophie dont la finalité est d'inspirer à court terme une politique. Il méconnaît ainsi l'historicité, aussi bien de la philosophie que de la politique. Il n'est pas vrai qu'une philosophie puisse susciter arbitrairement une politique : encore faudrait-il d'abord qu'il soit possible d'élaborer une philosophie dans une certaine conjoncture politique. Pas un instant Comte ne met en doute que la philosophie puisse jouer un rôle de maréchaussée spirituelle au service d'une politique de l'ordre! Le positivisme éclaire crûment toute l'histoire des relations entre la philosophie et la politique : de Platon à Hegel, tout se passe comme si la philosophie se voulait science du gouvernement, alors que la spéculation philosophique s'ingénie à déguiser la pratique politique. Les chaumières de la réalité n'ont pas fini de faire triste mine à côté des merveilleux palais d'idées! La lecture de Comte oblige à une interrogation radicale : le philosophe accepte-t-il une fois pour toutes un rôle de figurant, de se laisser souffler ce rôle d'emprunt où il mime l'homme d'État? Quant à Comte, il voulait fonder le nouveau pacte entre la philosophie et l'ordre social, dans une période dominée par la contre-révolution. La contre-révolution s'étend à toute la pensée du XIXe siècle. La raison du XVIIe siècle s'était mise à l'œuvre pour explorer vigoureusement le monde, et les philosophes de cette époque voulaient forger des outils pour mener plus énergiquement l'entreprise de la connaissance : « trouver la vérité dans les sciences ». La raison du XVIIIe siècle sourit de comparer, d'inventer, de changer, avec le goût de la différence qui se plaît à la mobilité de l'histoire. Au XIXe siècle les hommes semblent frappés de stupeur devant le gouffre creusé par les événements de la Révolution : ils rappellent peureusement la raison dans son entente domestique, la morale et la religion, que fortifie la politique, avec défense de franchir les limites, que ce soit pour « divaguer » sur la substance des choses ou pour inventer des expériences sociales. Comte illustre étonnamment cette crispation conservatrice, le recroquevillement sur l'affectivité, avec les complexes affectifs du fétichisme, la répulsion devant l'aventure intellectuelle, le besoin névrotique de l' « ordre ». Il éprouve frénétiquement le besoin, la hantise de biffer l'histoire : il la ramasse dans un temps où le présent coïncide avec le passé et le futur, avec l'espoir d'échapper à la loi du devenir qui altère et corrompt la « nature » de toutes choses. Comte désire effacer l'altérité, la différence, l'aliénation, pour retrouver l'identité générale des choses, la répétition du même, en vertu d'une opération magique de la pensée pour exorciser le changement. Mais si différence il y avait, au moins la différence n'aurait de sens que par le tableau général de toutes les différences, figées dans l'immobilité. Au plus, le changement se ramène à une combinaison qui résulte d'un réaménagement des mêmes éléments selon un nombre fixe de déterminations.

En dernière analyse, le positif est la formule philosophique qui permet de muer la science en religion : la science, débarrassée de tout au-delà théorique de la spéculation, se convertit en religion privée de perspective théologique et réduite aux « faits » de la pratique religieuse : les rites sociaux. Le phénomène du positivisme manifeste l'effacement de la philosophie sous l'apparence d'une transformation idéologique où l'idée de science verse vers la religion. A sa manière, Comte liquide la philosophie, à la fois comme instance de synthèse théorique et comme centre de critique culturelle : il restaure la religion comme la clef de voûte d'un immobilisme historique à l'usage de la société occidentale du XIXe siècle. Le positivisme se présente ainsi comme une voie de dissolution de la philosophie en non-philosophie : dans son chant du cygne, le philosophe mime une attitude politique qui voile à peine la résurgence de la religion sous les allures d'une fantasmagorie néo-fétichiste. Raymond Aron s'était interrogé sur l'actualité de Comte au temps actuel de la société industrielle : laissons-lui répondre par un observateur bienveillant de Comte, Delvolvé : « Arrivé au terme de son œuvre et quand son nom est déjà glorieux, il apparaît, sous sa vraie figure spirituelle, solitaire comme un Lear dans ses bruyères, pontife de la vraie religion humaine, qu'écoutent avec une naïve dévotion, une poignée de fidèles, et qu'ignore ou méconnaît la société, qu'il prétend régenter. »

─────── **Bibliographie** ───────

Œuvres :

1819 : article : « Séparation générale entre les opinions et les désirs. »
1820 : *Sommaire appréciation de l'ensemble de la pensée moderne.*
1822 : *Plan des travaux scientifiques nécessaires pour réorganiser la société.*
1824 : *Système de politique positive.*
1826 : *Considérations sur le pouvoir spirituel.*
1830 : Premier tome du *Cours de philosophie positive* (la publication du Cours est achevé en 1842).
1844 : *Discours sur l'esprit positif.*
1848 : *Discours sur l'ensemble du positivisme.*
1851 : *Système de politique positive*, tome I.
1852 : *Catéchisme positiviste.*
1854 : 4e tome du *Système de politique positive.*
1855 : *Appel aux conservateurs.*
1856 : *Synthèse subjective ou système universel des conceptions propres à l'état normal de l'humanité.*

Études :

É. LITTRÉ : *Auguste Comte et la philosophie positive*, 1863.
J. STUART MILL : *Auguste Comte et le positivisme*, 1885 (trad. par Clemenceau).
L. LÉVY-BRUHL : *La philosophie d'Auguste Comte*, 1900.
G. BACHELARD : *Étude sur l'évolution d'un problème de physique* : chapitre IV : « Fourier et Comte. »
P. ARBOUSSE-BASTIDE : *La doctrine de l'éducation universelle dans la philosophie d'Auguste Comte*, 1957.
J. DELVOLVÉ : *Réflexions sur la pensée comtienne*, 1932.
H. GOUHIER : *La jeunesse d'Auguste Comte*, 1935.

L. Ducassé : *Méthode et intuition chez Auguste Comte*, 1939.

L. Brunschvicg : *L'expérience humaine et la causalité physique*, 1922; *Le progrès de la conscience dans la philosophie occidentale*, 1927.

R. Aron : *Les étapes de la pensée sociologique*, 1960.

Lucie Prenant : « Comte et Marx », dans : *A la lumière du marxisme.*

G. Milhaud : « L'idée d'ordre chez Auguste Comte » (*Revue de métaphysique et de morale*, 1901).

IV

MAX STIRNER

par Wanda BANNOUR

« Je ne suis plus un gueux, mais j'en fus un. Sans foi ni loi. »

Ni philosophie, ni « œuvre », ni même pensée, la parole de Stirner est insurrectionnelle : insurrection contre les essences, les idéaux, les valeurs, en un mot contre la métaphysique et ses rejetons éthiques. Simultanément, elle s'insurge contre les mots en lesquels se consacre et se congèle le *fantôme*.

Cette insurrection ne se fonde ni sur une théorie, ni sur une praxis. Elle ne se fonde sur RIEN. Elle est menée au nom de la seule réalité qui soit : le MOI, l'Unique.

Le MOI ne se prouve pas, il ne se formule pas, il ne se décrit pas ; il est l'impensable, l'indicible, l'innommable.

Rien n'existe que lui : « Moi seul ai un corps et suis quelqu'un. »

Seule réalité existante, ne se fondant sur rien, le MOI revendique tout : il est l'UNIQUE propriétaire. Tout est à lui, tout est sa propriété, non pas en droit — ce qui ouvrirait le chemin des patiences historiques que Stirner refuse — mais en fait. La parole de Stirner factualise les potentialités et, de ce fait, supprime le statut de droit.

Les rapports entre les MOI sont des rapports d'intérêt, de capture et de force. Tout est pour MOI objet, y compris autrui, tout est assignable à mon intérêt.

Le moi est égoïste, non par déviation ou accident, mais par nature. Il n'est pleinement que dans la mesure où il est pleinement EGO, se voulant dans la positivité de sa force. Toute référence éthique est absente de cette affirmation.

De tout temps le MOI a été spolié, nié, mutilé; tout autant par les philosophes et les politiciens que par les prêtres, les penseurs, les docteurs. L'histoire de la coalition des idées religieuses et philosophiques est l'histoire d'une folie collective, d'une *idée fixe*, d'une *marotte*.

Dieu, l'Esprit, la Morale, l'Homme, l'État, le Peuple, la Liberté, autant d'entreprises de destruction du MOI, autant d'impostures, de mensonges consacrant l'aliénation des hommes, leur mise en esclavage par des *fantômes*.

Le MOI a été exproprié, sa propriété a été constituée en altérité, coiffée de l'étiquette de Sacré afin d'empêcher toute récupération par son légitime propriétaire. Ainsi la tyrannie des Idées et des Mots a brisé la force du MOI.

Mythes mensongers des arrière-mondes, des autres mondes de l'Homme Essentiel, nouvel avatar du Dieu biblique Mythes du Bien, du Droit, consacrés par l'État, lui-même mythe. Mythe de la propriété, habilement exploité par les possédants et s'emparant des *gueux*. Mythe du travail chez les communistes, diffusé parmi les prolétaires, survivance théologique prenant la succession des thèmes du rachat et de la rédemption par le labeur expiatoire. Mythes du mérite et de la chance justifiant l'exploitation du prolétaire et la rapacité des possédants qui valorisent, dans leur propre intérêt, le principe de la concurrence. Mythes des vertus d'abnégation et de désintéressement, habilement manipulées, au nom de l'éthique, par les bénéficiaires du système social.

Métaphysiciens, moralistes, politiciens se sont coalisés pour la mises en esclavage des hommes, ils manipulent Idées et Valeurs en vue d'installer la tyrannie et le despotisme.

L'histoire des hommes est l'histoire des exploités, l'histoire d'une longue *gueuserie* imposée et subie.

Or, voici venue l'heure du grand refus : « Je ne suis plus un gueux mais j'en fus un. »

Tout aussi puissant que l'esclavage matériel des hommes par les puissances temporelles est l'esclavage du MOI par les idées-fantômes, l'esclavage intérieur. De même que les maîtres du monde volent à l'homme sa vie, de même les idéaux volent au MOI sa force.

Mais que le MOI secoue ses chaînes, qu'il s'affirme comme UNIQUE, alors :

« Contre moi, l'innommable, se brise le royaume des pensées, du penser et de l'esprit. »

De même, se brise contre le récif du MOI l'édifice de la morale, des droits, des vertus. De Calliclès à Nietzsche, le chemin de la contestation passe par Stirner :

« Ce que tu as la force d'être, tu as aussi le droit de l'être. »

« Il faut agir de façon immorale pour agir de façon personnelle. »

Ce que nous appelons le Bien c'est le mal. Ainsi nous condamnons le vol, mais celui-ci existerait-il sans la propriété privée? Les hommes n'ont que trop tardé à se servir : puisqu'on leur refuse ce qui leur est dû qu'ils le prennent!

Nous prêchons le désintéressement; mais le MOI s'asphyxierait, mourrait, s'il renonçait à son intérêt! N'est-ce pas précisément pour exténuer le MOI qu'on lui prêche le désintéressement? Seul l'exténué est désintéressé :

« Des faibles : voilà, nous le savons depuis longtemps, ce que sont les désintéressés. »

Le contenu et le style de cette (non-)pensée — car Stirner se refuse à penser, il ne veut être qu'un jaillissement, qu'un cri — sont d'une telle violence, d'une telle originalité que l'on comprend la réticence éprouvée à son égard par les historiens de la philosophie, lesquels s'en débarrassent promptement et furtivement en lui consacrant quelques lignes : fondateur de l'anarchie, ayant influencé tel ou tel de ses épigones, voilà escamotée une subversion si radicale qu'elle met mal à l'aise les plus révolutionnaires des théoriciens.

De ce fait, le rôle joué par Stirner n'est que rarement

évalué dans toute sa portée — qui est considérable. Il est le premier nihiliste actif de l'histoire, le premier qui ose porter une main sacrilège sur l'édifice de la métaphysique occidentale, sur le domaine du sacré, de l'éthique.

Stirner dénonce systématiquement toutes les aliénations qui mutilent la réalité humaine : aliénations politiques, sociales, psychologiques. Freud est en germe dans ses dévoilements et nous n'hésiterons pas à dire que sans lui Nietzsche n'aurait pas forgé dans un si pur acier le marteau de sa philosophie.

Les philosophes l'ont contourné comme une grenade amorcée. C'est que Stirner avait devancé les marchandages intellectuels et fermé d'emblée les portes à toute tentative de transaction. Plus peut-être encore que les idéalistes et les spiritualistes, ses contemporains socialistes se sont sentis menacés ; en effet la vision incisive et pénétrante de Stirner discernait dans les déclarations de principe ce qui était révolutionnaire et ce qui ne l'était pas. Délié de toute obligation qui l'aurait amené à respecter ou tolérer l'ambiguïté, il a vu que « ... les plus récentes révoltes contre Dieu... sont des insurrections théologiques. »

Stirner, proche en ceci de Fourier, n'hésite pas à accomplir l'écart maximum. En vain essaie-t-on de le classer sous de vagues têtes de chapitre : individualisme, solipsisme, anarchisme, Stirner ne se laisse pas enclore dans ces catégories fantomatiques.

Anhistorique, il ne se laisse pas ranger dans une histoire de la philosophie ou des idées. D'ailleurs, sa perspective exclut cette dénomination idéologique et fantomatique : histoire des idées. Pour lui l'histoire est l'histoire des hommes exploités par les tyrans et par la tyrannie de la pensée, l'histoire des venins inoculés aux vivants, l'histoire de l'agression permanente des manqués de la vie contre une prodigieuse force jubilatrice, celle du MOI.

Stirner donne un sens profond et non conventionnel aux notions d'égoïsme et d'intérêt que Nietzsche, allant dans le sens de Stirner, dévoilera comme des forces incandescentes et généreuses.

Dernier des gueux et premier des hommes, Stirner découvre le banditisme des théologiens et des philosophes, banditisme auquel ne semble pas mettre fin l'avènement du socialisme, ·nouvel agresseur du MOI. Il annonce déjà le brigand des valeurs, il est ce brigand, il accepte le crime et avale l'hostie. Par lui nous comprenons que l'humanité n'est pas encore sortie de sa longue préhistoire et que quiconque parle le langage nu du MOI, baptisé aussitôt fou ou criminel est passible d'internement d'incarcération.

Ni penseur, ni philosophe, Stirner, cet homme intempestif, assène le premier coup de marteau à l'édifice de la métaphysique occidentale. Il met fin à l'hégémonie des essences platoniciennes, de la *res cogitans*, de la loi morale au-dedans de nos cœurs, il crie déjà — *cri de joie sans pensée* — « assez! assez! » et « de l'air! de l'air! » (Nietzsche.)

Il nous fait comprendre que cette métaphysique fut une sombre officine distillant les poisons des idéaux, forces réactives négatrices de la vie.

La philosophie meurt dans le cri non philosophique de Stirner. Ce cri nous sauve de la pensée : « Seul le non-penser me sauve des pensées. »

Stirner est peut-être le seul à avoir proclamé si radicalement la nécessité, pour sauver la vie, de la délivrer de la pensée des penseurs.

Restent quelques points difficiles — difficiles pour les philosophes et les chefs d'État précisons-le.

Pour le chef d'État, l'affrontement des MOI c'est l'état de guerre permanente. Stirner ne refuserait pas l'objection mais arguerait que, de toute façon, les nations les plus démocratiques n'ont pas mis fin à l'état de guerre, qu'ils n'ont fait que le camoufler. Un Stirner contemporain dirait que de nos jours on continue à se battre — guerre chaude ou froide — avec les armes du verbalisme hypocrite. Chaque camp politique se livre à des agressions contre les gueux de la terre au nom de la Démocratie, de l'État, du Socialisme, de la Société, des Droits de l'Homme : la surenchère verbale couvre les agissements de la surenchère balistique. On se bat pour l'Homme, pour l'Humanité, pour des fantômes :

face à cette violence qui se légitime, la violence nue et naïve du MOI garde la fraîcheur du discours de Calliclès, homme de la vie pulsionnelle et passionnelle affronté à Socrate, homme des idéaux et des vertus rationnelles. Concernant Socrate, Stirner a une attitude originale et subversive : il condamne son refus de l'évasion, il fait de Socrate un être de faiblesse et d'échec, il refuse farouchement de le considérer comme exemplaire.

Pour le philosophe, mettons pour le moment de côté ses réticences « morales »; la question est de savoir si ce MOI, cet UNIQUE n'est pas l'infiltration, dans la parole de Stirner, d'un nouveau fantôme. Que cache cette affirmation stirnerienne qui peut à première vue faire l'effet d'un solipsisme délirant?

En fait, le MOI ne doit pas être considéré comme un concept, il ne doit pas être l'objet de l'ingestion philosophique qui consiste à soumettre le réel aux lois de la pensée.

Or, c'est encore penser le MOI que dire qu'il n'est qu'un concept arbitrairement utilisé par Stirner ou, comme on l'a dit si souvent, qu'il est l'individu.

Non, Max Stirner ne prêche pas un nouvel évangile pseudo-philosophique et il n'est pas saint Max, ou alors Karl est saint Karl, plus encore peut-être que celui sur lequel il ironise.

Max Stirner n'est pas un individualiste : son MOI n'est pas le moi de Stirner mais dans la mesure où il s'est réapproprié le réel, où il s'en est rendu l'unique propriétaire, il est le tout, tout révélé, connu, possédé par la force qui passe à travers mon corps.

L'intuition de Stirner est identique à celle de Schopenhauer : c'est l'intuition d'une prodigieuse énergie, d'un vouloir irréductible à toutes les servitudes auxquelles on veut le plier. Mais là où Schopenhauer, trahi par la métaphysique ou plutôt par la religiosité, se retourne contre cette force pour la nier, Stirner l'affirme. Stirner, c'est un Schopenhauer qui a réussi. Chez lui le vouloir-vivre se reçoit joyeusement, accepte le combat et la finitude, la jouissance et la consumation.

La violence stirnerienne, c'est la violence pulsionnelle, le conatus triomphant et joyeux. Son irrationalité est celle du *cela* qui est sans avoir à se justifier, qui ne se fonde sur rien, qui est une donnée primitive, intempestive, inaliénable.

Quand Stirner nous dit de digérer l'hostie pour en être quitte, il le dit sans aucune hypothèque à la Huysmans, sans aucune intentionalité tortueuse de profanation, sans repli sado-masochiste.

Pour Stirner le monde est présent, il est soleil, gâteau, fête où tout se consomme et se consume.

Stirner a eu l'audace de détruire tout ce qui retarde, exténue, annihile la force innocente et joyeuse. Son attaque ne respecte, ne préserve rien : ni les idéaux religieux, ni les liens « moraux » (la promesse), ni les pieuvres psychologiques (les engagements amoureux). Il refuse de pâtir de quoi que ce soit et de qui que ce soit, de « sacrifier » l'individu à l'idée, le concret à l'abstrait, le présent à l'avenir.

Stirner c'est déjà le renversement du platonisme, la fin de la mise en esclavage des existants par les essences. Contre l'idée, Stirner mène un combat charnel :

« En attaquant les pensées, c'est ma peau que je défends contre elles. »

« Ce n'est que par la chair que je puis secouer la tyrannie de l'esprit, ce n'est que quand un homme comprend ainsi sa chair qu'il se comprend entièrement, et ce n'est que quand il se comprend entièrement qu'il est intelligent ou raisonnable. »

Stirner précède Sartre dans la critique de l'essentialisme, sa défiance à l'égard du concept le porte à dépasser un Feuerbach incisif dans sa dénonciation de l'aliénation et néanmoins prisonnier de l'humanitarisme abstrait. Il y a des accents kierkegaardiens dans cette phrase de Stirner :

« Je ne me suppose pas, parce qu'à chaque instant je me pose et me crée. »

Plus radical que Sartre, Stirner nous met en garde contre la notion de liberté qui fait pour lui partie de ces fantômes qu'il tente d'exorciser. Il a vu en elle « la doctrine du christianisme », un leurre métaphysique; je n'ai pas à me faire libre, j'ai à être, tout simplement.

Stirner récuse « la patience du négatif » qui entérine les résignations séculaires. La dialectique fait le jeu des politiciens du sursis et autorise les transactions métaphysiques.

La pulsion qui anime la parole de Stirner n'est ni dialectisée ni dialectisable. Sa violence fait éclater l'univers des simulacres, concepts et mots, elle dénonce la répression sous toutes ses formes, répression interne par les tabous théologico-éthiques, répression externe par l'autorité étatique qui mobilise contre les gueux l'appareil policier. Et la police c'est beaucoup plus que ce que l'on entend d'habitude par ce terme, la police c'est l'autorité s'exerçant à tous les niveaux : « A la police appartiennent les soldats, les fonctionnaires de tout acabit, juges, pédagogues, etc., bref toute la machine de l'État. »

C'est Stirner qui a, avec Feuerbach et Marx — et précédant dans cette voie Nietzsche —, dénoncé avec le plus de force la collusion des prêtres, philosophes et politiciens. Tous oppriment l'individu en s'appuyant sur de fantomatiques arrière-mondes. La libération des esclaves des chaînes insidieuses du sacré dont se targue le siècle des socialismes et des positivismes est illusoire. Le fidèle meurt pour renaître en sujet raisonnable, en citoyen. Philosophes et politiciens raniment les fantômes exsangues, font passer en contrebande les valeurs anciennes dans les nouvelles idéologies. C'est un véritable opéra des gueux *(beggar's opera)* qui chante dans les phrases percutantes de Stirner. Seulement, en même temps que se révèle la misérable et nue fraternité des gueux de la terre, s'annonce aussi sa radicale suppression.

La perspicacité de Stirner le pousse à prévoir les imminentes mystifications que recèlent les systèmes socialistes : sacralisation du travail, chasse au fainéantisme, le socialisme entérine l'échelle bourgeoise des valeurs. Il prévoit également le nouveau Moloch, celui de la productivité, et un nouveau culte, celui de la Société :

« Le communisme force à la production et n'admet que les producteurs, les artisans. »

« Le travailleur se soumet à la suprématie d'une société de travailleurs. »

Jadis esclave d'une classe, le travailleur, qui a hérité des marottes de celle-ci, se trouve à présent l'esclave d'un fantôme, la Société, tout aussi oppressif que ses maîtres d'hier.

Stirner a manqué de peu l'avènement du sociologisme durkheimien, qui illustre d'éclatante manière ses analyses, dans la mesure où s'y réincarnent les fantômes non exorcisés par le positivisme comtien. Le mysticisme durkheimien n'aurait pas manqué d'attirer son attention et il aurait vu dans le sociologue durkheimien l'héritier du métaphysicien, lui-même véhicule inconscient de l'instance sacerdotale. Dans la loi comtienne des trois états il aurait vu, non un progrès et une désaliénation, mais une persistance des servitudes et des servilités archaïques sous des masques qui, pour être différents, n'en camouflent pas moins les mêmes obédiences. On pourrait d'ailleurs à présent ajouter à cette lignée sacerdotale le personnage du technocrate défenseur des valeurs traditionnelles habillées d'un vêtement technologique.

Ainsi pouvons-nous suivre à travers l'histoire, telle que nous la désocculte Stirner, le fil rouge des aliénations : aliénation à la citoyenneté effectuée au nom de la politique; aliénation à l'humanitarisme effectuée au nom d'une nouvelle idole, l'humanité; aliénation à la société effectuée au nom du socialisme.

Ayant évacué toutes ces servitudes, l'histoire s'ouvre sur la suprême liberté, celle d'un *jouir* sans restriction ni mesure :

« Je suis le point de départ et la matière d'une histoire nouvelle, d'une histoire de la jouissance après l'histoire du sacrifice, d'une histoire non plus de l'Homme et de l'Humanité mais du Moi. »

Au vrai, l'impudence de Stirner aurait dû le mener vers ce point où la subversion radicale exige le refus de l'histoire et de ses infinies patiences, vers ce point ultime qui, pour être celui de la fin *des* temps, n'est pas pour autant celui de la fin *du* temps. La jouissance ne s'inclut pas dans la temporalité historique, il y a bien une histoire du sacrifice, mais pas d'histoire de la jouissance. Reste à savoir si cette explosion peut encore être celle du Moi? n'exige-t-elle pas, au contraire, l'explosion simultanée de toute égotité?

Cette *marotte* de Stirner, le Moi, ne relève-t-elle pas encore des manières traditionnelles de penser l'individu dans les sociétés de l'avoir? L'attachement passionné et maniaque de Stirner au Moi serait le dernier spasme du principe de la propriété privée, la défense désespérée de l'ultime enclave. D'autre part, il y aurait peut-être aussi une contamination par l'exaltation romantique du sujet comme passion absolue.

Les anarchistes se sont beaucoup réclamés de Stirner : ils n'ont guère retenu que l'aspect critique et réactif de sa pensée qu'ils ont polluée par des germes romantiques décadents.

Or Stirner ne peut être placé aux côtés de Marx ou de Bakounine, ni être inséré dans la lignée des anarchistes. Stirner est un penseur, il est de la lignée des Pascal, des Dostoïevski, des Nietzsche. C'est l'homme des fulgurations comme le furent Sade (mais Stirner est un Sade innocent) et Artaud.

Sans doute, Stirner se serait défendu — lui, l'Unique! — d'être exemplaire. Il l'est pourtant, dans la mesure où il a su aller droit au cœur des sources d'aliénation de l'individu, pénétrer dans ces abysses qu'explorera Freud; dans la mesure où il a été l'un des rares (non-)penseurs à récuser le primat et la tyrannie de la pensée, à affirmer ce qui se refuse à être médiatisé par la pensée : le corps, comme unique réalité, le corps face à qui toute pensée apparaît comme fantomatique.

Stirner, c'est déjà la fin de la métaphysique et l'aurore d'un *cela* qui n'a ni forme ni nom, qui *est* dans la lumineuse simplicité de sa présence.

V

KIERKEGAARD

par Wanda BANNOUR

« Ce qui manque à notre époque, ce n'est pas la réflexion mais la passion. »

Kierkegaard se propose d'être, dans le siècle des systèmes, le penseur de la subjectivité passionnée.

En proclamant qu' « un grand savoir n'est pas un bien absolu », Kierkegaard rompt non seulement avec Hegel, non seulement avec le système philosophique, mais avec le projet même de la philosophie. Il récuse à la fois le « Que puis-je savoir? » et le « Que dois-je faire? » de Kant. Il récuse même le « Que puis-je espérer? ». La foi n'est pas un problème philosophiquement situable. Seul, le *devenir chrétien* intéresse Kierkegaard, il le situe au centre de sa vie et de son œuvre.

Il refuse pour lui-même le qualificatif de philosophe : « le présent auteur n'est pas le moins du monde philosophe ».

Kierkegaard ne cherche pas la vérité mais un centre de gravité pour sa vie.

Indifférent à l'histoire, à la communauté politique, aux hommes, Kierkegaard puise sa joie dans les idées, dans la passion voluptueuse de la pensée et dans l'écriture.

Pour nous, le problème central de Kierkegaard n'est pas, quoi qu'on puisse en penser, celui de Kierkegaard : l'Individu, la foi, Dieu. Du moins s'il l'est, nous ne nous sentons pas concernés. Car ce que nous pouvons attendre d'un discours, c'est précisément ce que Kierkegaard nous refuse : une certitude qu'il juge impossible.

Le problème de Kierkegaard susceptible d'intéresser en nous non l'individu mais le philosophe, est celui de la pensée et du langage chez celui qui récuse, au nom de la vérité subjective, l'un et l'autre.

Comment en effet, étant Individu, écrire avec des mots, des idées qui appartiennent à tous ? Comment faire entendre à l'autre la modulation unique de la subjectivité secrète sans se condamner à l'avance à demeurer *mécompris* ? Comment dévoiler la vérité, qui ne peut être que subjective, par les moyens de l'objectivité trompeuse et mensongère ? Risquer, Individu, d'être capturé par ce monstre sans visage, la foule ?

C'est pourtant à cette tâche impossible que s'attelle Kierkegaard avec une dévorante passion.

Énigmatique passion chez qui, comme Kierkegaard, estime que la vie, dès lors qu'elle se pense et se parle, est guettée par le *fané* et le *pétrifié* ! Curieux projet que d'écrire chez cet admirateur des vivants silencieux — Socrate et Christ —, et qui commence par proclamer l'impossibilité de l'écriture !

Doublement curieux et paradoxaux sommes-nous dès lors que nous nous proposons, comme à présent, d'écrire sur celui qui contesta l'écriture, de penser celui qui contesta la pensée. Écho de l'écho, sosie du sosie (Kierkegaard étant son propre écho et son propre sosie), jeu de miroirs tel celui qui, à Nymphenburg, résidence du prince fou Louis de Bavière, réfléchit à l'infini le reflété. Seconde carapace de glace, la première gelant, en Kierkegaard même, la fleur du cœur. Généralité seconde flétrissant la première flétrissure de la généralité du langage kierkegaardien.

Détérioration de l'intimité subjective de Kierkegaard, défloration de son secret, volatilisation de *l'arôme de l'idée*, redondance et stérilité, scandaleuse et vaine provocation : ainsi est nécessairement toute parole sur l'Individu Kierkegaard.

Notre réflexion sur Kierkegaard est une réflexion honteuse et nécessairement erronée. C'est comme telle qu'en toute honnêteté nous la présentons.

Nous épargnerons au lecteur le pathos qui d'habitude accompagne toute référence biographique à Kierkegaard : nous ne parlerons ici ni des problèmes liés au père de Sören qui, sur les landes glacées du Jutland, se laissa aller à maudire Dieu, enfonçant ainsi dans sa chair l'écharde du péché. Nous faisons suffisamment confiance à la culture analytique du lecteur pour éviter jusqu'à l'allusion à « la mort du père ». Nous ne larmoierons pas sur les fiançailles rompues avec Régine Olsen. Nous passerons sous silence l'inqualifiable laideur de l'auteur, son attachement suspect à son parapluie, son goût pour sa collection de tasses à thé. Tout cela fut à ce point rabâché que la tentation est du pastiche plutôt que de la redite.

Et puisqu'il nous faut parler de la pensée de Kierkegaard, nous veillerons à ne pas l'imiter et à ne pas tomber dans la prolixité qu'il déplorait chez ses contemporains mais à laquelle il ne put échapper.

Romantisme, religion, névrose

Bien que souverainement indifférent à l'histoire, à la cité, aux hommes qui l'habitent, Kierkegaard est un enfant de son temps. Du romantique il a toutes les caractéristiques, sinon tous les stigmates : l'insondable mélancolie, le désespoir s'exhalant dans le chant, le *nevermore*, la nostalgie. Tous ces vécus s'exprimant dans un langage singulièrement ductile et poétique. Antihégélien farouche, Kierkegaard est néanmoins hégélien dans son goût pour l'élucidation catégoriale et dans l'extrême acuité de la conscience de soi. L'attrait qu'il éprouve pour le démoniaque, attrait fondamentalement esthétique, c'est la reprise par l'intelligence (celle de Kiergaard est de belle venue) des figures méphistophéliennes campées par Goethe, Byron, Lermontov. Sa fascination par Don Juan — il fut plus séduit que séduc-

teur — c'est l'aspect musical, mozartien, de son intellectualité voluptueuse. Son sens du secret relève autant d'Usher
et de Melmoth que de l'*interior interiore meo* de l'Ecclésiaste.

Sa religion est aussi hostile à la déduction rationnelle d'un
Dieu-Idée qu'à l'institution figée et mensongère. C'est un
exercice périlleux, haletant, un travail sans filet où l'abîme
guette à tout instant le chrétien, l'entraîne dans le vertigineux *prestissimo* de la 2e sonate en sol mineur de Schumann. On ne peut reprocher à Kierkegaard de s'installer
dans une religiosité béate et liquoreuse ou, à la manière de
Kant, de formaliser habilement le piétisme.

Kierkegaard n'a éludé ni la morsure du péché, ni le
gouffre entrevu de la damnation éternelle, ni la vision terrifiante du visage couronné d'épines. Il a vécu les mille morts
du croyant qui voit son Dieu, meurt et renaît. Il a été à
Morija avec Abraham, avec lui il a connu l'angoisse de
la déréliction absolue, la solitude jusqu'à la folie, mais
avec lui aussi, dans l'instant fulgurant, il a vécu Dieu. Par-
delà le tragique de l'éthique, Kierkegaard sera le chevalier
de la Foi.

Romantisme et religion s'enchevêtrent, dans la nuit des
abysses, à des pulsions auxquelles nous ne chercherons pas à
accéder. Ce n'est pas dans nos possibilités et d'ailleurs ce
n'est nullement notre projet. Contentons-nous de remarquer
que le cas de Kierkegaard éclaire d'un jour singulier l'étiologie de ces deux névroses sublimes, la romantique et la religieuse. Pour aussi inquiétante que soit la collusion d'une
sensualité malade avec le sens du péché et la ferveur poétique, saluons en passant le prodige de la folie surmontée
dans et par l'écriture.

La philosophie en accusation : la distraction philosophique

Kierkegaard a fait le tour du système — et du plus achevé
de tous, le système hégélien — et ne s'y est pas trouvé en

tant qu'existant. Après Héraclite, il a vu toute mouvance se dissoudre dans le concept :

« Comme le mouvement, l'existence est d'un commerce très difficile. Si je la pense, je la supprime et ainsi je ne la pense pas. Il pourrait donc sembler exact de dire qu'il y a quelque chose qui se refuse à la pensée : l'existence. Mais la difficulté reparaît : l'existence rétablit la connexion du fait que le sujet pensant existe ». *(Post-scriptum.)*

« Qui dit système, dit monde clos, mais l'existence est justement le contraire. »

La totalité du système, c'est une totalité pensée, abstraite, close, c'est l'immanence complète. Or l'existence est vécue, elle est ouverture, qualité, saut, transcendance.

Toute pensée est du passé, un Hegel est tautologiste et ne parle que le passé, « ... mais si l'intelligence du passé doit être la tâche suprême d'un homme encore en vie, ce positivisme est un scepticisme ». *(Post-scriptum.)*

La pensée enclôt la vie, elle la fane et la pétrifie. Le système installe toutes choses dans un continuum abstrait; or l'existence est discontinue, saltatoire.

Le système est diplomate : il concilie et réconcilie. L'existence est choix, alternative, c'est le « ou bien... ou bien... ».

Le système est pacifiant, il sécurise, l'existence est angoisse. Elle connaît les crises aiguës, les irradiations, l'instant ponctuel et décisif, les défilés de l'angoisse, les abysses du désespoir.

La vraie dialectique n'est pas la dialectique objective de Hegel, la rationalité du concept à l'œuvre dans l'histoire, mais la dialectique passionnée, qualitative de la subjectivité. L'histoire n'est pas l'élément de l'esprit apparaissant dans le temps, mais quelque chose d'abstrait et d'inexistant qu'ignore le penseur passionné qui, à chaque instant, peut se faire contemporain du soi-disant passé.

Dieu n'est pas l'Idée absolue mais une personne, Christ, avec lequel l'Individu dialogue et vit. La croyance ne prend pas place dans le système comme moment du devenir de l'Esprit, elle est l'acte du penseur solitaire. Elle est le risque absolu, le scandale, l'impossibilité de la certitude. En elle s'effectue la périlleuse jonction de l'intériorité et de la transcendance.

Le non-pensable et le non-parlable. La vie, l'existence, l'individu, Dieu

La vie : « La philosophie est la nourrice sèche de la vie. » *(Journal.)* Elle l'encombre de *vieilles peaux*. Le philosophe est un homme en état de dessiccation. La pensée assèche les eaux vives, elle glace les fleurs du cœur, elle contamine et pervertit la naïveté du vivant. Sous l'effet de la pensée tout se *fane* et se *pétrifie*.

Aporie : la pensée de la vie c'est le tarissement de la vie.

L'existence : synthèse d'éternel et de temporel, d'infini et de fini, elle est radicalement rebelle au concept et au système. La pensée « ... brouille tout en volatilisant l'existence sans laquelle elle est, en fait, vouée à l'échec. »

Aporie : il me faut penser l'existence impensable sans laquelle il n'est point de pensée.

L'Individu : grain de sable dans le système, dès lors qu'il se parle il est volé à lui-même. Sa parole est écho douloureux : et tous ces gens qui vous disent qu'ils sont comme vous !

D'où le souci, chez l'Individu, de demeurer *l'être caché*, le *secret*.

Ce souci de préserver l'Individualité est incontestablement d'inspiration chrétienne : Kierkegaard reprend la parabole de la brebis égarée et rappelle que Christ distinguait Jean des autres apôtres. Nous comprenons dès lors que Kierkegaard s'asphyxie dans le système hégélien.

Il est dans le destin de l'Individu d'être le solitaire : d'où l'attirance de Kierkegaard pour tous les irréguliers. Le voleur, brigand (personnage romantique qui fascinera également Bakounine qui fera de Pougatchev le modèle de l'anarchiste), Don Quichotte, le bouffon. Le solitaire absolu, c'est le fou. Remarquons qu'on appelle fou du roi le bouffon, que Don Quichotte fait figure de fou et que la pathologie mentale tend à faire du criminel un aliéné.

C'est la crainte de la folie qui nous fait nous ruer dans le système et nous laisser engloutir par *la fascination du total. Nul ne veut être un existant individuel.*

L'Individu, conscient des catégories existentielles, les inventorie ludiquement par le moyen du pseudonymat :

« J'ai fait parler et entendre l'individualité réelle en sa fiction qui produit elle-même sa propre conception de la vie qu'elle représente. » *(Post-scriptum.)*

Aporie : l'Individu qui parle se volatilise et volatilise la vérité qui n'existe que dans le subjectif.

Vérité : la vérité indique déjà le caractère non-vrai de celle-ci. Seule la subjectivité est la vérité; son élément est l'intériorité. Elle ne s'exprime pas en termes de certitude, elle est « l'incertitude objective, maintenue dans l'appropriation de l'intériorité la plus passionnée, [qui] est la vérité, la plus haute vérité qui soit pour un existant » *(Post-scriptum).*

Aporie : l'homme de la vérité c'est l'homme de l'ignorance (Socrate).

Dieu : Il est l'Individu par excellence. Ainsi l'a éprouvé Pascal, ainsi l'éprouveront les philosophes de l'existence (Dostoïevsky, Chestov, Berdiaev).

La foi est relation privée de l'Individu avec Christ. La subjectivité passionnée du chrétien est le lieu unique de la vérité, vérité paradoxale, christianisation de l'existant et incarnation de Dieu, contemporanéité du penseur religieux avec Christ.

Dieu n'est révélé que dans la fulgurante extatique de l'instant, la foi est le suprême péril mais

> *là où croît le péril*
> *croît aussi ce qui sauve*
> (HÖLDERLIN)

Aporie : l'instant de l'accès à Dieu est désaisissement de l'existant qui, du fait qu'il existe, ne trouve Dieu que pour le perdre.

Temps et Éternité. Fini et Infini

La première tentation, c'est le donjuanisme, la fascination par l'instant évanouissant. L'esthétique c'est l'érotique, le démoniaque, la musique. La malédiction de Don Juan, c'est d'être guetté et capturé par l'intelligence. L'érotique se réfléchit, Don Juan qui se pense ne jouit plus. Mais, de très hégélienne manière, Kierkegaard-Don Juan comprend dans la réflexion la signification de l'esthétique. Accepterait-il, en schopenhauerien, la narcose de la musique, alors, comme le démon de Lenau, il prendrait son violon et tiendrait en échec le moment réflexif.

Mais Kierkegaard est un Don Juan méditatif et bavard. Aussi perd-il l'immédiat de la jouissance et accède-t-il à l'ironie, catégorie existentielle à la fois préparant l'éthique et la supposant, car pour l'ironiste *l'éthique a une importance absolue.*

« L'ironie est la culture de l'esprit; elle succède à l'immédiateté; puis vient l'éthicien, puis l'humoriste, et enfin l'esprit religieux. » *(Post-scriptum.)*

L'éthique est le repos de la pensée. C'est le temps devenu continu, consistant, l'homme devenu sérieux, raisonnable : bon époux, bon père, bon citoyen.

Adéquation de l'intériorité et de l'extériorité. Sécurité de la généralité en laquelle l'Individu se repose et où il est reconnu. L'éthique est le berceau du tragique. Le héros tragique est en bonne compagnie : à ses larmes font écho celles des âmes nobles. L'Individu peut échapper à l'angoisse de l'intériorité solitaire en l'exprimant dans quelque chose d'extérieur.

Mais alors, à quoi bon pour l'Individu sortir de la sécurité du général? Ici il y a un saut du fini dans l'Infini, une irruption de l'Éternité dans la temporalité, le surgissement d'une intériorité découvrant dans la soudaineté qu'elle est incommensurable à l'extériorité. C'est le mouvement vers l'absolu, le risque absolu d'Abraham sacrifiant son fils.

Le chevalier de la foi doit seul décider s'il est simplement en crise ou s'il est le chevalier de la foi. Crainte et tremblement, vertigineuse angoisse de la liberté...

Kierkegaard et la philosophie

Kierkegaard a provoqué l'effraction du concept et du langage par un *Je* existentiel, il a dégagé la subjectivité du marécage de la psychologie; il est, dans l'histoire de la philosophie un événement anhistorique, un cri solitaire et sans précédent.

Mais ce cri n'a pas su n'être qu'un cri : Kierkegaard a voulu possibiliser l'impossible, c'est-à-dire transmettre un vécu subjectif et intransmissible selon les modalités de la pensée et du langage, instruments par excellence de la transmissibilité.

De là sont nés impasses et apories, dans lesquelles il s'est voluptueusement ébroué, désireux d'éprouver jusqu'au bout le vertige de l'impossibilité et l'éclatement de la pensée sur l'indicible. Pour être fidèle à Kierkegaard, il faudrait dire qu'il ne nous a transmis qu'une erreur, toute parole visant à l'objectivité étant trahison de la vérité qui est subjectivité.

Cet antihégélien est, comme nous l'avons déjà remarqué, un hégélien dans son souci de catégorialiser les attitudes de l'existant, de promouvoir des universels existentiels. Homme de désir, selon son propre aveu, mais d'un désir nié, perverti, sublimé, s'existant dans la frénésie du langage où l'immersion dans l'absolu se rattrape de haut vol par la parole.

Parole musicale, poétique, toute en nuances fugitives; volupté de l'intelligence où la tentation de la chair se transmet à l'esprit, transmuant en rhétorique saltatoire l'accélération et la décélération vertigineuse de l'orgasme.

Mécompris de la foule, déchiré par la contradiction, confondant le métier de vivre et le métier d'écrire, prolixe jusqu'à la pléthore — lui qui déplore « *la prolixité réfléchie des modernes* » : — la passion de l'écriture a brûlé Kierkegaard, plus peut-être que la passion de l'existant hanté par le devenir chrétien.

Cette méfiance de Kierkegaard envers le concept et le mot nous laisse libres de nous montrer méfiants à son égard, d'introduire une méfiance vis-à-vis de cette méfiance. Et de même qu'Abraham était libre de décider s'il était fou ou élu, nous sommes libres de décider entre un Kierkegaard chevalier de la foi ou un Kierkegaard fou.

A moins que, par une descente aux abîmes, nous ne parvenions à ce degré d'incandescence où les deux options cessent d'être alternative pour se résorber dans le point de fusion où s'anéantit, avec la possibilité de juger, la possibilité de la philosophie elle-même.

Bibliographie

Œuvres :

Œuvres complètes, traduites par Pierre-Henri Tisseau et Else-Marie Jacquet-Tisseau, Paris, Éd. de l'Orante, 1966.

Études :

Johannes Hohlenburg : *Sören Kierkegaard*, Paris, Albin Michel, 1958.
Pierre Mesnard : *Le vrai visage de Kierkegaard*, Paris, Beauchesne, 1948.
Marguerite Grimault : *Kierkegaard par lui-même*, Paris, Éd. du Seuil, 1962.
Jean Wahl : *Études kierkegaardiennes*, Paris, Vrin, 1949.

VI

BAKOUNINE

par Wanda BANNOUR

Il y a des pensées qui nous font vivre et d'autres qui nous font mourir; des pensées qui nous hissent vers les cimes, d'autres qui nous poussent dans l'abîme. Schopenhauer nous pousse, Bakounine nous hisse et nous exhausse. L'un prône la dissolution de l'*ego* dans le grand néant, l'autre veut le sauver de l'anéantissement par le rien.

Philosophe médiocre comme la plupart de ses compatriotes nihilistes, Bakounine alimente néanmoins sa pensée à des sources assez vives pour se survivre, en d'autres lieux, il est vrai, que les universités et les bibliothèques.

Ce grand vivant, ce polémiste vigoureux en appelle au fonds puissant de la révolte, il est l'homme des situations : sa parole chemine de l'Université aux lieux de l'émeute, colportée le long du Don dans les besaces des faux paysans — lycéens et étudiants qui s'efforcent de ranimer la flamme du pougatchevisme —, proclamée avec fierté par les révolutionnaires terroristes lors du procès des netchaïevistes.

Ce lecteur vorace et infatigable a tout lu, les idéologues de la Révolution française, les utopistes, les philosophes allemands, les anarchistes italiens : autant de pensées ingérées, autant de flambées d'enthousiasme, de maladies infantiles, d'éruptions violentes et provisoires révélant un tempérament d'agitateur à la fois lucide et mystique.

Comme Herzen, Bakounine appartient à cette aristocratie de l'*Intelligentsia* qui perçoit le travail de la taupe dans les profondeurs du *tchernoziom* russe. Pour lui, de la pensée à l'acte, il n'y a qu'un pas, sitôt conçu, sitôt franchi. La pensée n'est jamais exercice théorique ou esthétique, réserve et prudence : elle est le flambeau qui enflamme, au sens propre comme au sens figuré.

Michel Bakounine, dont la pensée et le destin sont liés à la cause de l'anarchie apparaît, par rapport à Marx et Engels, dans une perspective de retrait et de désuétude. L'anarchie a vieilli, elle est abstraite : du bakouninisme au marxisme, la distance est considérée comme étant celle qui sépare le mythe de la réalité effective, l'utopie de la praxis.

Et pourtant, à l'époque de la civilisation des masses, Bakounine rejoint Fourier par un certain ton vivant, poétique et passionné, en lequel se fait entendre l'individu.

Philosophiquement, la revendication pour l'individu a mauvaise réputation : elle rassemble toutes les nostalgies, mystiques et affectives, elle est le langage de l'immédiat et de l'irrationalité. Politiquement, elle est suspecte : sous une couverture d'humanisme, elle alimente, sur l'aile droite, les libéralismes bourgeois ameutant la conscience du monde dit « libre » contre la cruauté oppressive du communisme. Mais sur l'aile gauche, elle est vigilance, rappelant l'existence de l'homme menacée aussi bien par le capitalisme belliciste que par la bureaucratie des totalitarismes.

C'est précisément sur l'aile gauche que se situe le bakouninisme que la pétulance des groupuscules révolutionnaires et la pratique de l'agitation peuvent nous aider à comprendre. Le *bakouninisme* c'est beaucoup plus qu'une théorie, c'est une pratique, celle des révolutionnaires russes des années soixante et soixante-dix que l'on appelait alors — comme on disait, en mai 68 « enragés » — *nihilistes*. Nihilistes, bakouninistes, netchaïevistes, tels sont les termes qui jalonnent les procès des révolutionnaires de l'époque (Netchaïev, agitateur et théoricien de la conspiration, considéré, selon les points de vue, comme un mégalomane, un assassin ou un terroriste sublime).

Avant d'être marxiste, la jeunesse révolutionnaire en

Russie fut bakouniniste. Le *catéchisme révolutionnaire* (imputé à la collaboration de Netchaïev et de Bakounine) mit en place les premières cellules terroristes. Le dégoût et la haine qu'inspirait l'autocratie tsariste étaient tels que, plus était violente et subversive la pensée se proposant de provoquer l'écroulement du régime tsariste, plus était enthousiaste l'accueil qui lui était réservé.

En effet Marx et Engels parlent à la raison, ils exigent le travail et le sérieux de l'analyse, ils incitent à la patience historique. Bakounine fait passer dans ses écrits son pathos romantique, sa pétulance, son impatience. Il parle au cœur de l'intelligentsia, il la pousse aux actes sublimes, il réveille la tradition du pougatchevisme pour lancer sur les routes vers les campagnes de nouveaux croisés. Bakounine était l'idéologue rêvé des *amis du peuple*, il alimentait la soif d'expiation et la volonté de rédemption des nihilistes.

Philosophiquement parlant, Bakounine est une marmite à faire bouillir des idées qui fusent de lui comme une lave et qui, dans sa biographie intellectuelle, déposent en alluvions stratifiées. Il y a la période Schelling, la période Fichte, la période (quasiment maniaque) Hegel, le moment feuerbachien. Veut-il composer un ouvrage de philosophie, c'est naturellement qu'il plagie Comte. Il y a chez lui une naïveté touchante, un « à la manière de Hegel » qui vient comiquement prendre place jusque dans les tendres missives adressées à ses sœurs.

Bakounine, comme presque tous les écrivains de l'époque — y compris les plus « démoniaques » des nihilistes — vit religieusement la philosophie. C'est pourquoi il affirme, appelle, prêche, plus qu'il ne raisonne et n'enseigne.

Tempérament boulimique, il élimine aussi vite qu'il ingère. Ses propres contradictions ne le choquent nullement. Lorsqu'il se veut philosophe, il est plagiaire, ennuyeux, un brin ridicule. Mais quand il s'indigne et s'insurge, le tocsin bat dans sa parole, les fourches se lèvent, la hache est brandie. Il y a du bakouninisme dans les tracts et les bombes préparés dans les cellules révolutionnaires, dans les jacqueries

paysannes des années 70 et 80, et peut être aussi dans la
filouterie « pour la cause » de Netchaïev abolissant l'incer-
taine frontière qui sépare le rêve de la réalité.

Ce dont nous devons décider ici, c'est de la légitimité
d'une inclusion de Bakounine dans une histoire de la philosophie. Bakounine fut-il philosophe? Sinon, pouvons-nous
le considérer comme un penseur politique, un idéologue de
la révolution?

Disons d'abord qu'il n'y a pas de philosophie bakouniniste, qu'on ne peut parler d'un Bakounine philosophe. Sa
pensée en effet manque de cohérence, elle n'est pas déduite :
toute impulsive et explosive, elle est souvent motivée par
l'opportunité des situations dont elle adopte la mobilité.
Pensée toute en étincelles et en coups de théâtre sur laquelle
viennent se greffer des implants théoriques provenant
d'horizons divers.

En bon hégélien, Bakounine pense que l'Esprit est historien, que l'homme advient à soi dans le processus dialectique par lequel l'humanité raisonnable s'enfante. En romantique et en moraliste chrétien, il pense que l'homme ne sera
ce qu'il est, c'est-à-dire ce qu'il doit être, que dans une
humanité aimante, libre, éduquée. Il pense que l'aliénation
sous toutes ses formes, philosophique, religieuse, politique,
économique (à la différence de Marx, l'aliénation économique prend place aux côtés des autres aliénations, alors que
pour Marx elle les fonde et les détermine), doit prendre fin,
que les hommes doivent, sans plus attendre, se libérer
de toutes les oppressions et répressions qui les empêchent
d'exister, d'être. Qu'ils doivent tuer Dieu ainsi que son
substitut séculier, l'État, et « le vieil homme » (cette vieillerie
que dénonce aussi le publiciste nihiliste Pisarev) pour
pouvoir enfin naître.

Pour cela la violence est nécessaire, elle est irremplaçable :
c'est le *bcount* (l'émeute) de Pougatchev marchant de pair
avec l'éveil de l'intelligence par le moyen de la sensibilité
révoltée par les conditions inqualifiables de l'existence
humaine foulée aux pieds, bafouée dans sa dignité (Bakou-

nine a aussi lu Kant). Ce disant, Bakounine est dans le ton du nihilisme de l'époque : en effet, les critiques nihilistes prônent un nihilisme actif, destructeur des valeurs éculées et aliénantes de la société tsariste, cela dans l'esprit fouriériste, quelque peu assagi par un spiritualisme dont le russe a des difficultés à se défaire (il y a loin du *Nouveau monde amoureux* de Fourier à sa timide copie, le *Que faire?* de Tchernichevsky).

Dobrolioubov, Pisarev, Tchernichevsky dénoncent systématiquement l'asphyxie par l'idéologie, Bakounine donne à cette dénonciation une portée pratique et ne recule pas devant la violence. Les nihilistes ébranlent les valeurs vermoulues dont se gargarise le Moloch tsariste, Bakounine pose les mines qui éclateront en temps voulu. Il faut dire qu'il est en partie servi par la chance : il a un nom, de l'argent, des relations, de l'initiative et de l'audace, ainsi que le sens de l'opportunité. Celui-ci peut l'amener, comme dans sa *Confession*, à un débordement servilement masochiste confinant à la trahison des siens. Il peut être contradictoirement chauvin, antisémite et socialiste, indiquant ainsi sa carence du sens de l'Universel hégélien.

Bakounine brûle de passer aux actes; d'où des analyses rapides et escamotées, un prurit de l'action qui fait de lui l'homme du « grand soir » (celui-ci est toujours pour aujourd'hui, à la différence des humeurs velléitaires du roman de Tourguenev *A la veille de...*). L'idée de génération sacrifiée lui répugne : ce grand vivant ne veut pas se borner à concevoir et à préparer la révolution, il la veut tout de suite, il veut voir de ses yeux et vivre cette communauté d'hommes libres et épanouis dont Fourier et Feuerbach lui ont donné le goût.

Ennemi irréductible de toutes les incarnations de la répression — Dieu, l'État, le Tsar, la Police — Bakounine a un sens frénétique de la liberté. Mieux vaut le désordre, le grand désordre cruel et joyeux, l'apocalypse du bount paysan, le feu et la tuerie, plutôt que l'ordre infâme défendu par les laquais du pouvoir tsariste, plutôt que la cohorte des servitudes internes avilissantes.

Deux notions dominent l'idéologie bakouniniste : *individu* et *liberté*. Ce sont les deux pôles passionnels au nom desquels Bakounine livre un incessant combat aux instances de la répression.

La défense bakouniniste de l'individu et de sa liberté relève à la fois d'une répulsion quasi instinctive pour toutes les formes de la mise en esclavage et d'un spiritualisme religieux qui perce souvent dans les écrits de Bakounine. Ce dernier compromet la première, il hypothèque la violence subversive d'un contenu mystique qui voua à l'échec les activités des terroristes qui mêlaient les problèmes du salut personnel à ceux de l'Internationale ouvrière. Il manque à Bakounine ce qui fait la force de l'affirmation de Max Stirner, ce sens de la position du *bios* dans l'indifférence totale à l'éthique et au personnalisme chrétiens. Chez Bakounine l'Unique stirnerien s'édulcore, Tolstoï n'est pas loin et la récupération par Berdiaev est rendue possible du fait d'une insuffisance reflexive et critique.

Comme Stirner, Bakounine s'alimente à la forte pensée de Feuerbach, mais chez lui des options messianiques et slavophiles passent en contrebande et s'allient à un romantisme à la Schiller. Le Karl Moor des *Bandits* se compose avec Pougatchev pour inspirer un culte romantique du banditisme noble, concession à l'éthique que ne fait pas Stirner qui autorise l'Unique à se servir et à prendre hors de toute justification morale, au nom des seuls rapports de force. Mais, encore une fois, le déplorable manque de rigueur de Bakounine lui permet d'employer naïvement des expressions aussi ambiguës et contestables que celle d'*instinct* (souvent alliée à celle de révolutionnaire) ou de *naturel*; comme les slavophiles, Bakounine parle du *socialisme naturel* des masses paysannes.

Sous l'influence des savants allemands (en particulier de Haeckel) et comme les nihilistes, Bakounine est organiciste. Enthousiasmé par les perspectives d'avenir qui s'ouvrent devant la toute neuve science biologique, Bakounine, ouvrant la voie à des sociologues du type d'Espinas, transporte le vitalisme du domaine biologique au domaine social.

Sociologiquement parlant Bakounine est naïvement positiviste, il démarque le modèle biologique et conçoit la société vraie ou naturelle comme un grand et unique organisme composé d'une infinie multiplicité de cellules jouissant d'une grande autonomie et alliées pour assurer une vie luxuriante et libre du corps social. C'est l'organicisme et le culte de l'individu qui inspirent l'idée fédéraliste et rendent Bakounine si méfiant à l'égard de toute autorité centralisatrice soutenue par l'appareil bureaucratique. Il soupçonne Marx d'autoritarisme et prophétiquement entrevoit la substitution à la bureaucratie tsariste d'une bureaucratie rouge. Il conteste le rôle de premier plan que Marx assigne au prolétariat et défend la spontanéité révolutionnaire des masses paysannes. Ce faisant, il altère d'ailleurs la pensée de Marx et surtout celle d'Engels qui dans la *Question paysanne en France et en Allemagne* assigne un rôle de premier plan à la paysannerie dans la révolution.

D'ailleurs, emporté par son messianisme paysannophile, Bakounine surestime le prétendu instinct révolutionnaire des masses paysannes. On sait l'accueil qu'elles réservèrent fréquemment (fourches et police!) aux croisés bakouninistes, accueil dont nous donne quelque idée le roman de Tourguenev *Terres vierges*.

Chez Bakounine les affects ont continuellement tendance à submerger l'acuité de la réflexion; il faut néanmoins lui reconnaître un flair de révolutionnaire le rendant apte à dépister toutes les sources de mystification et d'exploitation de l'individu. Comme Marx, il dévoile le caractère truqué des déclarations de droits de l'homme; il exècre Rousseau pour ce qu'il considère comme étant un idéalisme abstrait, comme il exècre le jacobinisme qui recouvre les intérêts de la bourgeoisie et perpétue le règne de la métaphysique et de l'idéalisme.

Comme Proudhon dont il partage souvent les vues, il note le caractère pseudo-démocratique du suffrage universel au sein de nations où les intérêts de la classe dominante se couvrent du manteau de la soi-disant démocratie parlementaire : « La production capitaliste et la spéculation des banques vont fort bien de pair avec ce qu'on appelle la démocratie parlementaire. »

Bakounine est hostile à toute entreprise de planification du futur. Très sensible à la fraîcheur et à la spontanéité de l'événement historique, il refuse toute réduction de l'histoire à la logique. Il opte en faveur de l'instant et du risque au nom de la plus intense passion qui soit, celle de la liberté. Il la confond souvent avec la passion de la destruction grâce à laquelle s'écroulent toutes les tyrannies et tous les despotismes. Bakounine existe romantiquement l'histoire, il a la nostalgie des commencements et le vertige du crépuscule des Dieux. Comme ses contemporains nihilistes, il a foi en l'avènement d'un homme nouveau, dépouillé des vieilles peaux du passé esclavagiste de l'humanité, d'un homme intact, généreux, sans limites. Cet homme peut naître dès lors qu'on supprime les instances qui ont différé son avènement, principalement Dieu et l'État, l'État qui pour lui est source à la fois de machinerie (l'appareil rigide de la bureaucratie étatique) et de machination. Il le visionne sous la forme d'un « immense cimetière » dans lequel viennent s'engloutir les individus, d'un corrupteur qui finit par avoir raison des meilleurs. L'individu est une force qui brise tous les cadres, toutes les limites : « Les individus sont insaisissables pour la pensée, pour la réflexion, pour la parole humaine qui n'est capable d'exprimer que des abstractions. »

Le principe même du suffrage universel qui soumet une catégorie d'individus à une majorité est une violence qu'il faut dénoncer. La tyrannie n'est pas moins tyrannie lorsqu'elle s'exerce au nom de la quantité, pas moins lorsqu'elle s'exerce au nom du savoir. Bakounine qui là encore a une perception très juste des avatars politiques du positivisme, nous met en garde contre la tyrannie des savants et pressent la future hégémonie des technocrates.

Lui appliquant sa propre expression, nous pouvons dire que Bakounine détient un instinct très sûr lui permettant de dépister tous les escamotages de la liberté qui menacent les hommes. C'est, pensons-nous, l'une des raisons qui lui font accorder une importance de premier plan à l'agitation. L'agitation — le *bountarisme* comme on disait à l'époque de Bakounine — maintient les hommes en état d'alerte, elle empêche l'assoupissement des esprits dans les concepts dangereux par leur inertie pour les destinées de la liberté. Elle entretient l'agilité et la mobilité des groupuscules, prévient l'enkystement de ceux-ci par des entreprises autoritaires et centralisatrices. Le personnage de l'agitateur est dans ses sources bakouniniste. Bakounine n'a-t-il pas donné l'exemple de cette mobilité du révolutionnaire en se déplaçant dans toute l'Europe pour attiser les germes de l'anarchie?

Au nom de la philosophie, nous reprocherons à Bakounine une grande insuffisance théorique : ainsi s'explique le caractère pulsionnel, incohérent de ses écrits. Ses carences philosophiques sont imputables non à des lacunes de son intelligence mais à des défauts de caractère : versatile, impatient, ses options sont autant d'engouements souvent suivis de brusque décompensation. Sujet à la *dostoïevstchina* — goût voluptueux pour l'autoaccusation — il n'est pas à une erreur près; souvent en proie au chauvinisme slave, il prend en grippe et accuse à tour de rôle les Allemands, les Français, les Juifs (d'où sa hargne à l'égard de Marx, juif et allemand), mais aussi bien les Russes eux-mêmes.

Par moments lucide, il fait excellemment son propre diagnostic, déplorant et adorant à la fois « l'amour du fantastique, des aventures extraordinaires et inouïes, des entreprises ouvrant au regard des horizons illimités et dont personne ne peut prévoir l'aboutissement ».

Et il est bien vrai qu'un grand destin fantastique s'ouvre devant ceux qui brûlent de la folle passion de la liberté. De Fourier et Stirner à Artaud et Reich, le grand refus passe par Bakounine. Son esprit subversif nous préserve de l'empâtement et de l'engourdissement, entretient en nous l'ironie et la vigilance à l'égard de l'ignominie et de la grande bêtise.

L'anarchie a-t-elle vraiment vieilli? Peut-être que la désuétude de Bakounine n'est qu'apparente; peut-être que le meilleur de Bakounine a su traverser l'histoire en gardant intactes sa fraîcheur et sa virulence. Moins sujette que le marxisme à cette dégradation en catéchisme (que pressentait Marx lorsqu'il disait qu'il n'était pas marxiste) la pensée de Bakounine parle à ce qui en l'homme refuse le temps et l'interminable médiation, à la flamme de l'éternelle jeunesse. Bakounine nous rappelle que peu importe que les Idées vivent si les hommes meurent, il nous rappelle la monstruosité du sacrifice de l'homme au concept, la lâcheté qui consiste à repousser dans le futur ce qui pourrait nous être donné au présent — à condition d'être assez vivant, assez fort, assez révolutionnaire.

A l'époque des tanks et des lance-flammes, le bakouninisme c'est l'individu exposé seul, à découvert, sur les barricades, c'est le cri qui inquiète les prudents, les tyrans, tous les fatigués, le cri qui anime les longues marches. Il nous dit qu'il faudra bien, que nous le voulions ou non, parvenir un jour, tous, à ce lieu unique, qui ne sera pas *une* terre promise mais *la* terre, qu'on n'a pas à nous promettre parce qu'elle est d'ores et déjà notre espace et notre élément.

──────────── **Bibliographie** ────────────

Œuvres :

Œuvres complètes, en russe, Éd. Balachov, 3 tomes, Saint-Pétersbourg, 1907.

Édition française en 6 volumes, Paris, Stock, tome I (1895) avec Intr. de Max Nettlau. Tomes II à VI (1908 et 1913) textes établis et commentés par James Guillaume.

Matériaux pour une biographie de Michel Bakounine, par Michel Alexandrovitch Bakounine, Éd. nationales économiques et sociales, Moscou, 1923-1933.

Lettres à Herzen et Ogarev, en russe, Éd. Dragomanov, Saint-Pétersbourg, 1906.

Études :

BAKOUNINE : *La liberté*, textes choisis et présentés par F. Mung, Paris, Pauvert, 1968.

KORNILOV : *La famille des Bakounine*, en russe, Moscou, 1915-1925.

H. Arvon : *Bakounine ou la vie contre la science*, Paris, Seghers, 1966.

Max Nettlau : *The life of Michael Bakounin*, London, 1896-1900.

Fritz Brupbacher : *M. Bakounine ou le démon de la révolte* (traduit de l'allemand par Jean Barrué).

M. Confino : *Bakounine et Netchaïev*, dans « Les cahiers du monde russe et soviétique », 19 6, 4e cahier, vol. 7.

F. Rude : Michel Bakounine. *De la guerre à la Commune*, Éd. Anthropos, Paris, 1972.

VII

K. MARX ET F. ENGELS

par Nicos POULANTZAS

Une science de l'histoire.

Le marxisme est né d'une conjonction, qui n'a pas été fortuite : d'une conjonction entre la place de Marx et d'Engels dans l'histoire de la pensée, et d'un moment historique dans la lutte des classes, celui de la montée du mouvement ouvrier.

C'est le deuxième élément qui est déterminant. En effet, il n'explique pas seulement comment et pourquoi le marxisme est apparu et s'est constitué, mais offre également une réponse à la question : qu'est-ce que le marxisme?

Le marxisme est, en premier lieu, une nouvelle *science :* une *science de l'histoire.* Comme tel, le marxisme consiste en un système de concepts scientifiques nouveaux, qui permettent de traiter un nouvel objet, l'*Histoire*, alors que, jusqu'à Marx, il n'existait, dans ce domaine, qu'un agencement de notions idéologiques, des « philosophies de l'histoire ». Le nœud du traitement de l'histoire par le marxisme comme *objet nouveau* d'une science particulière, est exprimé, de façon lapidaire, dans *Le Manifeste communiste :* l'histoire de l'humanité, c'est l'histoire de la lutte des classes. On comprend ainsi pourquoi Marx et Engels, dirigeants politiques du mouvement ouvrier et fondateurs de la Première Internationale des Travailleurs, ont été amenés à fonder cette science de l'histoire : le mouvement ouvrier est lui-même l'expression la plus radicale de la lutte des classes, en tendant, par la révolution socialiste et la dictature du prolétariat, à l'abolition des classes. Cette science de l'histoire a reçu un nom : le *matérialisme historique*.

Certes le marxisme prend également place dans la constellation théorique de son temps, et par là même dans l'histoire de la pensée. Dans l'histoire de la philosophie : il vient après Hegel, qui avait présenté une philosophie achevée de l'histoire dans le courant idéaliste, après Feuerbach qui avait tenté de « renverser » Hegel, de le remettre sur ses pieds en faisant d'une « philosophie de l'Esprit » une « philosophie de l'homme concret ». Dans l'histoire de la pensée économique : il vient après les physiocrates, Ricardo et Smith, qui avaient déjà découvert le rapport de la valeur et du travail, et qui avaient déjà parlé de classes sociales.

Mais Marx n'est pas, bien entendu, un simple continuateur de Hegel ou des penseurs économistes : le marxisme n'est pas une simple transformation ou évolution de ces pensées. En ce qui concerne notamment Hegel, le marxisme n'est pas, comme on le présente parfois, une reprise des catégories de la dialectique hégélienne, extraites de l'idéalisme et transplantées dans le matérialisme. Comme toute *nouvelle science*, le marxisme constitue, en tant que système, *une effective rupture* avec les agencements de notions idéologiques qui le précédaient. De par ce fait même, s'il est vrai que le marxisme se forge historiquement à partir des constellations théoriques qui le précèdent, il ne reste pas moins qu'il *change de terrain* en se construisant un objet nouveau : ce qui implique donc la découverte de concepts, originaux dans leur détail même. D'ailleurs cette rupture traverse l'œuvre même de Marx : il existe une coupure radicale entre l'œuvre du jeune Marx, encore fortement influencée par Hegel et Feuerbach, et l'œuvre de Marx de la maturité, où le marxisme se constitue comme science : coupure qui se dessine dans l'*Idéologie Allemande*.

En quoi consiste, en termes généraux, cette rupture ? Pour la problématique théorique précédant Marx, notamment celle dominée par la philosophie de l'histoire de

Hegel, les divers domaines de la réalité sociale, l'économie, l'État, la religion, l'art, etc., leurs rapports et leurs principes d'intelligibilité, sont fondés sur leur *origine génétique*, à partir d'un *sujet* créateur de la société, et principe unilinéaire, dans son autodéveloppement, de l'histoire. Il s'agit d'une *totalité circulaire*, toutes ces réalités étant censées être engendrées par un *centre*, constituant ainsi des *expressions* de ce *sujet central*. Elles revêtent un *sens historique* dans la mesure où elles constituent des phénomènes d'une *essence* : essence qui se développe historiquement par un procès de projection en dehors d'elle-même (objectivation, aliénation) et de récupération permanente. Ce sujet-essence est, pour Hegel, l'Esprit absolu : il est, pour Feuerbach, qui se contente de « renverser » Hegel, l' « individu concret ».

Rien de tel chez Marx. En effet, Marx rompt avec la problématique du *sujet* et de l'*essence*, que ce soit sous sa forme *spéculative* (Hegel) ou sous sa forme *empirique* (Feuerbach), c'est-à-dire, finalement, avec toute problématique *idéaliste*. Pour Marx, toute forme de société est une structure composée de certains niveaux *objectifs* (très sommairement, l'économique, le politique, l'idéologique), structure à l'intérieur de laquelle un niveau a toujours un rôle prépondérant, un rôle de détermination en dernière instance du tout : c'est l'économique. Mais l'économique ne revêt pas ici le rôle d'une essence-sujet. Le politique et l'idéologique ne sont pas la simple expression de l'économique : ils possèdent une efficacité propre et une autonomie relative. L'organisation objective de ces niveaux détermine la distribution des « hommes » en *classes sociales*. Il n'y a pas trace chez Marx d'une anthropologie humaniste des « hommes » et des « individus » : les « hommes » ne constituent par une essence, mais ne sont, historiquement, que l'ensemble de leurs déterminations sociales. Ils n'existent, dans les sociétés divisées en classes, que comme membres de classes sociales. L'histoire elle-même n'est pas le développement unilinéaire d'une essence : elle constitue un *procès* fondé *sur la lutte des classes*. C'est cette lutte des classes, qui, à partir des conditions objectives historiquement déterminées, transforme les systèmes sociaux et provoque le *passage* d'un système social à un autre.

Mais Marx n'a pas toujours été ainsi compris par les « marxistes ». Il a existé, et il existe encore, toute une série d'interprétations *essentialistes* de Marx. Par exemple le *marxisme économiste* : pour lui, c'est l'économique qui revêt ce rôle d'essence-sujet : le moteur principal de l'histoire serait le « développement technologique », les autres réalités sociales n'étant que l'expression de ce développement. Ou encore le *marxisme humaniste* : pour lui, attaché à l'œuvre du jeune Marx, c'est-à-dire à Feuerbach, ce sont les « individus » qui revêtent ce rôle : le moteur de l'histoire serait l'essence humaine, réalisée dans ces individus, en quête de sa réalisation plénière. Ce qui caractérise finalement ces interprétations de Marx, c'est l'*historicisme* : l'histoire est ramenée à un principe simple d'autodéveloppement, et la lutte des classes passe au deuxième plan.

Une pratique nouvelle de la philosophie

On voit donc déjà que Marx, en créant la science de l'histoire, le *matérialisme historique*, a développé une problématique nouvelle. Il a ainsi fourni dans ses textes une série d'éléments qui concernent l'épistémologie, les lois dialectiques, etc., mais sans les systématiser. Il n'a pas laissé d'exposé systématique de la « logique » du *Capital* et de ses autres œuvres. Et on en vient ainsi à une deuxième question : Marx, outre le fait d'avoir créé une *science nouvelle*, a-t-il aussi créé une *nouvelle philosophie*? On l'a cru, longtemps, en établissant la distinction traditionnelle entre *matérialisme historique*, la science marxiste, et le *matérialisme dialectique*, la philosophie marxiste. De fait, si on y regarde de plus près, ce qu'on comprend par matérialisme dialectique n'est, en général, et jusqu'ici, rien d'autre, dans le meilleur des cas, qu'un exposé qui se veut systématique des principes épistémologiques et méthodologiques qui régissent le matérialisme historique. Mais, comme tels, ces principes font partie intégrante soit du matérialisme historique, soit d'une autre science qui est en train de se constituer, *la Logique*. Resterait-il alors la conception « matérialiste » du monde? Mais celle-ci n'est pas le fait du marxisme. Dès sa constitution, le continent philosophique est traversé par la lutte entre deux courants, à travers leurs diverses variantes : le matérialisme et l'idéalisme.

Cela ne veut pas dire non plus qu'il faudrait prendre au pied de la lettre la déclaration de Marx dans l'Idéologie allemande sur « la mort de la philosophie ». Ce que Marx entendait par là, Lénine l'a montré, *c'est qu'il s'agissait de transformer la pratique de la philosophie*. En effet, la philosophie, à l'encontre de la science, n'a pas d'*objet* propre : elle a pour fonction de tracer une ligne de démarcation entre la science et les diverses notions idéologiques qui entourent la constitution d'une nouvelle science, en faisant une critique en dernier lieu politique de ces notions. C'est pour cela d'ailleurs que les grandes conceptions philosophiques (autre chose que les mystifications idéologiques qui s'emparent de ce nom) ont « suivi » la création des nouvelles sciences : les mathématiques, la physique. Le rôle de la philosophie marxiste serait donc d'assumer ce rôle de la philosophie, « à la suite » de cette nouvelle science qu'est le matérialisme historique.

Mais le marxisme, comme nouvelle pratique de la philosophie, notamment comme porteuse de la lutte de classe du prolétariat à l'égard des sciences, est en retard par rapport au matérialisme historique. A la fois parce que cela ne peut que « suivre » la constitution du matérialisme historique comme science, et pour toute une série de raisons d'ordre politique. Si cette nouvelle pratique de la philosophie existe bien, de façon allusive, chez Marx, Engels, Lénine et Mao, on peut difficilement, en l'état actuel des choses, l'exposer de façon systématique.

Une théorie de la révolution

On s'en tiendra donc ici *à certains des aspects* du matérialisme historique comme science de la lutte des classes et comme théorie de la révolution. Mais, de toute façon, s'en tenir, comme on le fera ici en raison des limites et de l'objet de ce chapitre, à Marx et Engels, est déjà relativement arbitraire. En effet, le matérialisme historique ne s'est pas arrêté à Marx. En fait, on peut parler de *trois grandes étapes* du matérialisme historique, c'est-à-dire de ce que l'on désigne comme « *marxisme-léninisme* » : chacune est déterminée par les éléments nouveaux qu'elle a apportés, par rapport à la période historique dans laquelle elle se situe, et par rapport à l'expérience historique du mouvement de masse et de la révolution prolétarienne. Marx et Engels, qui constituent le matérialisme historique, correspondent au capitalisme concurrentiel et à la première montée du mouvement ouvrier, dont la première grande expérience révolutionnaire fut la Commune de Paris. Lénine correspond au stade impérialiste, à l'organisation politique à l'échelle mondiale du prolétariat se libérant de l'influence « social-démocrate » bourgeoise, et à l'expérience historique de la révolution d'Octobre. Mao correspond à la nouvelle phase de crise mondiale de l'impérialisme, à la montée des mouvements de libération nationale et à l'expérience de la construction du socialisme sous la dictature du prolétariat dans la révolution chinoise.

L'économique

Pour le matérialisme historique, toute société est composée d'un ensemble de niveaux spécifiques à autonomie relative, sommairement l'économique, le politique et l'idéologique. C'est le niveau économique qui est le niveau *déterminant en dernière instance.*

Il faut déjà s'arrêter ici. Cela ne veut pas dire que, dans

toutes les formes de sociétés, c'est l'économique qui a
toujours le *rôle dominant*, comme l'avaient interprété
plusieurs auteurs, déjà du vivant de Marx. Marx leur
avait répondu en personne. Dans les sociétés esclavagistes,
c'est le politique qui a le rôle dominant, alors que dans les
sociétés féodales, c'est l'idéologique, sous sa forme religieuse,
qui a ce rôle. Ce n'est que dans le mode de production
capitaliste et une formation sociale capitaliste que l'économique a, en plus du rôle de détermination en dernière instance, le rôle dominant.

Mais alors, comment peut-on parler, pour les sociétés
esclavagistes et féodales, d'une détermination en dernière
instance de l'économique? C'est, répond Marx, parce que
le fonctionnement même de l'économie esclavagiste et
féodale fait que c'est le politique et l'idéologique qui y
ont le rôle dominant. C'est ainsi l'économique lui-même
qui exige que ce soit un autre niveau que lui qui ait le rôle
dominant. C'est l'économique qui *détermine* le *rôle dominant*
du politique dans les sociétés esclavagistes, celui de l'idéologique (de la religion) dans les sociétés féodales, et enfin,
son propre rôle dominant dans les sociétés capitalistes.

Mais qu'est-ce donc, l'économique, et comment détermine-
t-il ces déplacements de la dominance? La région économique est constituée par certaines *relations*, qui englobent
en général les rapports des hommes à la nature dans la
production matérielle. Il s'agit des *rapports de production*
car, en effet, ce qui est déterminant ici, ce n'est pas la
consommation, mais la production elle-même. Ces relations
sont des relations des *agents de la production*, des hommes,
avec *l'objet et les moyens de travail* (les forces productives)
et, ainsi, par ce biais, des rapports des hommes entre eux,
c'est-à-dire des rapports de classe.

Dans les sociétés divisées en classes, les rapports de
production sont constitués toujours par une *double relation : a)* La relation de ceux qui ont la « propriété » réelle
— à distinguer de ses formes juridiques — aux moyens de
production et qui, par ce fait même, les contrôlent et
exploitent les travailleurs — les producteurs directs — en

leur extorquant le *surtravail* sous diverses formes; b) La relation des non-propriétaires, des producteurs directs aux moyens et à l'objet du travail.

Les rapports de production incluent ainsi un rapport d'exploitation, qui est un rapport de classe. Mais ces relations n'ont pas, dans tous les modes de production, la même forme.

Pour ne s'arrêter, comme exemple, qu'au mode de production féodal ou servagiste : ici, les travailleurs directs, dans leur relation à l'objet et aux moyens de travail, s'ils n'ont pas la propriété réelle, en ont néanmoins *la possession* : leurs « droits » à leur lopin de terre et aux moyens de leur travail sont garantis par tout un statut coutumier. Dans ces conditions, nous dit Marx, il faut des « raisons extra-économiques » pour obliger le serf à travailler pour le seigneur féodal, qui est pourtant le propriétaire réel de la terre : le *surtravail* est extorqué de façon directe (corvée, contributions en nature) et l'intervention de la religion, qui justifie ces « devoirs » des travailleurs, est ici décisive.

En revanche, dans le mode de production capitaliste, le travailleur direct, l'ouvrier, est totalement dépossédé : alors qu'au stade de la *manufacture*, qui est une transition entre le féodalisme et le capitalisme, il possédait encore ses moyens de travail, dans la *grande industrie* capitaliste, il ne possède que sa force de travail. L'exploitation a lieu de par la simple introduction du travailleur dans le procès de production par le contrat de travail. Cette exploitation se fait par l'extraction indirecte du surtravail, sous sa forme purement marchande d'accaparement de la *plus-value*. C'est ainsi l'économique qui détient ici, outre le rôle de détermination en dernière instance, le rôle dominant.

Par ailleurs, ce fonctionnement de l'économique, des rapports et du procès de production, dans le mode de production capitaliste, détermine également une autre caractéristique qui, selon Marx et Engels, spécifie ce mode de production par rapport aux modes de production « pré-capitalistes » : *l'autonomie relative caractéristique* des instances (ou niveaux) de ce mode de production, notamment

de l'économique (des rapports de production) et du politique (de l'État). Alors que les modes de production « pré-
capitalistes », où il fallait l'intervention *directe* de « raisons
extra-économiques » pour que le travailleur produise
pour l'exploitant, sont caractérisés par une *imbrication
étroite* de l'économique, du politique et de l'idéologique, le
mode de production capitaliste est spécifié par leur autonomie relative caractéristique.

On voit donc déjà, à ce premier niveau des rapports de
production, apparaître les classes sociales : ce qui les détermine donc ici, c'est la place des agents sociaux dans le
procès de production, donnant lieu à un rapport de classe
fondé sur l'*exploitation* des travailleurs non-propriétaires
des moyens de production, par ceux qui contrôlent réellement ces moyens. Les rapports de classe ne sont donc pas
fondés, à ce niveau, comme le pensait l'économie pré-
marxiste et comme le pense encore une grande partie des
sociologues contemporains après M. Weber, sur la grandeur
des revenus : il ne s'agit pas d'une simple distinction entre
« riches » et « pauvres ». Les différences de revenus ne sont
qu'un effet de la place des agents dans les rapports de
production. On voit déjà l'importance du problème : ce
n'est pas par des mesures de « redistribution » des revenus,
au moyen par exemple d'une « politique fiscale » d'un
quelconque « État-Providence » qu'on peut abolir la division
des classes, mais par la révolution socialiste qui transforme
les rapports mêmes de production, en transférant, entre
autres, le contrôle et la propriété réelle des moyens de production aux travailleurs eux-mêmes.

Est-ce à dire que, pour le marxisme, ce seul critère
« économique » de la place dans les rapports de production
suffit pour déterminer les classes sociales? En fait, c'est un
reproche qu'on a souvent fait au marxisme, mais il n'en
est rien. Pour Marx et Engels, il faut faire intervenir
dans la détermination des classes sociales, les autres niveaux
de la réalité sociale, les niveaux *politique* et *idéologique* :
les classes sociales sont l'effet de la *division sociale du travail*,
prise dans sa globalité. Fondée sur la division au sein

même des rapports de production, cette division sociale du travail se répercute sur l'ensemble de l'édifice social. L'économique n'a, dans ce domaine des rapports sociaux, que le rôle de détermination en dernière instance. Le rapport d'exploitation de classe au niveau économique se répercute, au niveau politique, en un rapport de *domination politique* entre la classe qui dirige l'appareil d'État servant ses intérêts, et la classe qui reste politiquement dominée et opprimée. Au niveau idéologique, on assiste à un rapport d'*assujettissement idéologique* de la classe assujettie par la classe dont l'idéologie, la « culture », le « mode de vie », etc., sont l'*idéologie dominante* d'une société.

Or, dans la mesure même où il faut déjà faire intervenir, pour la détermination des classes sociales d'un mode de production, l'économique, le politique et l'idéologique, on se rend compte que les classes sociales ne revêtent pas la même forme dans tous les modes de production. Cette forme concrète de leur détermination dépend elle-même des rapports de dominance, qu'on avait signalés, entre les divers niveaux dans chaque mode de production. Par exemple, dans le mode de production féodal, où l'idéologique, sous sa forme religieuse, revêt le rôle dominant, les classes sociales revêtent la forme de « castes » et d' « états » à statut religieux-sacré. En revanche, dans le mode de production capitaliste, les rapports mêmes de production revêtent le rôle dominant dans la détermination des classes sociales. Il fallait l'indiquer car de nombreux sociologues et historiens, pensant que le marxisme n'admet qu'un critère « économique » de définition des classes sociales, soutiennent que cela n'est vrai que pour le capitalisme, où la détermination économique est dominante, mais que c'est faux pour les modes de production « précapitalistes », le féodalisme par exemple.

Les formations sociales

On en vient ainsi à un problème connexe. Chaque *mode de production* comporte, dans les rapports économiques,

politiques et idéologiques qui le constituent, *deux* classes :
celle exploiteuse, politiquement et idéologiquement dominante, et celle exploitée, dominée et idéologiquement
assujettie : maîtres — esclaves (mode de production esclavagiste), seigneurs — serfs (féodal), capitalistes — ouvriers
(capitalisme). Mais un mode de production « pur » n'est
qu'un schéma d'analyse, qui n'existe pas tel quel dans la
réalité. Ce qui existe dans la réalité historique, ce sont des
sociétés concrètes, des *formations sociales* en un moment
déterminé : la France, l'Angleterre, l'Allemagne, etc. Or,
dans la réalité complexe d'une formation sociale concrète
coexistent plusieurs modes de production (féodal, capitaliste)
et formes de production (forme marchande simple, transition entre le féodalisme et le capitalisme, capitalisme
concurrentiel et capitalisme monopoliste), *étant entendu
qu'un mode (ou forme) de production domine en général les
autres* : c'est dans ce sens qu'on peut parler de formation
sociale, féodale, capitaliste, capitaliste monopoliste. C'est
cela qui fait que, dans une formation sociale concrète,
existent davantage que deux classes, relevant des divers
modes et formes de production de cette formation : par
exemple, dans la France de Louis Bonaparte examinée par
Marx, la bourgeoisie, les grands propriétaires terriens
(féodalisme), la classe ouvrière, la petite-bourgeoisie (forme
de production marchande simple dans les villes), les paysans
parcellaires (forme de production marchande simple dans
les campagnes), etc.

Or, la référence au politique et à l'idéologique est également importante pour pouvoir repérer les classes sociales
dans une *formation sociale* cette fois. En effet, s'il est vrai
que dans une formation sociale coexistent plusieurs modes
et formes de production, cela ne veut pas dire que l'on y
retrouve forcément, telles quelles, les classes qui appartiennent à ces modes et formes « pures ». C'est que, dans la
lutte concrète de classe d'une formation sociale, on assiste
au phénomène de *regroupement* et de *polarisation* des
diverses classes autour des deux classes fondamentales,
celles du mode de production dominant. Par exemple

dans une formation sociale capitaliste, où existe encore le mode de production féodal, on peut assister à une assimilation des grands propriétaires fonciers du type féodal à la classe capitaliste.

Pour pouvoir déterminer les classes distinctes et autonomes dans une formation sociale, il faut donc se référer concrètement au niveau politique et idéologique. Une classe existe ainsi de façon distincte dans une formation sociale si elle a des effets importants au niveau politique et idéologique. Par exemple, en Allemagne au début du XXe siècle, les grands seigneurs féodaux de la Prusse, les *Junkers*, avaient une existence autonome de classe, et ne faisaient pas simplement partie de la bourgeoisie, comme une fraction de celle-ci, dans la mesure, entre autres, où ils commandaient sans partage à cette pièce essentielle de l'appareil d'État allemand qu'était l'Armée — la *Reichswehr*. On peut prendre également le fameux exemple des *paysans parcellaires* en France sous Louis Bonaparte, dont Marx traite dans le *18 Brumaire*. Les paysans parcellaires constituaient, sous Bonaparte, une classe distincte dans les campagnes, dans la mesure où leur existence économique qui, par ailleurs, suffirait à les diluer dans la classe des paysans pauvres, se traduisait concrètement, au niveau politique, par la forme particulière d'État qu'était le bonapartisme : bonapartisme dont Marx démontre le rapport constitutif avec les paysans parcellaires.

Mais cette référence au politique et à l'idéologique est également indispensable afin de déterminer les *fractions* et les *couches* des diverses classes dans une formation sociale. En effet, ces classes sont souvent divisées en fractions et en couches. Parfois, les critères économiques suffisent à cerner ces fractions de classe : c'est notamment le cas pour les fractions de la bourgeoisie, capital industriel, capital commercial, grand capital, moyen capital. Mais il n'en est pas toujours ainsi. Prenons le cas de la *bourgeoisie nationale*, au stade impérialiste, dont Lénine et Mao ont parlé, et dont l'importance stratégique est grande, car elle peut, dans des circonstances déterminées, être une alliée des masses populaires dans la lutte anti-impérialiste. Elle se distingue, du point de vue économique, de la *bourgeoisie compradore*, en ce qu'elle constitue un capital autochtone, à intérêts propres dans le développement industriel autonome d'un pays, alors que la bourgeoisie compradore est directement liée et subordonnée au grand capital impérialiste étranger. Mais ce critère économique ne suffit pas : la bourgeoisie nationale existe en tant que fraction autonome de la bourgeoisie seulement si elle possède une idéologie d'indépendance nationale, et une organisation politique propre dans une position de classe qui l'engage pratiquement dans des formes de lutte anti-impérialiste.

Le cas est analogue pour les couches de classe, qui, pourtant, se distinguent des fractions de classes, car les couches de classe n'ont en général pas le rôle politique autonome qu'ont les fractions de classe. Prenons le cas de l'*aristocratie ouvrière* qui, selon Lénine, est une couche de la classe ouvrière, base sociale du phénomène social-démocrate. Si l'aristocratie ouvrière a une base économique, car elle peut être constituée par les ouvriers les mieux payés, par le biais des hauts salaires, que la bourgeoisie impérialiste peut se permettre de distribuer à une partie de la classe ouvrière des pays impérialistes, en raison des profits qu'elle tire des colonies, ce critère économique ne suffit pas à cerner l'aristocratie ouvrière. On ne peut certainement pas dire que les ouvriers les plus qualifiés et les mieux payés constituent, de ce fait même, une aristocratie ouvrière. Il faut pour cela qu'ils aient, dans leur ensemble, une idéologie de collaboration de classe et qu'ils soutiennent entièrement des partis qui sont les « commis » de la bourgeoisie dans la classe ouvrière, tels que les partis social-démocrates. Ce qui peut être le cas, mais pas forcément : dans plusieurs pays impérialistes cet ensemble d'ouvriers qualifiés a été le plus souvent à l'avant-garde de la lutte de classe du prolétariat. Dans ce cas, cet ensemble ne peut pas être considéré comme une aristocratie ouvrière, c'est-à-dire comme une couche distincte de la classe ouvrière.

La lutte des classes

Il faut maintenant venir à la question de la *lutte de classe*. En effet, l'originalité de Marx et d'Engels n'a pas été d'avoir découvert l'existence des classes. Ainsi que Marx l'avoue clairement lui-même, d'autres auteurs avaient parlé, avant lui, de classes sociales. L'originalité de Marx fut d'avoir découvert le champ de la *lutte de classe*.

Cela veut dire que les classes n'existent pas, et ne peuvent être saisies, dans leur isolement mutuel. *Les classes sociales ne sont posées, n'existent, que dans leurs oppositions, ce qui détermine le champ de la lutte de classe, constituée par des intérêts et des pratiques antagonistes.* Il s'agit des contradictions de classe, au sens le plus simple du terme.

Au niveau économique tout d'abord : il s'agit des contradictions et antagonismes de classe fondés sur le rapport économique d'*exploitation*. Cela se traduit par la lutte économique de classe, par des pratiques économiques antagonistes, revêtant essentiellement la forme, dans la lutte de la classe ouvrière, de la lutte syndicale.

Au niveau politique ensuite : il s'agit des contradictions et antagonismes de classe par rapport au pouvoir d'État et à l'appareil d'État, qui découlent du rapport de *domination politique*, dans la mesure où l'État consacre et défend les intérêts de la ou des classes dominantes. Il s'agit de la lutte politique de classe. La classe ouvrière lutte, au moyen d'une organisation politique autonome, pour conquérir le pouvoir d'État et briser l'appareil d'État bourgeois, par la révolution socialiste.

Au niveau idéologique enfin : lutte idéologique qui découle du rapport d'*hégémonie et d'inculcation idéologique* dans lequel la classe dominante maintient les masses populaires, par le biais de l'idéologie dominante dans une société, idéologie qui est, en règle générale, celle de la classe dominante.

Bien entendu, dans le champ unifié de la lutte des classes, constitué par l'ensemble des contradictions de classe, la lutte économique, la lutte politique et la lutte idéologique, bien que relativement distinctes, sont toujours étroitement articulées. Mais ce qui n'est pas décidé une fois pour toutes, c'est *sous le primat de quelle lutte* ces diverses luttes de classes s'articulent. C'est ici que Lénine, en approfondissant Marx, a mis les choses au point. Il se peut, explique Lénine, que ce soit la lutte économique-syndicale qui détienne le primat dans la lutte de la classe ouvrière, notamment par le biais de syndicats qui se veulent « apolitiques », en soutenant qu'ils ne mènent que la lutte économique : c'est le phénomène du « *trade-unionisme* ». Dans ce cas, la lutte économique reste toujours articulée sur la lutte politique, mais c'est la politique bourgeoise dans la classe ouvrière qui prévaut : se cantonner dans la seule lutte économique (trade-unionisme), c'est laisser faire la politique de l'adversaire. Or, Lénine, sans négliger la spécificité, et la nécessité fondamentale, de la lutte économique-syndicale de la classe ouvrière, réclame le primat de la lutte politique sur la lutte économique : « De ce que les intérêts économiques jouent un rôle décisif, il ne s'ensuit nullement que la lutte économique soit d'un intérêt primordial, car les intérêts les plus « décisifs » et essentiels des classes ne peuvent être satisfaits, en général, que par des transformations politiques radicales... »

Le pouvoir

Mais l'outillage théorique de Marx et d'Engels comprend également une série de concepts, développés ou à « l'état pratique », dans leurs œuvres politiques, et qui servent à cerner de plus près le champ de la lutte politique de classe. En effet, on peut faire des distinctions importantes parmi les diverses classes et fractions de classe, suivant leur position politique, leur pratique politique et leur rapport à l'appareil d'État.

Et tout d'abord dans le domaine de la domination politique. En effet, dans une formation sociale, composée de diverses classes, et dans une formation capitaliste, où la classe bourgeoise, on l'a vu, est constitutivement fractionnée en fractions de classe, le terrain de la domination politique n'est pas occupé par une seule classe ou fraction. On y trouve, suivant les stades et les phases, plusieurs classes ou fractions de classe dominantes, constituées, par rapport à l'État, en une alliance spécifique, le *bloc au pouvoir* : grands propriétaires fonciers, bourgeoisie commerciale, bourgeoisie industrielle, bourgeoisie financière, grand capital monopoliste, capital moyen, bourgeoisie compradore, bourgeoisie nationale. Mais cela ne veut pas dire que le pouvoir d'État est « partagé » de façon « équilibrée » parmi ces classes et fractions. Ce que l'on constate en général, c'est que *une* classe ou fraction parmi ces classes et fractions politiquement dominantes réussit à imposer sa direction au bloc au pouvoir, en contrôlant réellement les appareils décisifs de l'État, et en unifiant le bloc au pouvoir sous son égide : c'est *la classe ou fraction hégémonique*, qui change suivant les stades et phases, suivant la conjoncture et suivant les formes d'État. On doit donc distinguer parmi les classes ou fractions politiquement dominantes et la classe ou fraction hégémonique.

Mais encore : il faut distinguer entre les classes ou fractions hégémonique et *régnante*. La classe ou fraction régnante est celle qui occupe les avant-postes de la *scène politique*, celle d'où se recrutent les « sommets » du personnel politique. La classe ou fraction *régnante* peut ne pas s'identifier avec celle hégémonique. Marx a notamment montré comment, pendant une certaine période, en Angleterre, c'est la bourgeoisie industrielle qui constitue la fraction hégémonique, alors que c'est l'aristocratie foncière qui constitue la classe régnante : alors que la bourgeoisie industrielle contrôlait réellement le parlement, qui constituait alors la pièce essentielle de l'appareil d'État, le haut personnel politique, les « sommets » de l'armée, de la diplomatie, etc., étaient recrutés au sein de l'aristocratie foncière. On peut même dire que, exceptionnellement, la place de la classe régnante peut être occupée non pas simplement par une classe politiquement

dominante, mais même par une classe qui ne fait pas partie
du bloc au pouvoir : c'est notamment le cas pour la petite-
bourgeoisie pour la brève première période du fascisme au
pouvoir.

Ce que l'on peut enfin également constater parfois, c'est un
décalage entre la classe ou fraction| économiquement domi-
nante, et la classe ou fraction hégémonique. Par exemple, en
France, avant la Révolution française, c'était la bourgeoisie
qui dominait économiquement, qui était la classe économiquement dominante, alors que c'était l'aristocratie foncière
qui était la classe hégémonique. Ou encore : pendant la
période de transition, au sein d'une formation capitaliste,
du stade du capitalisme « concurrentiel » au capitalisme
monopoliste, à l'impérialisme, on constate souvent que
c'est le grand capital monopoliste qui est la fraction économiquement dominante, alors qu'il n'a pas réussi encore à
déloger le moyen capital de la place de fraction hégémonique.

Ces décalages tiennent finalement, dans une formation
capitaliste, à l'autonomie relative entre l'économique et le
politique qui la spécifie par rapport aux sociétés « précapitalistes », et aux formes concrètes que revêt la lutte de
classe entre les diverses classes et fractions de classe qui
la composent.

La lutte politique

Il faudrait maintenant insister sur les problèmes de la
lutte des classes dans une *conjoncture* déterminée. En effet,
la lutte de classe dans une formation sociale se condense
dans des conjonctures politiques précises, chaque fois
originales, qui circonscrivent le « moment actuel » d'une
société où se déroule la lutte politique de classe. Le problème
essentiel à cet égard, c'est que toutes les classes ou fractions
sociales distinctes existant dans une formation sociale ne
participent pas forcément, et, qui plus est, au même titre
dans la conjoncture politique du moment. Elles ne cons-

tituent pas toutes, forcément, des *forces sociales* : les forces sociales sont, en effet, essentiellement les classes et fractions de classe qui ont, en un certain moment, un rôle politique décisif et qui déterminent ainsi une conjoncture. Il se peut, notamment, que certaines classes et fractions d'une formation sociale soient, pour diverses raisons, absentes relativement d'une conjoncture politique.

Or, qu'est-ce qui distingue les classes ou fractions de classe des forces sociales effectives en un certain moment, ou, autrement dit, quelles sont les conditions que doivent remplir ces classes et fractions pour constituer des effectives forces sociales? Pour Marx et Engels, et puis pour Lénine, cette question relève du domaine de l'*organisation politique* et, ainsi, de celui de la *stratégie*. En effet, déjà pour pouvoir parler de classes et fractions de classe distinctes, il ne suffit pas de se cantonner dans l'économique, mais il faut se référer aux effets de ces classes aux niveaux politique et idéologique. Mais ces effets concernent le *seuil d'existence* d'une classe ou fraction. Pour que celle-ci s'érige en effective force sociale, il faut « quelque chose de plus » que ces simples effets : une organisation politique autonome qui lui permette d'intervenir dans les *rapports de pouvoir*.

Cela concerne principalement les classes sociales autres que les deux classes fondamentales dans une formation capitaliste, la bourgeoisie et le prolétariat qui, elles, présentent, en général, une telle organisation : notamment la petite-bourgeoisie et les diverses classes dans les campagnes.

Prenons le cas ci-dessus des paysans parcellaires sous le bonapartisme. Ils constituaient une effective classe sociale distincte, dans la mesure où leur existence économique s'exprimait par le phénomène politique particulier du bonapartisme. Mais Louis Bonaparte ne constituait nullement un « représentant » authentique de la paysannerie parcellaire, car il ne défendait aucun de ses intérêts propres. Le bonapartisme constituait l'organisation politique effective de la bourgeoisie industrielle. On ne peut dire ainsi que les paysans parcellaires ont constitué, au moins tout au long du bonapartisme, une effective force sociale, se traduisant par un pouvoir politique propre dans la conjoncture bonapartiste.

Le cas se présente également avec la petite-bourgeoisie : constituant une classe sociale dans les formations capitalistes, elle éprouve de grandes difficultés à être politiquement organisée de façon autonome, car elle constitue une classe « intermédiaire », qui n'a pas de position politique propre à long terme, et « bascule » tantôt du côté de la bourgeoisie, tantôt du côté de la classe ouvrière : dans ces cas, elle n'est pas constituée en force sociale. Mais on trouve souvent des cas où, en raison de la conjoncture, elle accède à cette organisation, en se constituant en force sociale : voir par exemple la petite bourgeoisie progressiste en France par le biais du jacobinisme et du parti radical au XIXe siècle, ou la petite-bourgeoisie réactionnaire en Allemagne et en Italie pendant la première période du fascisme, par le biais du parti fasciste, lorsque ce parti n'avait pas pris encore le tournant décisif de représentation des intérêts du grand capital.

Mais, même lorsque ces classes ne sont pas érigées en forces sociales (paysans parcellaires sous le bonapartisme, petite-bourgeoisie pendant la deuxième période du fascisme au pouvoir), elles peuvent néanmoins jouer parfois un rôle particulier : celui de *classes-appuis* d'une forme d'État ou de régime. Cela signifie que, même si ces classes ne sont pas dans ce cas des effectives forces sociales, elles peuvent apporter un « appui » massif à des appareils d'État et des organisations politiques qui pourtant ne représentent nullement leurs intérêts réels. Si elles n'interviennent pas de façon autonome dans la conjoncture, si elles ne sont pas des forces sociales en ce qu'elles restent dans ce cas à la traîne de la bourgeoisie, il n'empêche que l'*appui* qu'elles apportent, pour des raisons essentiellement idéologiques, à l'appareil d'État, reste un élément important : c'est le cas pour la paysannerie parcellaire dans le bonapartisme et la petite-bourgeoisie pendant la deuxième période du fascisme au pouvoir. Et la situation conjoncturelle de ces classes en tant que classes-appuis est importante, car, alliés objectifs, dans ce cas, de la classe dominante, cette alliance n'est pas claire et déclarée : elle passe par le biais d'un appui à des appareils dont ces classes ne décèlent pas le rapport avec la classe dominante. Aussi, cette alliance comporte en elle des contradictions particulièrement vives.

Est-ce à dire que l'organisation politique dont il est question, quant aux forces sociales, doit prendre nécessairement la forme d'un *parti politique propre* ? Cela n'est en fait le cas que pour la classe ouvrière, qui, ce fut l'objectif du combat politique de la vie de Marx et d'Engels, ne peut être érigée en force sociale que par le biais de son organisation en un parti révolutionnaire. Mais ce n'est pas forcément le cas pour les autres classes et fractions sociales : leur organisation politique, condition de leur émergence comme forces sociales, peut également passer par le biais d'autres appareils d'État que les partis politiques. Ce fut notamment, pour un temps, le cas de la petite-bourgeoisie française, même après que le parti radical ait pris son tournant vers une représentation des intérêts du moyen capital : c'est qu'elle dominait dans l'*appareil scolaire français*, qui a fonctionné pendant un temps comme effectif organisateur politique de la petite-bourgeoisie française. Autre exemple : les grands propriétaires fonciers de la Prusse orientale avant le fascisme, fraction désormais de la bourgeoisie mais qui fonctionnait comme effective force sociale, bien qu'elle ne possédât pas de parti propre : c'est qu'elle dominait l'armée, qui représentait politiquement les intérêts réels de cette fraction, et qui fonctionnait comme son « organisation » politique.

L'État et la prise du pouvoir

Il faudrait maintenant venir au problème de l'État, question centrale pour le matérialisme historique.

En effet, quel est, selon le marxisme, le rôle de l'État dans une formation sociale ?

L'État a comme rôle fondamental de maintenir la cohésion d'une formation sociale divisée en classes. Il détient ainsi des fonctions à la fois économiques, politiques et idéologiques. Pour être plus précis, l'État assure la reproduction des « conditions » de la production, et ainsi la reproduction des rapports sociaux. L'État détient donc un rôle tout à fait décisif et particulier. Ce n'est ainsi pas par hasard si Marx et Engels considèrent l'État comme l'objectif spécifique de la lutte politique et de la lutte révolutionnaire : et cela, à l'encontre de l'anarcho-syndicalisme et du syndicalisme révolutionnaire qui considéraient la prise du pouvoir dans les usines comme l'objectif primordial de la lutte révolutionnaire. Ces analyses de Marx et d'Engels seront reprises par Lénine : la question fondamentale de toute révolution, écrira-t-il, est celle de l'État.

Il faudrait pourtant préciser tout de suite une question importante. Que l'État détienne des fonctions économiques — fiscalité, intervention dans l'industrialisation, etc. —, politiques et idéologiques découlant de son rôle de cohésion d'une formation sociale, ne veut pas dire, bien au contraire, que ces fonctions soient « neutres ». L'État apparaît, en effet, comme appareil spécifique, dans les sociétés divisées en classes : c'est-à-dire dans les sociétés caractérisées par la *domination politique de classe*. L'État maintient la cohésion d'un système caractérisé par cette domination : il maintient donc, en dernière analyse, la domination de classe. L'État est ainsi, et par ce fait même, en *rapport objectif* avec les intérêts politiques de la ou des classes dominantes. Il n'existe pas d'État « neutre » : tout État est ainsi un *État de classe*. Ses diverses fonctions sont toujours déterminées par les intérêts de la ou des classes au pouvoir, celles qui détiennent le *pouvoir d'État*.

Mais on voit par là même que le rapport de l'État et de ces classes est un rapport objectif et complexe. L'État n'est pas, comme l'a considéré une longue tradition marxiste, un simple « instrument » aux mains des classes dominantes, créé de toutes pièces et manipulable à volonté par celles-ci.

Cette conception « instrumentaliste » de l'État néglige en effet, ce qui n'avait pas été le cas pour Marx, Engels et Lénine, les fonctions objectives de l'État à l'égard de la formation sociale dans son ensemble : l'État est l'expression de la lutte des classes, dont on a constaté la complexité. Il est en rapport avec l'ensemble des classes en lutte : classes hégémoniques, dominantes, régnantes, appuis, classes dominées. S'il consacre, en premier et dernier lieu, la domination de classe, il possède néanmoins, en particulier dans le cas des formations capitalistes, une *autonomie relative* par rapport aux classes et fractions dominantes. Il peut, contraint par la lutte des masses populaires, prendre des mesures de compromis qui vont à l'encontre des intérêts à court terme des classes dominantes, et contre la volonté de celles-ci, afin de mieux servir leur intérêt politique à long terme. Par ailleurs, face à un bloc au pouvoir traversé par des contradictions internes, il peut prendre des mesures allant à l'encontre des intérêts à court terme de *telle* ou *telle* classe ou fraction au pouvoir, afin de réaliser leur *intérêt politique général*.

Marx et Engels ont même catalogué certaines conjonctures précises dans lesquelles l'État revêt une autonomie relative *particulièrement* importante et caractéristique à l'égard des classes et fractions dominantes. C'est le cas où les forces sociales fondamentales dans une formation sont dans un rapport d' « équilibre », ou « près à s'équilibrer ». C'est notamment le cas pour l'*État absolutiste* avant la révolution bourgeoise, où la bourgeoisie et la noblesse foncière sont en situation d' « équilibre » de forces — cas en France et en Grande-Bretagne —; pour l'*État bismarckien*, qui mène lui-même la « révolution d'en haut » de la bourgeoisie allemande dans une situation d' « équilibre » des forces entre la bourgeoisie et les *Junkers ;* pour le *bonapartisme*, localisé dans une situation d' « équilibre », mais cette fois-ci entre la bourgeoisie et la classe ouvrière. Tout cela ne veut pas dire que, dans ces cas d'autonomie relative particulière — car l'État possède toujours une marge d'autonomie —, correspondant à un équilibre des forces, l'État est neutre et au-dessus des classes : il reste toujours un État de classe. Cela veut dire que, dans ces cas, l'État mène un « jeu » de compromis particulier face aux forces équilibrées, afin de mieux consacrer la domination de classe.

Ces considérations nous permettent d'ailleurs d'examiner sous un éclairage rigoureux le problème posé par les membres et le personnel des appareils d'État : par la bureaucratie administrative, par le corps professionnel de l'armée, etc. En effet, le rapport entre l'appareil d'État et les classes dominantes est un rapport *objectif* : il ne tient ni directement, ni principalement de l'*origine sociale*, ou même de l'appartenance de classe, des membres de l'appareil d'État. Autrement dit, point n'est besoin de prouver, dans le cas d'un État capitaliste, que le personnel politique, les « sommets » et le personnel intermédiaire de l'appareil d'État sont d'origine sociale bourgeoise, afin de prouver le rapport objectif entre l'État capitaliste et la bourgeoisie. En effet, il se peut que ce soit le cas, mais il se peut aussi que ce ne soit pas le cas : on a vu les décalages possibles entre classe dominante et classe régnante. En revanche donc, le fait que souvent les membres de l'appareil d'État ne sont pas d'origine sociale bourgeoise, n'est pas une preuve que l'État capitaliste ne sert pas les intérêts de la bourgeoisie.

Mais les limites, et les possibilités, de l'autonomie relative de l'État circonscrivent également les limites et les possibilités d'autonomie relative du personnel étatique à l'égard des classes dominantes : c'est là le problème essentiel de la « bureaucratie ». On peut même dire que, précisément, l'appartenance à l'appareil d'État confère au personnel de cet appareil une autonomie relative d'action, et une *unité interne* en dépit de l'origine sociale et de l'appartenance de classe, en général très diverses, de ce personnel. Ce personnel constitue alors ce que l'on peut désigner comme *catégorie sociale* : catégorie sociale qui est ainsi distincte des classes, fractions et couches de classe, en ce qu'elle est principalement délimitée par son appartenance à l'appareil d'État, et qui peut même, Lénine l'a montré, se constituer, par le biais de l'État, et dans des conjonctures déterminées, en effective force sociale.

Mais la question de l'État ne se limite pas à celle du pouvoir d'État : il faudrait maintenant se pencher sur la question propre de l'*appareil* d'État. En effet, Marx et Engels l'ont constamment souligné, notamment dans leurs écrits sur la Commune de Paris, une révolution socialiste n'implique pas seulement que le prolétariat prenne le pouvoir d'État : elle implique également que le prolétariat « brise », ce faisant, l'appareil d'État bourgeois en le transformant radicalement, dans la mesure où des appareils qui restent, dans leur structure, bourgeois, ne peuvent pas incarner un pouvoir politique ouvrier.

L'État est en premier lieu composé par l'*appareil répressif d'État* : celui qui remplit les fonctions de l'État sous l'aspect principal de la répression physique organisée. Cet appareil, noyau central de l'État, est composé de *branches spécialisées* : l'armée, la police, la magistrature, l'administration. Noyau central de l'État, cet appareil répressif présente une unité centralisée très forte, ce qui permet de le considérer comme un effectif sous-système au sein du système des appareils étatiques.

Mais l'État comprend également ce que l'on peut désigner comme *appareils idéologiques d'État*. C'est un aspect du problème qui n'a été traité que par allusion par Marx et Engels : il a fallu attendre Gramsci pour que les choses soient mises au point à cet égard. En effet, la domination politique ne peut s'effectuer par le seul biais de la répression : la domination étatique implique l'intervention décisive de l'idéologie qui légitime cette répression. D'autre part, l'idéologie de classe, et l'idéologie dominante, n'existent pas seulement dans les « idées » : l'idéologie se réalise et s'incarne dans les institutions ou appareils. Ce sont les appareils idéologiques d'État, à savoir des appareils qui remplissent le rôle de l'État sous l'aspect principal de l'inculcation idéologique : l'appareil scolaire (universités et écoles), l'appareil religieux (les diverses Églises), l'appareil politique (les divers partis politiques), l'appareil syndical, l'appareil d'information (radio, télévision, journaux), etc.

Il faut noter que ces appareils constituent des appareils d'*État* (exception faite, bien entendu, des organisations révolutionnaires et de lutte de classe) indépendamment du fait qu'ils ont, du point de vue *formel*, un caractère « public » ou « privé ». Le caractère « public » — étatisé — ou « privé » d'un appareil idéologique est un caractère juridique, c'est-à-dire formel, qui ne change rien à son appartenance structurelle à l'appareil d'État.

Les rapports concrets entre les divers appareils et branches de l'État dépendent eux-mêmes des modalités précises de la lutte des classes. On avait notamment constaté que le terrain de la domination politique n'est pas occupé par la seule classe ou fraction hégémonique, mais par un ensemble de classes ou fractions dominantes. De ce fait même, les rapports contradictoires entre ces classes et fractions s'expriment, comme *rapports de pouvoir*, au sein des appareils et de leurs branches. Cela veut dire que ces appareils et branches ne cristallisent pas, tous, le pouvoir de la classe ou fraction hégémonique, mais peuvent exprimer le pouvoir et les intérêts d'autres classes ou fractions dominantes. C'est en ce sens que l'on peut parler d'*une autonomie relative* des divers appareils et branches entre eux, au sein du système étatique, et d'une autonomie relative de l'ensemble de l'État à l'égard de la classe ou fraction hégémonique.

Prenons des exemples : dans le cas d'une alliance ou d'un compromis bourgeoisie-aristocratie foncière aux débuts du capitalisme, l'administration bureaucratique centrale a constitué le siège du pouvoir de la bourgeoisie, alors que l'Église — l'Église catholique en particulier — a continué à constituer le siège du pouvoir de l'aristocratie foncière. Des décalages semblables peuvent d'ailleurs apparaître entre les branches elles-mêmes de l'appareil répressif : en Allemagne, par exemple, entre les deux guerres et avant l'avènement du nazisme, l'armée était le siège du pouvoir des grands agrariens, la magistrature le siège du pouvoir du grand capital, alors que l'administration était partagée entre le grand et le moyen capital. Dans les cas de la transition vers l'hégémonie du grand capital, ce sont souvent l'administration et l'armée qui ont constitué son siège de pouvoir (le « complexe militaro-industriel »), alors que le parlement continuait à constituer le siège de pouvoir du moyen capital : c'est d'ailleurs une des raisons du déclin du parlement sous le capitalisme monopoliste.

Plus encore : en ce qui concerne, en particulier, les appareils idéologiques, possédant, de par leur fonction, une autonomie relative plus étendue que celle de l'appareil répressif, on constate qu'ils peuvent, parfois, constituer des sièges de pouvoir de classes qui ne font même pas partie des classes dominantes. C'est parfois le cas avec la *petite-bourgeoisie*, en raison des alliances et des compromis passés entre elle et le bloc dominant : en France notamment, où ces compromis ont, pour des raisons historiques, revêtu une grande importance, *le système scolaire* a pour longtemps constitué un appareil d'État « cédé » en quelque sorte à la petite-bourgeoisie. Petite-bourgeoisie qui a été ainsi, pour longtemps, érigée *en classe-appui* du système.

Mais cela ne veut pas dire pour autant que l'État capitaliste constitue un ensemble de pièces détachées, exprimant un « *partage* » du pouvoir politique parmi diverses classes et fractions. Bien au contraire, l'État capitaliste exprime toujours, au-delà des contradictions au sein de ses appareils, une *unité interne propre, qui est une unité de pouvoir de classe : celui de la classe ou fraction hégémonique.* Mais cela se fait de façon complexe. Le fonctionnement du système étatique est en effet assuré par *la dominance de certains appareils ou branches* sur les autres : et la branche ou appareil qui domine est, en règle générale, celle ou celui qui constitue le siège du pouvoir de la classe ou fraction hégémonique. Cela fait que, dans le cas d'une modification de l'hégémonie, on assiste à des modifications et des déplacements de dominance de certains appareils et branches vers d'autres : ces déplacements déterminent d'ailleurs les changements des formes d'État et des formes de régime.

On voit donc bien que toute analyse concrète d'une situation concrète doit prendre en considération à la fois les rapports de lutte de classe, et les rapports réels de pouvoir au sein des appareils d'État, rapports réels qui sont en général cachés sous les apparences institutionnelles formelles. L'analyse précise d'ailleurs des rapports de pouvoir au sein des appareils peut nous aider à localiser, de façon exacte, la fraction hégémonique : en constatant, par exemple, la dominance d'un appareil ou d'une branche sur les autres, en constatant également les intérêts spécifiques qu'il sert de façon prédominante, on peut tirer des conclusions sur la fraction hégémonique. Mais il s'agit toujours ici d'une méthode *dialectique :* en effet, d'un autre côté, en localisant, dans l'ensemble des rapports d'une société, la fraction hégémonique et ses relations privilégiées avec un appareil ou une branche, on peut tirer des réponses quant à la question : quel est l'appareil dominant dans l'État?, c'est-à-dire l'appareil à travers lequel la fraction hégémonique détient *les leviers de commande réels* de l'État.

Mais il est net également que, dans le rapport complexe lutte de classes /appareils, c'est la lutte de classe qui a le rôle principal. Ce ne sont pas les modifications « institutionnelles » qui ont pour conséquence les « mouvements sociaux », comme le croient toute une série de sociologues « institutionnalistes », c'est la lutte des classes qui détermine les modifications des appareils.

Bibliographie

Œuvres :

L'édition complète, en langue allemande : K. Marx-F. Engels : *Werke*, Berlin-Est, à partir de 1948.

En langue française, l'édition la plus complète est celle des *Œuvres complètes*, Éd. Costes, œuvres traduites pour la plupart par J. Molitor, parue entre les deux guerres.

La plupart des ouvrages de Marx et d'Engels sont actuellement disponibles en français, chez plusieurs éditeurs, en particulier aux Éditions sociales.

Études :

L. Althusser : *Pour Marx*, Maspero, 1966.

L. Althusser-E. Balibar : *Lire le Capital*, Maspero, 1970.

K. Axelos : *Marx — penseur de la technique*, Éd. de Minuit, 1961.

C. Bettelheim : *Calcul économique et formes de propriété*, Maspero, 1970.

F. Châtelet : *Logos et praxis*, SEDES, 1962.

A. Cornu : *Karl Marx et Friedrich Engels*, P.U F., 4 vol. parus.

J.-Y. Calvez : *La pensée de K. Marx*, Seuil, 1956.

H. Lefebvre : *Le matérialisme dialectique*, P.U.F., 1945.

H. Lefebvre : *La sociologie de K. Marx*, P.U.F., 1970.

N. Poulantzas : *Pouvoir politique et classes sociales*, Maspero, 1968.

VIII

LA PHILOSOPHIE ANGLO-SAXONNE
DE BENTHAM A WILLIAM JAMES

par François DUCHESNEAU

Il est difficile de traiter la philosophie anglo-saxonne au
XIXᵉ siècle comme une entité très nettement définissable.
L'historien des doctrines philosophiques est en effet
confronté à des courants très divers, qui, loin de suivre
des développements parallèles, se coupent et se recoupent
en de nombreux points. D'ailleurs la pensée des initiateurs
de tendances est plus riche que les courants qui en dérivent.
D'un point de vue global, notons cependant les grandes
lignes de l'évolution philosophique, pour notre domaine.

Perspective d'ensemble

En Angleterre, dès la fin du XVIIIᵉ siècle, se développe
le courant utilitariste. Jérémie Bentham (1748-1832), qui
se réfère à la philosophie de Hume et à la psychologie associationniste de Hartley, en est le promoteur. Son œuvre est
continuée par James Mill (1773-1836), puis profondément
modifiée par le fils de ce dernier, John Stuart Mill (1806-
1873), qui se rend surtout célèbre par son *System of Logic*.
L'utilitarisme, c'est l'expression d'une prise de position
empiriste, voire d'une tendance d'esprit positive. A sa suite,
en effet, et sans transition marquée, le positivisme pénètre
dans la philosophie anglaise avec des disciples d'Auguste Comte, comme George Henry Lewes (1817-1878)

et William Kingdon Clifford (1845-1879). Se produit alors, vers le milieu du siècle, une promotion de l'idée d'évolution, contemporaine des travaux de Darwin, — l'*Origin of Species by Means of Natural Selection* paraît en 1859. C'est l'époque où Herbert Spencer (1820-1903) jette les bases de son système, classiquement défini comme un évolutionnisme. A la fin du siècle, la tradition positiviste aura engendré diverses formes de matérialismes et d'agnosticismes. Signalons l'œuvre du disciple de Darwin, Thomas Henry Huxley (1825-1895).

Pourtant, tout au long du xixe siècle anglais, des systèmes idéalistes voisineront avec les courants empiristes et positivistes. La philosophie romantique allemande inspire ainsi poètes et historiens : Coleridge (1772-1834) et Carlyle (1795-1881) y découvrent, pour leur part, une métaphysique spiritualiste, qu'ils exploiteront. Un idéalisme plus philosophique se développe dans l'œuvre de Thomas Hill Green (1836-1882), qui prend comme point de départ la relation épistémologique du sujet et de l'objet dans la connaissance. Progressivement, le courant de pensée le plus fertile passe de l'influence de Kant à celle de Hegel, jusqu'à l'élaboration de métaphysiques originales de l'Absolu avec Francis Herbert Bradley (1846-1924) et Bernard Bosanquet (1848-1923). C'est alors que l'idéalisme absolu se désagrège peu à peu pour donner diverses formes d'idéalismes pluralistes et subjectivistes : les noms les plus connus sont ici ceux de McTaggart (1866-1925) et de James Ward (1843-1925). Sur le plan politique, le courant utilitariste correspondait à une doctrine d'inspiration libérale. L'idéalisme inspire, pour sa part, des doctrines de la spécificité du pouvoir politique et de l'autorité de l'État.

La philosophie américaine connaît un développement connexe, mais très différent. L'idéalisme humanitaire, ayant partie liée avec un certain mysticisme religieux, avait prévalu au début du xixe siècle, sous l'inspiration d'Emerson (1803-1882) et du groupe des Transcendantalistes. Mais le rationalisme dogmatique, sous ses formes les plus métaphysiques,

apparaît de plus en plus stérile. Les progrès des sciences et
en particulier des sciences de la matière et de la vie donnent
à penser que la philosophie doit élaborer une nouvelle méthodologie et une nouvelle logique, en rapport avec les éléments
positifs de la réalité connaissable. Ainsi naît le pragmatisme
comme philosophie, avec Charles Sanders Peirce (1839-
1914). Son œuvre de génie restera longtemps inconnue du
public, mais l'influence de Peirce se manifeste dans l'œuvre
de William James (1842-1909), lequel tente de redéfinir
l'objet de la psychologie, comme science. Le pragmatisme
triomphe dans l'interprétation de James. Il oriente les
travaux féconds du psychologue John Dewey (1859-1952),
promoteur du béhaviorisme, et du sociologue George Herbert Mead (1862-1931). Mais il faudra des esprits essentiellement tournés vers l'épistémologie et les recherches logiques,
pour mettre en valeur certaines idées de Peirce. C'est le
cas de Clarence Irving Lewis (1883-1964), et même de
son maître, le philosophe idéaliste Josiah Royce (1855-
1916). Royce proposait son idéalisme téléologique comme
un pragmatisme absolu; Lewis expose, pour sa part, un
pragmatisme « conceptuel ».

Dans un tel tissu de courants et d'écoles, limitons notre
tâche à dégager l'aspect le plus fécond de quelques pensées
philosophiques d'exceptionnelle envergure, celles de Bentham, Stuart Mill, Spencer, Bradley, Peirce et James.

Jérémie Bentham : la morale utilitariste

Bentham reprend à son compte certains thèmes de l'empirisme du XVIIIe siècle; il subit profondément l'influence de
Hume : méthode d'analyse réductive, psychologie associationniste. Mais, alors que les philosophes du XVIIIe siècle
sont surtout intéressés à déterminer la nature et à fixer les
limites de l'entendement humain, Bentham vise à découvrir
les critères objectifs permettant d'évaluer les idées morales
et les institutions politiques; il oriente très nettement
l'esprit d'expérience vers des applications concrètes dans le

domaine de l'éthique. Ce n'est pas un novateur intégral, puisqu'il recueille le principe d'utilité déjà globalement formulé chez divers penseurs, en particulier chez le juriste italien Cesare Beccaria (1738-1794). Mais il donne à ce principe sa pleine signification.

Bentham fonde sa théorie de la morale sur le thème de l'hédonisme. « La Nature, affirme-t-il dans l'*Introduction aux Principes de la Morale et de la Législation* (1789), chap. I, art. 1, a placé l'humanité sous l'autorité de deux souverains maîtres, la *douleur* et le *plaisir*... Ils nous gouvernent dans toutes nos actions, dans toutes nos paroles, dans toutes nos pensées : toute tentative que nous puissions faire pour nous débarrasser de leur joug, ne servira qu'à le démontrer et à le confirmer. » Par plaisir et douleur, Bentham entend tout ce que ces termes recouvrent de significations diverses dans l'usage courant. Mais il ne se contente pas de faire de l'attraction du plaisir et de la répulsion de la douleur les forces profondes qui déterminent notre action : il établit une règle morale fondée sur la recherche du plaisir comme élément essentiel du bonheur. La question se pose alors de savoir si la poursuite du bien a encore un sens moral dans une psychologie purement déterministe. Bentham suppose en fait que, d'une part, lorsque l'homme recherche son plaisir, il s'agit du plus grand plaisir quantitativement possible, et que, d'autre part, il peut se faire que l'action qu'il accomplit, ne le conduise pas nécessairement à cette fin. Il en résulte qu'un recours au principe d'utilité s'avère indispensable : celui-ci énonce que le bien propre et la fin désirable de toute action humaine, c'est la plus grande jouissance de tous ceux qui y ont intérêt. Lorsqu'il s'agit de l'individu, la fin morale est donc la satisfaction de ses désirs. Lorsqu'il s'agit de la collectivité des individus, elle est constituée de la plus grande somme de plaisirs pour le plus grand nombre. Le principe d'utilité apparaît, en fait, à Bentham, comme le fondement premier de toute éthique : il prétend y ramener les analyses des philosophes qui affirment la spécificité du sens moral et l'irréductibilité de l'impératif du devoir. La fin ultime de tout acte ne peut résider que dans le maximum de jouis-

sance qu'on puisse en tirer, et l'utile apparaît comme le
moyen d'atteindre à la quantité supérieure d'un tel bonheur.

Or, dans les situations concrètes où nous devons déterminer la ligne de conduite de la plus grande utilité, l'action
que nous envisageons d'accomplir doit être évaluée de façon
à nous indiquer quelle quantité de jouissance elle est susceptible de nous procurer. La règle de l'utile nous impose donc
un calcul hédoniste de nos fins morales. Le sujet doit tenir
compte, dans un tel calcul différentiel des plaisirs, de quatre
facteurs : l'intensité, la durée, le certain ou l'incertain, la
proximité ou l'éloignement. D'autre part, deux facteurs
additionnels entrent en ligne de compte pour l'évaluation
des conséquences hédonistiques de nos actes : la fécondité et
la pureté. Un acte est d'autant plus fécond qu'il engendre à
sa suite plus de jouissances additionnelles; un acte est d'autant plus pur, que le plaisir qui en découle est moins entaché
de désagréments. Lorsqu'il s'agit de l'utilité pour la collectivité, Bentham ajoute à son calcul des plaisirs un ultime
facteur d' « étendue », suivant lequel c'est l'extension du
plaisir procuré au plus grand nombre, qui accroît la valeur
de l'acte : théorie du bien commun, qui requiert une explication. La communauté est un corps fictif, formé de la
collection des individus qui la composent. Si ceux-ci pour-
suivaient tous individuellement leur intérêt le plus rationnel,
l'insertion d'une règle sociale serait superflue. Mais les
conflits d'intérêts obligent à reconnaître une fonction spécifique de gouvernement et de législation, qui a pour fin d'har-
moniser les tendances particulières. Reste à savoir, cependant, comment la recherche du bien commun peut devenir
un mobile pour l'être humain, qui, psychologiquement, semble orienté vers l'obtention de sa plus grande jouissance en
tant qu'individu. Bentham explique ce phénomène à partir
de la jouissance qu'on éprouve à être bienveillant à l'égard
d'autrui. Par association d'idées, le bonheur d'autrui devient
cause de jouissance pour l'individu et l'extension de cet état
justifierait psychologiquement la recherche du bonheur
collectif.

Sur le plan politique, Bentham estime que seul le régime

démocratique peut permettre d'accéder à une harmonisation suffisante des intérêts particuliers. Sa conception de la loi comme correctif des divergences individuelles de l'intérêt l'amène à des vues intéressantes sur la responsabilité et la sanction. La culpabilité se mesure sur le plan social à la quantité de bonheur communautaire qu'un acte peut diminuer. Il s'ensuit que l'intérêt général exige la prévention de telles atteintes à la jouissance pour les membres de la communauté. La sanction doit jouer essentiellement ce rôle préventif, en infligeant une peine qui est en soi un mal, afin d'éviter le renouvellement d'actes encore plus nocifs. Mais Bentham, réformateur du droit pénal, exige une quantification appropriée des sanctions suivant la gravité des fautes dans leurs conséquences et suivant l'attitude de la communauté à l'égard du détriment causé. La loi apparaît, sous cette forme, comme le garant de la satisfaction entière des individus membres de la communauté.

Porter un jugement sur l'œuvre de Bentham, c'est porter un jugement sur une entreprise vaste et systématique de réforme morale. Retenons-en surtout l'aspect positif : la volonté de fonder la morale sur la réalité psychologique de l'homme, afin de l'amener à se conformer à une pratique scientifique. Bentham entendait bannir la métaphysique et la religion des règles de la conduite des hommes. Il entendait surtout éviter la subjectivisation de la conscience morale et les entraves des dogmes arbitraires d'une raison indifférente aux données de l'expérience.

Il reste cependant des failles considérables dans son hédonisme : 1) une simplification excessive des déterminismes psychologiques de l'affectivité et de la volition ; 2) une mathématique trop abstraite des mobiles dans la recherche du bonheur ; 3) une interprétation insuffisante de la réalité sociale, due à une réduction à l'individuel trop poussée. Cependant, il est impossible de nier l'influence profonde de Bentham sur le droit et la jurisprudence. N'oublions pas non plus que l'économie politique libérale du XIXᵉ siècle à ses débuts doit beaucoup à Bentham dans la personne et les idées d'un de ses disciples, David Ricardo (1772-1823). Les

Principles of Political Economy (1817) illustrent l'esprit de Bentham, lorsque la loi de la libre concurrence y est décrite comme devant permettre, dans le cas d'une compétition libre, l'avènement inévitable d'une harmonisation des intérêts concernés. La suppression des restrictions arbitraires de toutes sortes semblait à Bentham la condition nécessaire de l'avènement d'une communauté d'êtres raisonnables.

John Stuart Mill : la logique empiriste

John Stuart Mill, formé par son père James Mill dans les conceptions morales utilitaristes, influencé par une psychologie empiriste de type associationniste, ne laisse pas cependant de se distinguer de ses maîtres par l'originalité de sa pensée.

Il y aurait lieu, par exemple, d'étudier la manière dont Mill tend à modifier la morale utilitariste pour la rendre, pense-t-il, plus adéquate à exprimer la nature humaine dans sa dimension spirituelle. Notons simplement que Mill refuse la simple quantification des plaisirs dans le calcul de l'utile, en insistant sur l'aspect qualitatif des éléments constituants du bonheur. D'autre part, il reproche à Bentham sa conception étriquée de la nature humaine, comme centre des processus d'attraction et de répulsion de nos désirs : l'agent moral, atome psychique soumis à la loi de l'intérêt individuel, devient, chez Mill, l'être conscient de ses possibilités individuelles et visant la réalisation de soi, condition essentielle du bonheur. Mill fait la place plus grande aux sentiments moraux, à l'expression de soi par l'individu libre. Le libéralisme politique de Mill en acquiert une forme spécifique, différente de la forme strictement benthamienne : le régime démocratique se présente, en effet, comme le conditionnement nécessaire de la communauté en vue d'y établir des relations morales entre les individus, et non plus simplement comme le régime de sauvegarde de l'intérêt particulier des individus, lorsque cet intérêt est compris suivant les normes de l'utile.

Dans l'ensemble, Mill est un utilitariste peu conséquent, sans cesse entraîné vers un humanisme d'inspiration romantique. Cela est particulièrement net dans les critiques qu'il adresse à la morale de Bentham dans son ouvrage l'*Utilitarisme* (1863). Son importance dans l'histoire de la philosophie nous semble surtout découler de son œuvre de logicien et d'épistémologue.

Depuis Descartes et Locke, la logique, comme science et art de bien raisonner, avait perdu tout rôle positif dans la recherche de la vérité. Mill, dans son *System of Logic* (1843), donne à cette partie de la philosophie une fonction nouvelle en rapport avec le développement des connaissances scientifiques. Il définit la logique comme « la science qui traite des opérations de l'esprit humain à la poursuite de la vérité » (Livre Ier, Introduction, art. 4). Il lui assigne la fonction de généraliser « les processus de recherche de la vérité et d'évaluation de l'évidence par lesquels tant d'importantes lois cachées de la nature ont été ajoutées, dans les diverses sciences, à la somme des connaissances humaines » (Préface de la première édition).

Il s'agit, somme toute, de définir le système des règles permettant à l'esprit d'atteindre à la connaissance objective des faits positifs. La question essentielle est : comment l'esprit saisit-il la rationalité du réel, à partir de l'expérience comme fondement? Il n'est sans doute pas inutile de signaler que Stuart Mill a été le premier à avoir tenté de définir comme logique spécifique, la logique de l'induction. Encore faut-il rattacher les analyses qu'il nous fournit sur ce point à d'autres perspectives de sa logique.

Et, d'abord, Mill insiste sur le fait que toute inférence, qu'elle soit déductive ou inductive, se fait à l'aide de mots compris dans des propositions. En fait de propositions, Mill distingue des propositions réelles et des propositions verbales : dans ces dernières, le prédicat peut être obtenu simplement par l'analyse de la connotation ou signification du terme qui sert de sujet; au contraire, les propositions réelles fournissent par le prédicat de nouvelles informations factuelles relatives au sujet. Cette distinction correspond assez

bien à la distinction des jugements analytiques et synthétiques chez Kant. Mais il est incontestable que Mill, empiriste, n'a nullement l'intention, pour justifier la science, de
définir une classe particulière de jugements synthétiques,
les jugements synthétiques a priori, servant de fondement à
la nécessité des inférences scientifiques. Mais il se trouve,
par le fait même, confronté au problème de savoir dans
quelle mesure il existerait des propositions à la fois réelles et
nécessaires. Mill rejette la solution métaphysique d'un savoir
a priori, même formel, de la réalité. Et, dans la tradition de
Hume, il est prêt à reconnaître qu'aucun jugement de science
n'atteint jamais à l'absolue certitude théorique. Mais son
point de vue le plus caractéristique semblerait être qu'il
existe des propositions réelles qui, à défaut de posséder la
nécessité théorique, correspondent avec une telle constance
aux données de l'expérience, que la négation de ces propositions semble inadmissible. Ces propositions seraient nécessaires, d'une nécessité psychologique, qui, selon Mill, ne se
distinguerait pas sensiblement, pour nos entendements
empiriquement déterminés, de la nécessité proprement
rationnelle.

A partir de là se comprend la position apparemment ambiguë de Stuart Mill sur les fondements des mathématiques, la
vérité du syllogisme et le principe épistémologique de l'induction.

Pour Mill, les mathématiques reposent sur des propositions
initiales, qui ne sont pas des propositions purement verbales,
mais qui se fondent sur des hypothèses formulées en concordance avec les données de l'expérience : « Ces prémisses originales desquelles sont déduites toutes les autres vérités de
cette science, sont fondées, en dépit de toutes les apparences
du contraire, sur l'évidence des sens » (Utilitarianism, édition
de 1864, p. 46). C'est par une loi d'association que l'on
parvient à l'apparence de nécessité a priori des axiomes et
des postulats. Remarquons au sujet des postulats d'Euclide
que Stuart Mill, comme Hume, affirme leur fausseté par
rapport aux véritables données de l'expérience, dans la
mesure où ils correspondent à des données arbitrairement

tronquées (il n'y a pas de ligne sans épaisseur) ; ce qui n'empê-che la vérité des déductions qu'on en tire, vu la nécessité de la connexion logique entre prémisses et conclusions. Apparente inconsistance, qui se résorbe dans la rationalité interne attribuée à l'expérience psychologique.

La théorie du syllogisme « instructif » est également une illustration de ce point de vue. Si la conclusion du syllo-gisme est incluse dans les prémisses, il ne saurait y avoir inférence du connu à l'inconnu et le syllogisme n'est alors qu'un procédé d'exposition des vérités que l'on a déjà trou-vées. Or tel peut ne pas être le cas. Prenons le syllogisme suivant :

Tous les hommes sont mortels,
Le duc de Wellington est un homme,
Donc, le duc de Wellington est mortel.

Signalons que le duc de Wellington était encore en vie, lors-que Stuart Mill le rend mortel. Selon l'interprétation de Mill, la majeure peut être une proposition réelle, si l'on suppose qu'elle synthétise les résultats de multiples expé-riences particulières, relatives aux hommes : le prédicat complète la connotation des données d'expérience accumu-lées, par le passé, sur tous les êtres que le terme-sujet permet d'identifier. Se référant à l'expérience, la mineure est égale-ment une proposition réelle au même titre. Il s'ensuit que la conclusion n'est plus incluse nécessairement dans les pré-misses : pour que l'inférence soit valide, il faut supposer que la majeure constitue le fondement d'une généralisation inductive qui nous indique ce que nous devons attendre de l'expérience en ce qui concerne le duc de Wellington. Le syllogisme, comme procédé formel, est simplement une technique permettant d'interpréter les données de l'expérience suivant des formules générales, elles-mêmes issues de l'expérience. Par le fait même, la déduction syllo-gistique, lorsqu'elle est instructive, se rapprocherait de l'induction proprement dite, qui est la vraie opération permettant de découvrir la vérité dans tous les domaines.

L'induction est « l'opération de l'esprit par laquelle nous inférons que ce que nous savons être vrai dans un ou plu-

sieurs cas particuliers, sera vrai dans tous les cas qui ressemblent aux premiers, à des points de vue que l'on peut déterminer. » (*System of Logic*, livre Ier, III, 2, art. 1). Ce n'est
pas une vague analogie qui fonde l'induction, mais la proposition, généralement implicite, que le cours de la Nature
est uniforme et que tous les phénomènes se déroulent suivant
la loi générale de la causalité. Mais le problème se pose de
savoir quel est le fondement de ce principe, étant donné la
dérivation empirique de toutes nos connaissances, et
comment se justifie la nécessité de l'explication causale.

L'uniformité de la nature n'est conçue, au départ, que
comme l'ensemble des uniformités partielles que nos sens
nous permettent de connaître. Ces uniformités nous amènent,
par généralisation inductive, à faire l'hypothèse d'un cours
déterminé de la Nature, hypothèse sans laquelle la recherche
scientifique se heurterait à d'irréductibles objections. De
même, le point de départ de la relation causale, c'est cette
vérité de simple expérience que l'on observe un ordre invariable de succession entre tout fait naturel et quelque autre
fait qui le précède. Mais la séquence invariable ne devient
relation causale que lorsqu'on parvient à discerner l'antécédent « inconditionnel » dans le cours successif des phénomènes : cette recherche, à dire vrai, suppose l'admission
d'un principe rationnel de causalité, issu par association
d'idées et généralisation inductive de la collation des faits
d'expérience. Finalement, ce sont les progrès de la science
qui justifient seuls vraiment les investigations causales,
comme correspondant aux données objectives de l'expérience. L'induction, elle-même, en tant qu'inférence valide,
découle des corrélations impliquées dans l'expérience sensible des phénomènes, lorsque ces corrélations sont comprises
par des propositions générales, formant le système des
connaissances scientifiques. Mais comment parvenir à formuler ces propositions générales, pour qu'elles expriment les
lois causales véritables des phénomènes?

Le problème est essentiellement celui de rechercher, par
voie de sélection, l'hypothèse explicative appropriée, lorsque
les phénomènes se présentent à l'observation, dans un ordre

complexe et changeant. C'est pour résoudre ce problème, que Stuart Mill formule ses quatre méthodes de recherche expérimentale et définit leur fonction : éliminer les hypothèses inadéquates pour l'explication des phénomènes, en les confrontant à l'antécédent inconditionnel, fondement empirique de la relation causale; corrélativement l'hypothèse adéquate doit se trouver validée. Les deux premières méthodes sont celles de la concordance *(agreement)* et de la différence *(disagreement)*. Le canon de la première spécifie que si deux ou plusieurs cas du phénomène que l'on cherche à expliquer ont seulement une circonstance en commun, cette circonstance, par laquelle, seule, tous les cas concordent, est la cause ou l'effet du phénomène en question. Le canon de la seconde indique que si nous sommes en présence d'un cas où le phénomène se produit et d'un cas où il ne se produit pas, pour peu que les deux cas n'aient qu'un seule circonstance par quoi ils diffèrent, cette circonstance est nécessairement partie intégrante de la cause ou de l'effet du phénomène. Le canon de la troisième méthode, celle des résidus, nous recommande de soustraire de tout phénomène la partie dont nous savons par de précédentes inductions qu'elle est l'effet d'antécédents déterminés, car le résidu du phénomène est l'effet des antécédents restants. La quatrième méthode, celle des variations concomitantes, correspond au canon suivant lequel lorsque deux phénomènes varient corrélativement, l'un est cause et l'autre effet, ou bien ils sont rattachés l'un à l'autre par l'intermédiaire de quelque cause. Pour l'interprétation de ces méthodes, insistons sur le fait que Stuart Mill les concevait à la fois comme méthodes de découverte et de preuve. Il était surtout convaincu que, sans investigation expérimentale, rationnellement menée, aucune hypothèse ne peut pleinement accéder à l'état de loi causale et acquérir par le fait même une valeur explicative. En définitive, la rationalité de l'expérience se ramène toujours, pour Mill, à la possibilité de généraliser inductivement les constatations qu'elle nous suggère, sans entrer jamais en contradiction avec les données expérimentales elles-mêmes.

Signalons, en dernier lieu, que Mill pratique, à l'appui de sa logique de l'induction, une métaphysique « phénoméniste », qui va même, à l'extrême limite des perspectives ouvertes par les analyses de Berkeley, jusqu'à expliquer par la loi de l'association des idées la croyance en la réalité des objets de notre perception : c'est comme possibilités permanentes de sensations, que les objets du monde extérieur se constituent pour nous. Sa conception de l'esprit se ramène à un phénoménisme du même ordre. Quant à l'existence d'un Dieu aux pouvoirs limités, il la réduit à la condition d'une simple hypothèse sans vérification satisfaisante possible. Sa position, en la matière, est celle d'un « scepticisme rationnel ». Mais Mill croit aux progrès de l'humanité et il y voit une sorte d'idéal, capable de fournir à l'homme des mobiles d'action morale, en remplacement des anciens idéaux d'inspiration religieuse.

Herbert Spencer : la philosophie de l'évolution

Herbert Spencer, philosophe, fut une célébrité de l'époque victorienne. Sa philosophie, centrée sur l'idée d'évolution, apparut comme particulièrement novatrice à beaucoup de ses contemporains. Sa morale, un « utilitarisme rationnel » caractérisé par l'optimisme, et sa doctrine sociale orientée vers une apologie du capitalisme libéral, régime qui permet la libre satisfaction des aspirations individuelles, exercèrent une influence considérable. D'autre part, Spencer est le seul philosophe anglo-saxon du XIXᵉ siècle à avoir tenté une vaste synthèse dogmatique du savoir philosophique : à cet égard, son projet d'un *Système de Philosophie synthétique* (1860) peut retenir l'attention. Le thème central du système est le concept d'évolution et ce thème est l'essentiel de la doctrine de Spencer.

Pour Spencer, il n'y a de science que des phénomènes : idée qui ne lui appartient pas en propre, mais qu'il utilise de façon nouvelle. La philosophie, pour sa part, n'a pas d'objet spécifique, différent de l'objet des sciences particu-

lières. Comme Auguste Comte, Spencer condamne les recherches métaphysiques comme purement illusoires, puisque
l'Être, qui en serait l'objet, reste transcendant aux phénomènes, mais il laisse place, derrière la sphère des connaissances objectives, à l'Inconnaissable, comme pouvoir
fondamental de la réalité ; il va même jusqu'à affirmer,
dans les *Premiers principes* de sa philosophie synthétique
(1862), que religion et science ne sont pas inconciliables,
puisque le domaine de l'Inconnaissable est précisément
celui de la croyance. En ce qui concerne la distinction de la
philosophie et des sciences, Spencer considère celles-ci
comme des savoirs incomplètement coordonnés, qui doivent
être intégrés dans le système philosophique. Pourtant, il ne
faut pas croire qu'il conçoive le savoir philosophique comme
l'effet d'une généralisation inductive à partir des résultats
des sciences particulières. Le philosophe a pour tâche de
mettre en lumière les postulats implicites de toute connaissance portant sur des données particulières. L'idée essentielle
d'une telle recherche, c'est que certaines catégories de
l'entendement interviennent dans toute interprétation des
données particulières de l'expérience ; mais ces catégories
ne sont point irréductibles, elles résultent d'une genèse
évolutive de l'intellect, inscrite elle-même dans l'évolution
générale de la réalité. « L'intelligence développée se trouve
édifiée à partir de certaines conceptions organisées et devenues stables, dont elle ne peut s'écarter ; elle ne peut pas plus
agir sans les utiliser, que le corps ne peut agir sans l'aide de
ses membres » *(First Principles*, édition de 1899, p. 123).
   Comme toute connaissance porte sur des relations de
coexistence et de succession, Spencer cherche la raison d'être
des concepts fondamentaux qui caractérisent ces relations.
Il ramène ainsi les concepts cosmologiques de Temps,
d'Espace, de Matière, de Mouvement, au phénomène fondamental de la Force, phénomène qu'il interprète suivant un
postulat de conservation constante de l'énergie, fondement
de toutes les lois physiques dans leur uniformité (système
coordonné des sciences particulières). Reste à fonder à partir
de ce postulat la synthèse philosophique des catégories du

réel. Cette synthèse requiert une loi de développement, qui
permette de la construire. Pour le philosophe-ingénieur
qu'est Spencer, cette loi est la loi d'évolution, formulée
comme un principe de mécanique : « L'évolution est un
processus d'intégration de matière avec dissipation conco-
mitante de mouvement, processus au cours duquel la matière
passe d'un état d'homogénéité relativement indéfinie et
incohérente à un état d'hétérogénéité relativement définie
et cohérente, et au cours duquel le mouvement conservé
subit une transformation parallèle » (*First Principles*, p. 367).
Tous les phénomènes qu'étudie la science doivent théoriquement entrer dans le schéma général d'un telle loi d'évolution,
que Spencer considère comme une loi de « progrès », dans
l'élaboration d'un univers de plus en plus multiforme et de
plus en plus dynamiquement équilibré. Certaines parties
essentielles du système, les *Principes de Biologie (1864-1867)*,
les *Principes de Psychologie* (1870-1872), les *Principes de
Sociologie* (1876-1896), tentent d'intégrer les faits organiques, mentaux et sociaux dans le schéma tout mécanique
d'un évolutionnisme ainsi défini.

En fait, cet évolutionnisme est dénué de caractère scientifique à cause de l'excessive généralité de son principe de
base. Sur le plan philosophique, il n'est pas sans ressemblance
avec les cosmogonies présocratiques. Peut-être faudrait-il
même remarquer le dualisme partiel du mécanisme de
l'évolution qu'il présente, l'intégration de matière s'accom-
pagnant d'une perte de mouvement, et le fait que l'évolution
tend à une extinction définitive, puisque l'homogénéité
indéterminée fait nécessairement place à une hétérogénéité
cohérente et que tout tend vers un état d'équilibre. Spencer
corrige, cependant, sa théorie cosmologique trop sommaire
par une affirmation de relativité : il limite l'application de
la loi d'évolution au système propre de notre univers phénoménal, quitte à laisser dans l'indétermination la réalité
métaphysique de l'univers.

Quel est, en fait, pour nous, l'intérêt de la théorie de
Spencer ? C'est d'avoir suggéré des perspectives nouvelles
dans les sciences philosophiques, d'avoir fourni le modèle,

si sommaire soit-il, d'une analyse génétique des phénomènes sociaux et psychiques. Enfin, d'avoir signalé l'interrelation profonde de la réalité-objet et de la réalité-sujet, en signalant que les catégories de la pensée sont elles-mêmes issues d'un développement de notre être concret à l'intérieur d'un univers se modifiant sans cesse. Une véritable philosophie évolutionniste ne peut en fait correspondre qu'à une interprétation probabiliste des phénomènes. C'est la mathématique, seule, par le calcul des probabilités, qui peut en mettre en lumière le degré de vérité. Spencer pèche par excès de rationalisme dogmatique, il tombe, par le fait même, dans le piège qui caractérise toute philosophie de type positiviste, lorsqu'elle tente de fournir une doctrine de la rationalité des phénomènes.

Francis Herbert Bradley : *l'idéalisme absolu*

Bradley est le plus remarquable représentant de l'idéalisme en Angleterre; sa pensée illustre à la fois une critique systématique de la connaissance discursive et l'adhésion métaphysique à l'existence d'un Absolu, constituant la réalité véritable par opposition aux apparences et par-delà les diverses relations, objet de l'intellect.

La dialectique hégélienne, mode de développement interne de la Raison jusqu'à la réalisation de l'Esprit absolu comme universel concret devient, chez Bradley, le procédé par lequel la pensée discursive met progressivement en évidence ses contradictions internes, jusqu'à illustrer l'incapacité de l'esprit humain à atteindre la réalité dernière au moyen de constructions rationnelles. En fait, la plupart des commentateurs d'*Apparence et Réalité* (1893), l'œuvre principale de Bradley, ont insisté sur l'influence profonde du postkantien Herbart qu'on peut y déceler et que Bradley, lui-même, reconnaissait. Cette influence herbartienne contrebalance, très nettement, dans l'idéalisme de Bradley, l'influence de la métaphysique hégélienne. Bradley, comme Herbart, ne met en lumière les contradictions irréductibles, les anti-

nomies de la Raison, que pour montrer l'entreprise nécessairement inadéquate de la pensée de l'homme visant à saisir
la réalité véritable.

Mais Bradley est logicien, avant d'être métaphysicien.
Dans les *Principes de la Logique* (1883), il s'oppose à
l'interprétation empiriste qui fait de tout jugement une
combinaison d'idées, fondée en dernier ressort sur des associations contingentes. Selon lui, il ne s'agit plus, pour le
logicien, de rechercher la genèse empirique des concepts,
mais d'étudier leur fonction symbolique dans le jugement.
Par conséquent, la logique se définit comme une science des
corrélations signifiantes entre les termes, dans les différents
types d'activités propositionnelles. Point essentiel : Bradley
critique les théories qui considèrent le jugement comme
affirmant ou niant un fait, sa vérité ou sa fausseté provenant
de sa correspondance avec quelque donnée de fait. Pour lui,
toute proposition universelle est le résultat d'une inférence
et n'a de ce fait qu'une valeur hypothétique. Même les
jugements particuliers ne se modèlent pas sur le fait concret
et montrent un fossé entre la conception idéationnelle du
réel et son existence empirique. Le vice inhérent à toute
interprétation psychologique consiste à voir dans le jugement
une synthèse d'idées : de ce point de vue, toute proposition
est purement hypothétique. En fait, pour Bradley, « juger,
ce n'est pas faire une synthèse d'idées, mais rapporter un
contenu idéal à la réalité » (*The Principles of Logic*, I, p. 56).
Entendons ici par réalité non pas quelque apparence phénoménale, mais le principe d'intelligibilité métaphénoménal,
qui accomplit en lui l'unification absolue de toutes les apparences. Les données de l'expérience ne fournissent donc
plus le critère de l'objectivité de nos jugements, comme
le postulaient les empiristes; le divers de la sensibilité est
l'apparence la plus fallacieuse du réel; c'est dans l'unité
absolue de l'Être que se trouve le critère adéquat de la vérité.
Il suit de ce point de vue de type parménidien sur la logique,
que toute interprétation propositionnelle du réel possède
une inadéquation fondamentale à son objet. En poursui-
vant des synthèses de plus en plus générales des apparences,

la science vise l'unification totale du divers de l'expérience, mais ses jugements sont irrémédiablement relatifs : Bradley en conclut que la connaissance discursive ne procure que des savoirs relationnels : ces savoirs peuvent suffire à l'entendement fini dans son activité naturelle, mais ils ne sauraient en aucun cas fonder la métaphysique.

La métaphysique, pour Bradley, est « une tentative pour connaître la réalité par opposition à sa simple apparence, ou l'étude des premiers principes ou vérités dernières, ou encore un effort pour comprendre l'univers, non pas simplement morcelé et fragmenté, mais d'une certaine manière, comme un tout » (*Appearance and Reality*, p. 1). Or le problème se pose de savoir si la critique de toute connaissance discursive n'exclut pas, par le fait même, la possibilité de connaître véritablement l'Absolu dans sa réalité. Sur ce point, la réponse de Bradley se ramène à l'affirmation qu'au degré le plus bas de la connaissance humaine, il y a comme une expérience diffuse de la totalité, un sentiment d'unité profonde sous-jacente au rapport sujet-objet lui-même. Le sens de la métaphysique, c'est d'approcher la pleine intelligibilité de cet Un fondamental, qui constitue à la fois le fondement et le présupposé validant de toute métaphysique. Or, toutes les conceptions à l'aide desquelles nous pensons la réalité doivent être dépassées. Ainsi les rapports sujet-qualité et qualité-relation sont voués à des contradictions internes. Il s'ensuit que les catégories de l'espace et du temps sont également des instruments métaphysiques inadéquats. Quant à la réalité du sujet connaissant, Bradley montre qu'elle ne peut être comprise, ni suivant le phénoménisme radical, ni suivant le substantialisme de la monade : l'identité personnelle reste indéfinissable, bien que l'expérience que nous en avons soit une forme privilégiée d'expérience d'une totalité finie, susceptible de nous ouvrir la voie vers l'Absolu, comme totalité infinie.

L'aboutissement de la critique des concepts à l'aide desquels nous pensons naturellement la réalité, c'est la mise en valeur de la doctrine de l'Absolu. En effet, le morcellement de la réalité véritable en réalités finies, unies par des relations, n'est qu'une vision illusoire. La réalité véritable est un Absolu qui intègre en soi la totalité de ses apparences, et résorbe les contradictions internes qui les caractérisent, lorsque nous les pensons à l'aide de nos concepts fragmentaires. Mais comment concevoir l'Absolu lui-même? Par voie d'analogie, et comme une sorte d'expérience *(sentient experience)* qui englobait en soi toutes les apparences dans un seul acte d'intelligibilité. L'analogie prend ici pour base l'acte primitif de sensibilité qui nous fait sentir, comme une totalité confuse, les termes, par la suite disjoints, du rapport sujet-objet. Bradley conçoit cette expérience comme l'accomplissement total du réel, accomplissement de type proprement spirituel. « Tous les éléments de l'univers, sensation, sentiment, pensée et volonté, doivent être compris à l'intérieur d'un acte de sensibilité global *(within one comprehensive sentience)* » *(Appearance and Reality*, p. 159).

Insistons enfin sur un dernier point de cette métaphysique, la doctrine de la vérité. Seul, l'Absolu est intrinsèquement vrai. Or, l'Absolu est chacune de ses apparences, mais à des degrés divers d'intégration. D'où des degrés progressifs de vérité dans les différents systèmes conceptuels par lesquels l'esprit pense l'univers. Pour juger de leur validité, on doit nécessairement avoir recours à des critères de cohérence et de compréhension. Toute l'activité conceptuelle de l'homme consiste à opérer la disjonction de déterminations abstraites (le *what*) de la réalité concrète (le *that*). Dans la proposition, cela correspond à la distinction du prédicat et du sujet; plus fondamentalement tout concept est un « adjectif » par rapport à l'existence réelle de la réalité qu'il détermine. Pour compenser l' « idéalité » irréductible de toute apparence, pour combler progressivement le fossé entre le « that » et le « what », il faut tenter des interprétations toujours plus compréhensives de la réalité. Finalement, c'est à un sentiment de totalité que se mesure le degré de progression vers la vérité. Le critère de la vérité, c'est la satisfaction d'un manque, d'un besoin de notre nature : thème qui n'est pas dénué de toute référence mystique.

L'éthique de Bradley est intimement liée à sa métaphysique. Selon les *Ethical Studies* (1876), la fin morale de l'homme est la réalisation de soi (self-realization). Mais il ne s'agit pas de la réalisation des aspirations d'un moi fini, car le moi individuel s'insère dans la totalité sociale, qui lui fournit des normes lui permettant de s'intégrer à l' « organisme collectif » (*Ethical Studies*, essai V, p. 173). L'idéal d'intégration sociale est bien indiqué par la maxime : « mon état et ses devoirs » *(my station and its duties)*. Mais, selon Bradley, il faut aller plus loin et reconnaître que la sphère des déterminations morales appartient elle-même au domaine de l'apparence et se trouve enveloppée dans l'aspiration à un tout infini. Comme chez Hegel, la bonne volonté kantienne s'identifie, pour Bradley, dans ce qu'elle doit avoir de concret à l'expérience infinie de l'Absolu. Mais, contrairement à Hegel, Bradley ne fait pas de cette transformation l'œuvre de l'esprit devenant conscient de soi par la dialectique de la Raison ; pour lui, c'est à la sensibilité que revient le privilège de nous fournir l'intuition de l'idéal. Profondément agnostique à l'égard de la religion, profondément sceptique à l'égard de toute forme de rationalisme philosophique Bradley ne laisse pas de croire à une spiritualité immanente à la réalité, spiritualité dont la raison ne peut rendre compte que négativement en montrant l'insuffisance de toute entreprise de l'intellect pour atteindre la réalité véritable, laquelle est totalisation concrète de toutes les apparences.

L'idéalisme de Bradley se présente en vérité comme une tentative pour démystifier totalement la Raison dans son impérialisme hégélien. Mais il nous semble que cette tentative est dès l'abord vouée à l'échec, puisqu'elle n'échappe jamais à l'emprise des apparences. La pensée bradleyenne ne trouve d'échappatoire à ses propres contradictions que dans une certaine mystique de l'Absolu ; c'est une pensée « terminale », qui tendrait à montrer que la réflexion philosophique rencontre des limites : on peut refuser de se laisser enfermer dans la dialectique zénonienne de Bradley, elle reste toujours obsédante pour l'esprit.

Charles Sanders Peirce et William James : le pragmatisme

Peirce est avant tout un savant versé dans les sciences de la nature, et qui profondément formé dans la réflexion philosophique, entend utiliser les éléments les plus féconds de l'empirisme traditionnel, de la philosophie critique de Kant et de la logique des sciences, pour formuler une pensée rigoureuse et techniquement utile, sur le problème de la vérité. Le résultat est une doctrine connue à la fois sous les appellations de faillibilisme et de pragmatisme.

Le point de départ du pragmatisme est donné dans une série d'articles de Peirce, publiés en 1877-1878 dans le *Popular Science Monthly*. Dans l'article intitulé « Comment rendre nos idées claires » (*How to make our ideas clear*, Collected Papers of C.S.P., t. V, pp. 388-410; traduit en français dans la *Revue philosophique*, janvier 1879), Peirce nous propose le principe méthodologique suivant : « Considérons quels effets, quelles répercussions pratiques nous pouvons concevoir que l'objet de notre pensée est susceptible d'avoir. Dans ces conditions, notre conception de ces effets constitue le contenu tout entier de notre idée de l'objet. » Il s'agit d'étendre à toute l'activité conceptuelle la méthode de la vérification expérimentale, suivant laquelle le contenu intelligible de l'hypothèse ne consiste que dans les effets qu'on en tire, et qui permettent de mettre la pensée en accord avec les données de l'expérience. En 1905, Peirce revient sur la formulation de son principe. L'auteur, explique-t-il, « a constitué la théorie suivant laquelle une *conception*, c'est-à-dire la teneur rationnelle *(rational purport)* d'un mot ou d'une autre expression réside exclusivement dans ses conséquences concevables pour la conduite de la vie; vu cela, comme il est évident que rien ne peut avoir de conséquence directe sur la conduite, à moins d'être le résultat d'une expérience, si l'on peut définir avec précision tous les phénomènes expérimentaux concevables, que l'affirmation ou la négation d'un concept peut impliquer, on aura, par le fait même, une définition complète du concept, et *il n'y a absolument rien d'autre dans le concept* » (*What Pragmatism is*, The Monist, 1905, Collected Papers of C.S.P., t. V, pp. 411-434). La doctrine porte le nom de *pragmatisme*, parce que Peirce, formé dans la philosophie kantienne, y trouve le terme *pragmatisch* par opposition au terme *praktisch*, pour désigner une activité relative à des fins humaines déterminées. Le trait dominant de la théorie, c'est en effet la « reconnaissance d'une connexion indissoluble entre connaissance rationnelle et fin rationnelle ». L'accord entre la pensée et le réel, qui constitue la vérité, n'a plus rien à voir, dans ces conditions, avec les thèses du réalisme classique. Certes Peirce reprend la théorie du sens commun de l'école écossaise de Reid, mais en la soumettant à une critique systématique : nos connaissances deviennent irrémédiablement relatives à notre situation sociale et biologique (c'est le faillibilisme) et, d'autre part, l'expérience de type scientifique étant perpétuellement remodelable, il s'ensuit que les principes qui nous semblent temporairement « a priori », ne sont en fait que des « habitudes » de pensée. Mais ces habitudes de pensée sont vraies dans la mesure où elles permettent des actions ayant « généralement » prise sur le réel. Les conséquences expérimentales de nos concepts nous fournissent le critère de leur vérité.

En fait, le pragmatisme peircien est l'expression d'une confiance entière dans les capacités de l'intellect humain, pour peu que celui-ci se soumette aux vérifications de l'expérience. Ce point de vue est bien illustré par la théorie de la signification *(meaning)*, que Peirce considère comme partie intégrante du pragmatisme : suivant cette théorie, la signification rationnelle, le contenu des concepts, est interprétée comme la loi établie par l'intellect pour constituer des synthèses de plus en plus fécondes des données de l'expérience. Désormais, le postulat de l'intelligibilité du réel se relie intimement à une conception instrumentale de la raison (c'est Dewey, psychologue, qui développera cet aspect du pragmatisme dans son instrumentalisme).

Peirce en vient, d'autre part, à entreprendre une reconstruction totale de la logique, en partant de son pragmatisme.

Pour lui, en effet, toute pensée présuppose la communication et est symbolique par nature. Ce symbolisme est essentiellement celui du langage. Le concept, comme signe, est conçu comme un habitus général pour l'action; et la logique, comme sémiotique, est l'illustration du système abstrait des signes, qui sert d'instrument à l'intellect pour synthétiser l'expérience et s'instruire par elle. « La logique, affirme-t-il, dans son sens général, est seulement, comme je crois l'avoir montré, un autre nom pour la *sémiotique* (σημειωτική), la doctrine quasi nécessaire ou formelle des signes. ... je veux dire que nous observons les caractères des signes que nous connaissons et qu'à partir d'une telle observation, par un processus que je n'hésiterai pas à appeler Abstraction, nous sommes conduits à des considérations éminemment problématiques (faillibles) et par conséquent, dans un certain sens, nullement nécessaires, sur ce que *doivent être* les caractères de tous les signes utilisés par une intelligence « scientifique », c'est-à-dire par une intelligence capable de s'instruire par l'expérience » (manuscrit c. 1897, Collected Papers of C.S.P., t. II, p. 227).

Cette logique de Peirce ne se conçoit pas indépendamment de sa Phénoménologie ou Phanéroscopie, qui permet de saisir le corrélat de chaque type de signe dans sa simple présence pour la conscience : il s'agit de la « description du *phaneron*, et par *phaneron*, j'entends, affirme Peirce, la collection complète de tout ce qui, d'une manière ou d'une autre, dans un sens ou dans un autre, est présent à l'esprit, sans envisager la question de savoir si cela correspond ou non à quelque chose de réel » (manuscrit 1905, Collected Papers of C.S.P., t. I, p. 284). Peirce distingue trois catégories de *phanera* : la première correspond à l'être des possibilités positives de qualités, la seconde à l'être des faits actuels, la troisième à l'être des lois qui gouverneront les faits dans l'avenir. Peirce, inspiré par Hegel, saisit à travers sa phénoménologie une loi de continuité du réel, mais qu'il refuse de concevoir comme un mouvement dialectique de la Raison immanente au réel. Sa doctrine du réel est à la fois un « *tychisme* » et un « *synéchisme* » : c'est-à-dire que, d'une part, il refuse le déterminisme mécanique du XIXe siècle, et explique la conformité des faits aux lois en faisant place à la chance, mathématiquement comprise, et à la 'spontanéité des phénomènes, mais que, d'autre part, il tient les lois de la nature, elles-mêmes, pour des habitus de l'univers objectif, habitus de nature essentiellement psychique. Peirce définit ainsi cette loi de continuité psychique : « L'analyse du logicien, appliquée aux phénomènes mentaux, montre qu'il n'y a qu'une seule loi de l'esprit, à savoir que les idées tendent à s'épandre continuellement et à en affecter d'autres, qui se trouvent avec elles dans un rapport d' « affectibilité ». Dans ce mouvement d'expansion, elles perdent de leur intensité, et plus spécialement le pouvoir d'en affecter d'autres, mais acquièrent de la généralité et fusionnent avec d'autres idées » (*The Law of Mind*, The Monist, 1892 ; Collected Papers of C.S.P., t. VI, pp. 102 et suivantes). Or, cette loi de continuité, fondement du *synéchisme*, a une application dans toute l'étendue de l'expérience et permet d'éviter le recours métaphysique à l'inconnaissable pour expliquer la rationalité des phénomènes et l'intelligibilité du réel ; elle justifie enfin le point de vue synthétique de l'intelligence scientifique à la recherche de l'explication générale des phénomènes. « Bref, le synéchisme se ramène au principe que le recours à l'inexplicable ne doit pas être considéré comme une explication possible, que tout ce que l'on suppose ultime est supposé inexplicable, que la continuité est l'absence de parties ultimes dans ce qui est divisible, et que la forme sous laquelle seulement toute chose peut être comprise, est la forme de la généralité, qui est la même chose que la continuité » (l'article « *Synechism* » dans le *Dictionary of Philosophy and psychology* de Baldwin, 1902 ; Collected Papers of C.S.P., t. VI, pp. 169-173).

Ajoutons, en dernier lieu, que la contrepartie morale de ce faillibilisme dynamique, de ce *synéchisme*, est une doctrine agapastique, suivant laquelle l'expansion des idées dans l'expérience engendre une sympathie, facteur de développement de l'agent moral au-delà des limites de son individualité. La loi agapastique est une loi d'évolution ayant un sens positif, que Peirce oppose aux conséquences éthiques que certains ont pensé trouver dans la théorie darwinienne de la lutte pour la vie.

La philosophie de Peirce est, en définitive, une puissante recherche pour comprendre le rapport de la méthode scientifique et du réel, recherche qui ne trouve qu'imparfaitement son achèvement systématique dans l'œuvre de Peirce lui-même. Le principal mérite du créateur du pragmatisme est d'avoir reposé dans des termes nouveaux et en fonction des progrès des sciences de la nature, les problèmes fondamentaux liés aux caractères de l'expérience humaine.

Il est impossible, en terminant, de ne pas faire référence à l'œuvre de William James, qui s'inspirant de la théorie de la vérité de Peirce et la modifiant dans le sens d'une philosophie anti-intellectualiste de la « volonté de croire » obligea le créateur du pragmatisme à rebaptiser sa doctrine « pragmaticisme ». Dans son ouvrage principal, les *Principes de la Psychologie* (1890), James donne une interprétation téléologique de l'esprit et insiste sur la nature instrumentale de l'entendement, fonction d'adaptation psycho-biologique aux incitations du milieu vital. Il s'oppose à la fois à la psychologie associationniste, qui atomise la succession des idées, et à la métaphysique idéaliste, qui fait de l'esprit un Moi spirituel irréductible. James propose, pour sa part, une psychologie dynamiste du courant de conscience *(stream of conscience)*, corrélative d'une doctrine instrumentale des fonctions mentales. Alors que Peirce cherche, dans le pragmatisme, un mode de détermination de la signification générale des concepts en fonction de leurs conséquences, et une philosophie de l'interprétation de l'expérience, James s'intéresse primordialement à la psychologie de la volonté et au rôle des croyances dans l'action de l'individu humain. C'est ainsi qu'il fait une réduction psychologique de la notion de vérité, en fixant la vérité des croyances dans leur possibilité de satisfaire les aspirations de l'homme pris dans les circonstances concrètes de son existence. Il est intéressant, à cet égard, de prendre en considération un passage d'une lettre de Peirce où il distingue sa philosophie de celle de James. James, affirme-t-il, « en définissant le pragmatisme, l'interprète comme une doctrine qui rapporte les idées à l'*expérience* et il entend évidemment par là le côté sensibilité de l'expérience *(the sensational side)*, tandis que je regarde les concepts comme affaire d'habitude, de disposition, de règle générale nous permettant de réagir » (lettre à Christine Ladd-Franklin, citée par le *Journal of Philosophy*, *Psychology and Scientific Methods*, t. XII (1916) p. 718 et par H. S. Thayer, *Pragmatism, the Classic Writings*, 1970, pp. 124-125). Le pragmatisme de James se fonde sur une psychologie de l'action. Le pragmatisme véritable, celui de Peirce, se fonde sur une logique de l'expérience : il est incontestablement plus intéressant du point de vue philosophique.

Bibliographie sommaire

I. — *Jérémie Bentham*.

Éditions d'ensemble :

The Works of Jeremy Bentham, edited by John Bowring, 11 volumes, Edinburgh, 1838-1843.
Œuvres de Jérémie Bentham, traduites par E. Dumont, 3 volumes, Bruxelles, 1829-1830.
Jeremy Bentham's Economic Writings, Critical edition, by W. Stark, London, 1952-1954.

Ouvrages récents consacrés à Bentham :

BAUMGARDT (D.) : *Bentham and the Ethics of Today*, Princeton (U.S.A.) and London, 1952.
MACK (M. P.) : *Jeremy Bentham : An Odyssey of Ideas*, 1748-1792. London, 1962.

II. *John Stuart Mill.*

Œuvres :

1830-1831 *Essays on Some Unsettled Questions of Political Economy* (publiés en 1844).
1843 *System of Logic.*
1848 *Principles of Political Economy.*
1859 *On Liberty.*

1863 *Utilitarianism.*
1865 *An Examination of Sir William Hamilton's Philosophy.*
1874 Publication posthume des *Essays on Religion*, un an après
　　　l'*Autobiographia.*

Ouvrages récents consacrés à Stuart Mill :

ANSCHUTZ (R. P.) : *The Philosophy of J. S. Mill*, Oxford, 1953.
BRITTON (K.) : *John Stuart Mill*, London, Penguin Books,
　　　1953.
COWLING (M.) : *Mill and Liberalism*, Cambridge, C.U.P., 1963.

III. *Herbert Spencer.*

Œuvres :

1851 *Social Statics.*
1855 Première version des *Principles of Psychology.*
1860 Publication du projet *A System of Synthetic Philosophy.*
1862 *First Principles.*
1864-1867 *The Principles of Biology* (2 volumes).
1870-1872 *The Principles of Psychology* (2ᵉ version, 2 volumes).
1876-1896 *The Principles of Sociology* (3 volumes).
1892-1893 *The Principles of Ethics* (2 volumes), formés à partir
　　　de deux ouvrages précédents : *Data of Ethics* (1879) et
　　　Justice (1891).

IV. *Francis Herbert Bradley.*

Œuvres :

1874 *The Presuppositions of Critical History.*
1876 *Ethical Studies.*
1883 *The Principles of Logic.*
1893 *Appearance and Reality.*
1914 *Essays on Truth and Reality.*
1930 Publication posthume des *Aphorisms.*
1935 Publication posthume des *Collected Essays.*

Ouvrages récents sur Bradley :

DE MARNEFFE (J.) : *La preuve de l'Absolu chez Bradley, Analyse
et critique de la méthode*, Paris, 1961.
PUCELLE (J.) : *L'Idéalisme en Angleterre de Coleridge à Bradley*,
Neuchâtel et Paris, 1955.
WOLLHEIM (R.) : *F. H. Bradley*, London, Penguin Books, 1959.

V. *Charles Sanders Peirce et William James.*

Ouvrages sur le pragmatisme :

AYER (A. J.) : *The Origins of Pragmatism; Studies in the Philosophy of Charles Sanders Peirce and William James*, San Francisco, Freeman, Cooper and Co., 1968.
MOORE (E. C.) : *American Pragmatism*, New York, Columbia Univ. Press, 1961.
Pragmatism : The Classic Writings, edited by H. S. Thayer, coll. Mentor Books, N. Y., The New American Library, 1970.

— *Charles Sanders Peirce.*

Œuvres :

Collected Papers of Charles Sanders Peirce, edited by C. Hartshorne, P. Weiss et A. W. Berks, Cambridge (Mass.), Harvard Univ. Press, 1931-1958.
Philosophical Writings of Peirce, selected and edited by J. Buchler, N.Y., Dover, 1955.

Ouvrages sur Peirce :

GALLIE (W. B.) : *Peirce and Pragmatism*, London, Penguin Books, 1952.
MURPHY (M. G.) : *The Development of Peirce's Philosophy*, Cambridge (Mass.), Harvard Univ. Press, 1961.

— *William James.*

1890 *Principles of Psychology.*
1897 *Will to Believe and other Essays in Popular Philosophy.*
1901-1902 *The Varieties of Religious Experience.*
1907 *Pragmatism: A New Name for Some Old Ways of Thinking.*

IX

LA GÉNÉALOGIE NIETZSCHÉENNE

par Jean-Michel REY

La philologie et le texte

« Un œil exercé afin de savoir lire nettement le passé dans l'écriture aux couches superposées des expressions et des gestes humains. » Une même affirmation traverse l'ensemble du texte nietzschéen : la philosophie est désormais soumise à l'*interprétation*, désormais programmée dans l'espace d'une pratique active et réglée, la *philologie*. Ce geste inédit de déplacement radical, qui donne à lire l'ensemble du texte métaphysique à partir d'un « ailleurs », d'un jeu d'instances diversement hiérarchisées et condensées, permet également de déchiffrer le sujet comme l'effet second, surdéterminé, d'un système de fictions et de « croyances » dont il faut inscrire le procès de formation, c'est-à-dire la *généalogie* : en tant que sujet d'un savoir (d'un « code » institué de concepts) dont les systèmes métaphysiques ont délimité l'articulation idéale et abstraite. C'est dans l'espace creusé de ce retrait que peuvent apparaître les figures identiques d'un « désir » (d'un jeu de forces et/ou de pulsions) dont le sujet du discours métaphysique n'est que le contrecoup, l'effet décalé, suivant une logique simple de la compensation : sujet dont la position se déchiffre comme insertion dans un réseau de symptômes et de signes, dans l'espace pluriel d'une signification stratifiée. Cette situation de démarquage, qui du même coup accomplit et transgresse le geste de la critique

kantienne, implique une subversion globale et une redistribution de toutes les questions métaphysiques traditionnelles
pour mettre à jour ce qui travaille le corps même de la définition et de l'essence, ainsi que la syntaxe qui soutient une
telle détermination. Non pas demander : qu'est-ce que c'est ?
mais plutôt : à quels déplacements du désir, à quelle économie, correspond cette volonté de vérité identiquement répétée (à quelques variantes près) dans l'idéalisme ? Ou encore :
quels types d'investissement sont au principe de la domination historique de l'idéalisme ? L'idéalisme, tel qu'il est mis
en œuvre par les grands systèmes métaphysiques, est toujours marqué du signe de l'oubli (« actif ») ou du refoulement.
« L'omission, moyen capital de l'idéalisme. On ne doit pas y
regarder de si près, on force le spectateur à reculer à une
grande distance, pour qu'il regarde de là-bas (comme dans
la peinture décorative) [1]. »

Ce sont les procédures majeures de l'idéalisme qui, dans le
texte nietzschéen, sont mises en perspectives, qui sont déve-
loppées pour être déconstruites ; principalement l'équivalence, répétée à travers toute la métaphysique, du signifié
et de la valeur : le signifié inconditionné comme norme et
mesure de tous les énoncés. C'est dans ce nouvel espace
d'interprétation que la philologie (comme articulation rigoureuse de l'écriture et de la lecture) peut prendre appui sur ce
que Nietzsche nomme la « physiologie », en tant que la philosophie n'a pu avoir lieu que « comme exégèse du corps et
comme malentendu du corps [2] ». C'est dire aussi que la métaphysique et la religion, dans leurs efforts conjugués, ont *frappé
d'interdit toute science du corps en même temps que toute pratique philologique* : comme si un même refoulement, une
instance refoulante identique s'appuyant sur les mêmes forces, avait placé le corps et le signifiant *en position de dominés*
(éléments dont l'efficace est d'autant plus forte qu'ils sont
soumis à une censure plus importante). Inscrire la logique de
ce refoulement revient à produire la généalogie de ce geste
dans ses effets historiques : généalogie comme lecture qui,

1. *Humain, trop humain*, frag. posth. 17-1.
2. *Gai savoir*, Avant-propos, § 2.

remontant à travers l'épaisseur sédimentée du code linguistique, moral, religieux, en marque les symptômes majeurs et les déchiffre dans leur surcharge signifiante; suivant les termes de Nietzsche, produire le discours métaphysique comme « sémiotique », en vue de mettre à jour le leurre (religieux dans son principe) d'une *transparence des signes*, d'une symbolique univoque et linéaire (comme la symbolique chrétienne); ou encore le leurre d'une économie de l'identité — la croyance aux « cas identiques » sur laquelle la logique est supposée se fonder — et des causalités imaginaires. Tous ces éléments, ces procédures, ont eu pour fonction de maintenir inentamé le privilège du sujet, de le poser dans une idéalité suffisante à soi en retrait de toute mise en perspective. Il s'agit d'opérer une remontée généalogique dont le dessein est de désimpliquer les strates de l'investissement imaginaire sur lequel la philosophie a vécu, *la mise signifiante* instituée et maintenue dans et par les concepts métaphysiques : tout ce qui a trouvé assistance dans une logique de l'identité, dans une grammaire où l'hypostase de l' « être » était toujours déjà posée comme autorité inconditionnée. Cette mise en perspective historique a pour effet de déjouer le privilège du nom propre et, du même coup, toute linguistique simple du mot et de l'énoncé. Si l'idéalisme n'a été que la répétition, programmée depuis son commencement platonicien, d'un jeu limité de concepts, le déplacement « muet » mais insistant d'une série d'instances qui en formaient comme la trame, *il se donne à lire comme un texte surdéterminé* dont les diverses « variantes » se sont condensées, voire instituées en système. Ce que Nietzsche veut dénouer, c'est cette alliance tacite, cette « confusion » entretenue, sans fin reconduite sans être jamais nommée, du signifié et de la valeur : la position intangible d'un sens (ou d'une « vérité ») toujours déjà posé, connoté éthiquement ou même religieusement. Tout se passe comme si l'idéalisme, dans ses grandes systématisations [1], n'était que *l'envers calculé d'un* « *désir* », *son répondant obligé :* le désir (ou la « volonté ») d'un sens donné hors

---

1. Ce sont essentiellement les grands systèmes métaphysiques dont Nietzsche démonte l'articulation.

de toute production et de toute inscription, d'une séparation
tranchée et irréversible du «bien » et du « mal », du vrai et du
faux. Désir qui trouverait son support dans la position stable
d'un sujet plein, présent à soi, c'est-à-dire posé en dehors de
toute référence à l'inconscient, au corps, au signifiant :
sujet supposé détenir une absolue maîtrise sur la chaîne
des signifiants, supposé régler par son *vouloir-dire* la totalité
du discours philosophique. En fait, et c'est ce que montre
la généalogie, ce sujet idéal est construit sur un mode pers-
pectiviste, c'est-à-dire suivant le schéma d'un *corps morcelé*
(son « modèle » principal étant représenté par l'œil); il est
impliqué dans une méconnaissance réitérée de ses « propres »
pulsions. Ce que la généalogie produit d'abord c'est la logique
de cette méconnaissance et de ses effets principaux : le fantasme de totalisation qui, pour Nietzsche, est l'indice le
plus constant de l'idéalisme, le lieu où s'accomplissent
toujours une occultation et un refoulement dont les symptômes historiques doivent être soumis à une lecture rigoureuse;
c'est d'ailleurs ce qui permet de déchiffrer la « parenté » des
concepts essentiels utilisés par les différents systèmes métaphysiques. « Les divers concepts philosophiques ne sont rien
d'arbitraire, ils ne se développent pas chacun pour soi, mais
en relation et en parenté entre eux. Si subite et si fortuite que
semble leur apparition dans l'histoire de la pensée, ils n'en
font pas moins partie d'un même système... C'est ce qui
apparaît dans la sûreté avec laquelle les philosophes les plus
divers viennent tour à tour *occuper leur place à l'intérieur
d'un certain schéma préétabli des philosophies possibles.* Une
magie invisible les oblige à *parcourir sans se lasser un circuit
toujours identique*; si indépendants qu'ils se croient les uns
des autres dans leur volonté d'élaborer des systèmes, quelque
chose les pousse à se succéder dans un ordre défini qui est
justement l'*ordre systématique inné des concepts, et leur
parenté essentielle.* Leur pensée consiste *moins à découvrir
qu'à reconnaître, à se souvenir, à retourner en arrière*, à réintégrer un très ancien et très lointain habitat de l'âme d'où
ces concepts sont jadis sortis... Dès qu'il y a une *parenté
linguistique*, il est inévitable qu'en vertu d'*une commune*

philosophie grammaticale, les mêmes fonctions grammaticales exerçant leur empire et leur direction, tout se trouve préparé pour un *développement et un déroulement analogue des systèmes philosophiques*, tandis que la route semble barrée à certaines autres possibilités d'interprétation de l'univers [1]. »

Ainsi la métaphysique, dans ses variantes, n'est que le *retour* continuel dans l'assise d'une grammaire qui requiert toujours la position inconditionnée d'un sens, la détermination idéale d'une série d'énoncés suffisants à soi. Ce qui est déconstruit, par une telle lecture, c'est le modèle de l'inscription originaire (qu'il soit rationaliste, transcendantal ou historiciste) qui pose la présence d'une vérité toujours antérieure à sa formulation et l'assignation d'une origine toujours susceptible d'être réactivée (soit empiriquement, soit dans une rationalité circulaire comme chez Hegel). C'est aussi le présupposé d'un « principe », d'un « noyau » qui se donnerait pour la loi de développement d'une histoire du sens linéarisée. En ce sens Nietzsche désigne une certaine tache aveugle dans le système hégélien, en tant que celui-ci détermine le virtuel comme simple défaut appelant son actualisation, ou le négatif comme simple envers d'un positif à énoncer ; ce qui, pour Nietzsche, est « premier » ce n'est pas la mémoire, mais « *la faculté active d'oubli* ».

Ainsi la généalogie a pour espace privilégié *la langue*, les divers procès d'inscription mis en œuvre dans le texte métaphysique tout en y étant occultés (par exemple la métaphore comme passage imperceptible du « concret » au « figuré », du sensible à l'intelligible : la vérité métaphysique, idéaliste, est un système de métaphores oubliées comme telles). La langue, c'est-à-dire un ensemble de signes qui s'est trouvé *assujetti à un impératif de « vérité »* posée abstraitement et sans référence historique ; c'est-à-dire un système grammatical et logique dans lequel le sujet était toujours impliqué « nécessairement », dans lequel la forme même des énoncés était prescrite par avance ; c'est-à-dire aussi un code dont la provenance n'était jamais mise en cause, puisque

---

1. *Par-delà le bien et le mal*, § 20.

le discours idéaliste ne vivait que de cette *dénégation* répétée sous des formes analogues. C'est dire, et Nietzsche y insiste, que cette langue a fonctionné à la manière d'une « foi », d'un système de « croyances » éternelles. C'est dire aussi que le signe doit devenir l'espace où s'accomplit le geste de remontée généalogique, *qu'il doit être déchiffré comme un symptôme*, comme le lieu de condensation des différents procès de la langue (dans son usage idéaliste) et de leurs déplacements « logiques ». La « croyance » à la vérité des concepts et à la transparence des signes est en fin de compte analogue à la reconnaissance de « valeurs » morales éternelles ; autrement dit l'instance morale (mais aussi religieuse) est inscrite comme en filigrane dans le texte métaphysique auquel elle fournit sa cohérence idéale, fantasmatique. « L'importance du langage réside en ce que l'homme y a situé, à côté de l'autre, un monde à lui, un lieu qu'il estimait assez solide pour, s'y appuyant, sortir le reste du monde de ses gonds et s'en rendre maître. Dans la mesure même où l'homme a cru aux concepts et aux noms des choses comme à autant d'*aeternae veritates*, il a vraiment fait sien cet orgueil avec lequel il s'élevait au-dessus de l'animal : il s'imaginait réellement tenir dans la langue la connaissance du monde. L'artiste du verbe n'était pas assez modeste pour croire qu'il ne faisait qu'attribuer des dénominations aux choses, il se figurait exprimer dans ses mots le suprême savoir des choses... C'est bien *après coup*, c'est tout juste maintenant que les hommes commencent à se rendre compte de l'énorme erreur qu'ils ont propagée avec leur croyance au langage [1]. »

Il s'agit de produire *une lecture symptomale et généalogique* qui relance, de manière stratégique et momentanée, les différentes ressources de la métaphore (notamment la plus déterminante, la métaphore de l'être) en vue de déchiffrer les instances qui, silencieusement, travaillent le texte métaphysique ; comme si ce texte n'était que l'effet après coup, surdéterminé, d'un refoulement global dont la généalogie permet de retracer la logique : l'exemple le plus éclairant

---

1. *Humain, trop humain*, I, § 11.

étant, sans aucun doute, le concept de « châtiment », « où se résume un long développement d'une façon sémiotique », dont Nietzsche retrouve les différentes modalités de signification (cf. *Généalogie de la Morale*, II, § 13 : passage fondamental pour saisir l'importance du texte nietzschéen). Une telle lecture implique que tout signifié ne peut être déchiffré *qu'en position de signifiant*; de même d'ailleurs de tout ce qui s'est donné comme « valeur ». La généalogie est une *construction* (au sens précis où Freud parle de « constructions en analyse »), un travail sur les matériaux mêmes de la philosophie (une approche *sémiotique*), sur les procédures d'*évitement* et de *détour* qui s'indiquent dans les « symptômes » d'oubli, d'effacement, de déformation, de leurre, de dénégation : en tant que procédures constitutives du discours métaphysique comme code intemporel dont il faut produire l'articulation, la syntaxe; procédures déchiffrées dans les blancs du texte, elles ont toujours comme référent initial le corps et /ou le signifiant.

« Le philosophe croit que la valeur de sa philosophie tient à l'ensemble, à la construction; la postérité la trouve dans la pierre avec laquelle il a construit et avec laquelle, à partir de là, *on construit encore souvent et mieux*; en somme dans le fait que la première construction peut être détruite et *garde pourtant encore sa valeur de matériau* [1]. » C'est une opération de *refonte* qui a lieu dans le texte de Nietzsche, en même temps que de subversion, qui prend pour objet les signifiants occultés du discours philosophique : au lieu même où leur condensation est la plus forte, c'est-à-dire dans ses concepts fondamentaux et dans ses articulations majeures. Ce que Nietzsche accomplit dans son texte, par une écriture insistante et travaillée dont l'aphorisme est la figure majeure, c'est le retour en force de ces éléments censurés, refoulés, leur mise en perspective — véritable mise en scène réglée — dans l'espace déplacé du philosophique. En vue de mettre à jour la logique « propre », toujours « plurielle » parce qu'elle est surdéterminée, de l'idéalisme : autrement dit son *inconsé-*

---

1. *Humain, trop humain* II, § 201.

quence; plus encore, sa *dépendance*, son assise dans une syntaxe déterminée et dans une logique convenue; sa cause toujours déjà « entendue ». Marquer les « changements de scène » des principaux concepts programmés par l'idéalisme revient donc à inscrire son travail « inconscient », à en déployer toutes les ressources pour dévoiler sa topologie et le fonctionnement de ses figures. Il s'agit de *résoudre* (comme on résout un symptôme) toutes les positions de l'inconditionné supposé permanent, d'en faire varier les perspectives, de forcer l'idéalisme à exhiber ses titres et ses droits prétendus; non pas au nom d'un empirisme dont Nietzsche marque sans cesse les limites (même si, à l'occasion, il en utilise les procédures de manière stratégique), mais par un lent travail de *désimplication* de la surface des signes : le signe est le lieu privilégié de cette déconstruction en tant qu'il est le « point » où s'effectue le mouvement même de l'idéalisation; avant tout dans l'espace du procès métaphorique.

La métaphore et le symptôme

Ce que donne à lire l'*accumulation métaphorique* dont le texte philosophique est le lieu, notamment sous le nom de l'« être », c'est un jeu d'échanges et de transferts, de substitutions et de refontes, ainsi qu'une analogie généralisée, dont ce texte est comme l'effet de compromis, dont il se veut la relève absolue, sans reste ni trace. « Nous avons de nouveau retiré leurs prédicats aux choses, ou, du moins, nous nous sommes souvenu que nous n'avions fait que les leur prêter : — veillons à ce que cette conviction ne nous fasse pas perdre la faculté de prêter et mettons-nous en garde de ne pas devenir, en même temps, plus riches et plus avares [1]. » Ce n'est qu'au nom d'une origine toujours supposée identique à soi que le concept d'être a pu s'instituer comme vérité sans condition, comme signifié éternel, ou encore comme valeur ultime : présence indéfiniment reconduite

1. *Aurore*, § 210.

sous des noms différents (« principe », « cause », « vérité », « fondement », etc.), présence qui trouvait sa garantie ultime dans le discours, du moins dans une forme de « croyance » supposée validée par le discours métaphysique. « Rien n'a eu jusqu'à présent une force de persuasion plus naïve que l'erreur de l'être, comme elle a par exemple été formulée par les Éléates : car elle a pour elle chaque parole, chaque phrase que nous prononçons! Les adversaires des Éléates, eux aussi, succombèrent à la *séduction de leur concept d'être*[1]...» Ainsi, le concept d'être, s'il est lu et déchiffré dans sa sur-charge signifiante, apparaît comme l'effet d'une *dérivation* ou d'un *détournement* qui s'accomplit sous le tracé de la métaphore : l' « être » n'est que le répondant imaginaire, ou le prolongement, de la causalité supposée constitutive du sujet; l'un et l'autre sont, suivant les termes de Nietzsche, des « jeux de mots » ou même des « fictions », des « constructions de la pensée » (entendons : de l'idéa-lisme). De même que Nietzsche, dans la position en apparence simple du sujet philosophique, déchiffre des fonctions diversifiées qui ne se recoupent que partiellement (sujet « linguistique », sujet de la « prédication », sujet « logique », sujet « moral » et « religieux »); de même, dans le nom de l' « être », il lit un réseau imbriqué de métaphores, de « croyances », de « postulats », un système cohérent mais incontrôlé d' « interprétations » qui interfèrent, une mise incessante de « valeurs »; cet ensemble d'éléments ne peut se dévoiler comme signifiant que dans l'espace d'une philologie ou d'une linguistique. « La linguistique contribue à prouver que l'homme a entièrement méconnu et faussement dénommé la nature : mais nous sommes les héritiers de ces dénomi-nations des choses, l'esprit a grandi dans ces erreurs qui l'ont nourri et ont fait sa force[2]. »

C'est la même approche qui est utilisée en vue de mettre à jour *l'insu, l'implicite* du Cogito cartésien; puisque là encore la « cause » est cernée dans son tracé fictif; que la structure

---

1. *Crépuscule des idoles*, la « Raison » dans la philosophie, § 5.
2. *Humain, trop humain*, I, frag. posth. 23-24.

syntaxique du verbe actif (en tant qu'il suppose un « sujet » et un « complément » bien délimités, circonscrits, isolables) est mise en question par Nietzsche : le Cogito fournit, en abrégé, le modèle général des énoncés métaphysiques, en tant que ceux-ci jouent la « confusion » de l'actif et du passif, de la grammaire et du discours philosophique. Le Cogito représente, par-delà toute métaphore, l'hypostase du sujet fictif (c'est-à-dire sa falsification), ainsi que la mise en place d'une causalité imaginaire : ce qui est au principe des renversements, des inversions, des déplacements opérés silencieusement par la métaphysique ; ce dont le Cogito est, comme à son insu, le symptôme majeur. C'est donc une « confiance », une « foi », une « croyance » en la langue qui se trouve mise en pratique sur cet exemple privilégié qu'est le Cogito : croyance qui trouve à s'étayer dans le « postulat » d'une *cause active représentée par le sujet grammatical supposé actif*, c'est-à-dire pensé et déterminé comme *pure idéalité*, hors de la différence des langues, hors de la fonction signifiante. *La lecture du Cogito* est l'indice, sinon le symptôme, de la force et de la *prégnance* des fictions dans la discursivité métaphysique ; ce n'est pas un hasard si Nietzsche privilégie, dans sa lecture, soit l'infinitif (« être » devenu substantif), soit la première personne du singulier (Cogito) comme révélateur de la fonction du sujet dans le discours : ce que la métaphysique a constamment pratiqué, ce n'est rien d'autre que la confusion de ces deux formes, leur entrecroisement répété. C'est ce geste qui a pour effet la dissimulation de l'articulation signifiante ; la position de domination exclusive (« tyrannique » dit Nietzsche) du signifié ; la mise en relief de ce signifié dans sa fonction de « valeur ».

« Soyons plus prudents que Descartes qui est resté pris au piège des mots. *Cogito*, à vrai dire, n'est qu'un seul mot, mais le sens en est quelque chose de complexe. (Il ne manque pas de choses complexes que nous empoignons brutalement, croyant de bonne foi qu'elles sont simples.) Dans le célèbre Cogito il y a, 1º ça pense ; 2º je crois que c'est moi qui pense ; 3º mais en admettant même que ce deuxième point soit incertain, comme affaire de croyance, le premier point

« ça pense » contient aussi une croyance : à savoir que
« penser » est une activité pour laquelle il faut imaginer un
sujet, au moins un « ça »; et l'*ergo sum* ne signifie rien de
plus ! Mais c'est la croyance à la grammaire, on suppose des
« choses » et leurs « activités »... Faisons donc abstraction
de ce « ça » problématique et disons *cogitatur* pour constater
un état de fait sans y mêler d'articles de foi : nous nous ferons
illusion une fois encore, car même la forme passive contient
des articles de foi [1]. »

Ainsi le Cogito, s'il est lu dans une perspective généalogique, ainsi que le « scepticisme » de la philosophie moderne
(l'empirisme), sont les indices assurés d'une mise en cause
du sujet qu'il faut poursuivre, *accomplir* et mener à son terme
de manière plus radicale, c'est-à-dire en dévoilant la problématique générale du *signe* et du rapport philosophie/gram-
maire. « Sauf les gouvernantes qui croient aujourd'hui encore
à la grammaire comme à une *veritas aeterna* et par conséquent
au sujet, à l'attribut et au complément, il n'est plus personne
d'assez innocent pour poser encore à la manière de Descartes
le sujet « je » comme condition du « pense ». Grâce à la tendance sceptique de la philosophie moderne, c'est plutôt
l'inverse — à savoir la pensée comme cause et condition
aussi bien du « sujet » que du « complément », de la « substance », de la « matière » — que nous sommes disposés à
croire; ce qui n'est peut-être que la forme renversée de
l'erreur [2]. » C'est ce mouvement qu'il faut répéter en le déplaçant, *en l'accentuant autrement*, qu'il faut réinscrire par un
nouveau parcours du texte de la philosophie; qu'il faut mettre en scène en désimpliquant le jeu d'instances qui y sont
au travail. Dans la mesure où l'idéalisme se définit d'abord
par une fin de non-recevoir à l'égard de toute question portant sur la « provenance » des concepts; dans la mesure où il
« croit » à la transparence des signes, il met en œuvre des
procédures identiques à celle de la religion : c'est dire l'effet
d'*occultation redoublée* qui se produit dans l'idéalisme, puis-

1. *Volonté de puissance*, t. I, pp. 65-66, § 98.
2. *Volonté de puissance*, t. I, p. 79, § 141.

que, de manière insistante, entre l'idéalisme et la religion il y a un échange de pouvoirs. C'est dire que le premier geste de subversion, à l'égard de l'idéalisme comme de la religion, consiste à nettement marquer l'historicité des concepts (... nous autres Allemands sommes hégéliens, quand même nous ne le voudrions pas...). Ce n'est pas tant dans la perspective d'un « renversement » que Nietzsche se place, même si certains textes étaient de nature à le laisser entendre, que dans celle d'une traversée des grandes articulations du texte philosophique, d'une mise en volume de ses principales procédures, d'une subversion qui déplace le terrain par un travail d'écriture. C'est cela qui permet à Nietzsche d'*affirmer* le caractère profondément « négatif » et/ou « réactif » de la philosophie, en tant qu'assomption répétitive d'un « rien », répétition improductive d'une identité hors de question, partialité érigée en système : excroissance « maladive ». « ... L'idéaliste, tout comme le prêtre, a toutes les grandes notions en main (et pas seulement dans la main!), il les joue avec un bienveillant mépris contre l' « intellect », les « sens », les « honneurs », le « confort », la « science », il voit ces choses-là *au-dessous* de soi, comme des forces nuisibles et séductrices, au-dessus de quoi « l'esprit » plane dans la pure ipséité... Aussi longtemps que le prêtre, ce négateur, ce calomniateur, cet empoisonneur par *profession* de la vie, passera pour une forme *supérieure* de l'humanité, on n'aura pas de réponse à la question : qu'*est*-ce que la vérité? On *a* déjà mis la vérité tête en bas quand l'avocat conscient du néant et de la négation passe pour un représentant de la « vérité »[1]. »

Tout se passe donc comme si l'idéalisme, en mettant en œuvre dans son discours des réseaux métaphoriques complexes, avait entièrement occulté leurs tracés; comme s'il n'avait utilisé la métaphore que dans une seule direction, *l'orientation ascendante* qui pose une idéalité intangible du sens. Ce qui implique, dans le trajet de la « critique » nietzschéenne, la prise en considération de *l'usure de la métaphore* accomplie par et dans l'idéalisme philosophique : comme si la méta-

---

1. *Antéchrist*, § 8.

phore n'avait pu avoir lieu que dans un espace discursif où les signes étaient déjà autonomes en raison d'une hiérarchie qui leur assignait leur place et leur rôle, suivant une stricte économie de l'identité et de la présence (économie dont le garant ultime aurait été la grammaire). C'est ce qui commande, dans le texte nietzschéen, un double mouvement : d'une part cerner l'usure du métaphorique comme effet conséquent des procédures de l'idéalisme et, de ce fait, dénouer la complicité de cet idéalisme avec la morale et la religion; d'autre part relancer, par une écriture détournée et subversive, les pouvoirs occultés de la métaphore, la « richesse » demeurée inemployée du signifiant : réinscription du jeu signifiant non dominé par un signifié-valeur, non soumis à une logique convenue (ce que Nietzsche nomme une *Zeichenkonvention*). « Qu'est-ce que la vérité? Une nuée mobile de métaphores, de métonymies, d'anthropomorphismes, bref une somme de relations humaines que la poésie et la rhétorique ont rehaussées, transposées, embellies et qui, après un long usage, paraissent à un peuple stables, canoniques et contraignantes : les vérités sont des illusions dont on a oublié qu'elles le sont, des métaphores devenues élimées et sans pouvoir sensible, *une monnaie dont l'effigie s'est effacée et qui n'a plus d'intérêt que comme métal* [1]. »

C'est donc le problème de la langue qui est pris en charge par *la généalogie* : l'espace discursif de la métaphysique se trouve soumis à un déchiffrement intensif, afin d'y saisir par quels détours l'idéalisme a pu devenir l'élément dominant (Nietzsche accentuant le référent politique de cet idéalisme et ses effets « actuels »). Ce déchiffrement consiste avant tout à *mettre en relief les différentes procédures* (« négatives ») par lesquelles ce discours s'est institué; procédures qui sont toutes *l'indice d'une méconnaissance de structure*. Il ne s'agit donc pas d'appliquer, dans cette lecture, l'opposition vérité /erreur; ni de constituer l'erreur comme le doublet négatif d'une vérité à venir; encore moins d'en faire le moment incomplet d'une totalité à (re-)constituer ou à

---

1. *Livre du philosophe*, p. 183.

réactualiser. Bien plutôt de *construire* ces procédures de la méconnaissance à partir des énoncés principaux du discours philosophique (par exemple le Cogito cartésien), à partir des lacunes mêmes de ce texte, de ses « blancs » les plus signifiants, de ses manques constituants. En ce sens, il s'agit de *fautes de philologie*, de défauts de « méthode » érigés en systèmes, d'un refus répété de prendre en considération l'ordre du signifiant qui a pour effet un rapport fantastique (« une mythologie » dit Nietzsche) entre le signifiant et le signifié, un écrasement du signe, un aplatissement de la dimension « linguistique » de la discursivité philosophique. Qu'il s'agisse de « faux-monnayage » *(Falschmünzerei)*, de « séduction » *(Verführung)* par le signifié dont l'effet est de produire l'imaginaire au cœur même de la conceptualité métaphysique ; de « souillure » *(Beflecken)* du texte qui inscrit le sens dans une sphère idéale sans provenance, ou de son « altération » *(Verderbnis)* en vue d'une prédominance des valeurs supposées éternelles ; ou encore de sa « déformation » (*Entstellung* : terme dont on sait l'importance dans la théorie freudienne. « La déformation d'un texte se rapproche d'un meurtre. La difficulté ne réside pas dans la perpétration du crime, mais dans la suppression de ses traces », écrit Freud dans le *Moïse*, en montrant qu'il faut redonner au mot *Entstellung* son double sens : « modifier l'aspect de quelque chose » et « placer ailleurs, déplacer ») ; qu'il s'agisse de la « dissimulation » *(Verbergen, Verstellung)* dont le procès consiste à occulter la production des concepts et leur provenance, de les constituer comme des éléments auto-suffisants ; qu'il s'agisse enfin de « dénégation » *(Verneinung)* dont l'objet se trouve être le « corps » tout autant que le signifiant, ou même de « défense » *(Abwehren)* en ce qu'elle commande une logique de l'interdit qui maintient le sujet dans son « intégrité ». Toutes ces procédures — sans oublier celle du « leurre » *(Täuschung)*, de la « falsification » *(Fälschung)*, ou du « détour » *(Schleichweg)* — sont construites dans le texte même de la philosophie ; elles permettent d'en produire une lecture rigoureuse qui en dévoile les instances, de mettre à jour *l'écart* qui maintient le corps et le signifiant

à distance, c'est-à-dire de mesurer l'efficace de la logique et de
la syntaxe dans leurs opérations d'idéalisation. La visée
généalogique aura pour conséquence de marquer la « rupture » historique dont ces procédures sont comme le contrecoup. « En vain tout le travail du monde antique... Toutes
les conditions d'une culture savante, toutes les méthodes
scientifiques se trouvaient déjà là, on avait fixé cet *art
incomparable qui consiste à bien lire* — cette condition
préalable d'une tradition de la culture, de l'unité de la science ;
la science naturelle alliée avec la mathématique et la mécanique se trouvait également sur la meilleure voie — *le sens
des faits*, le plus précieux de tous les sens, avait ses écoles, sa
tradition déjà vieille de plusieurs siècles ! L'essentiel était
trouvé, on pouvait se mettre au travail — les méthodes, il
faut le dire dix fois, sont l'essentiel, et le plus difficile, et ce,
qui a le plus longtemps contre soi les habitudes et les
paresses [1]... »

Généalogie et discursivité

Mettre ainsi à jour cet *espace lacunaire* qu'est le texte de
la métaphysique ne peut avoir lieu, dans l'économie de la
déconstruction nietzschéenne, qu'*en constituant le signe
comme symptôme*, c'est-à-dire en produisant ses implications
et en reconstruisant son historicité (ce que fait Nietzsche
en mettant l'accent sur le moment socratique /platonicien
comme commencement de la détermination métaphysique ;
comme *institution* d'un discours dans lequel le sens se trouve
privilégié par rapport à sa production, où l'actif et le passif
se trouvent confondus, où le substantif devient le constituant
essentiel de la réflexion, où le rapport sujet /prédicat devient
la norme de toute « vérité »). Ce glissement du signe vers le
symptôme s'effectue par un double mouvement : d'une part,
réactiver le signe en tant qu'il a été comme « oublié » (simple
ponctualité en laquelle s'opérait le passage du « sensible » à

1. *Antéchrist*, § 59.

l' « intelligible ») ; d'autre part, cerner les différents procès qui le constituaient comme simple ponctualité (notamment marquer le procès d'*abréviation* qui l'informe). Il ne s'agit donc pas de revaloriser le « commencement » : un tel geste ne serait qu'une réactivation de ce que Nietzsche nomme « le besoin métaphysique »; dans un aphorisme intitulé « Au commencement était », il écrit : « Magnifier la genèse, voilà *la surpousse métaphysique* qui se remet à bourgeonner lorsqu'on considère l'Histoire, et qui porte à penser vraiment qu'*au commencement* de toutes choses se trouve *le plus précieux et le plus essentiel* [1]. » C'est dire que la généalogie comme lecture se trouve toujours confrontée à un texte opaque, surchargé, dont les constituants sont toujours surdéterminés : ce qui est marquer l'importance du *motif hiéroglyphique* (avec toutes les différences, qui sont considérables, comme chez Marx et comme chez Freud); dans l'Avant-propos de la *Généalogie de la Morale*, Nietzsche parle «du long *texte hiéroglyphique*, laborieux à déchiffrer, du passé de la morale humaine ». Autre part il écrit : « Nous, *philosophes de l'au-delà* — de l'au-delà du bien et du mal, s'il vous plaît — qui sommes en réalité des interprètes et des augures pleins d'astuce, nous à qui il a été donné d'être placés, en spectateurs des choses européennes, devant *un texte mystérieux et non encore déchiffré*, dont le sens se révèle à nous de plus en plus [2]... »

En raison de cette opacité, de cette consistance du texte métaphysique qui est l'indice de son caractère lacunaire, la généalogie doit se frayer une voie dans l'entrelacement des codes, dans le jeu des instances qui constituent ce texte. Elle doit prendre pour terme, non pas une origine ponctuelle qui aurait fonction de commencement (ce qui est le *défaut*, la perversion propre des religions, ainsi d'ailleurs que des systèmes métaphysiques), mais plutôt ce que Nietzsche nomme *Enstehungsherd*, un « foyer de développement » (ou de « genèse ») *qui se représente dans une typologie* (le « prêtre »,

1. *Voyageur et son ombre*, § 3.
2. *Volonté de puissance*, t. II, p. 141, § 457.

le « savant », le « philosophe », etc.), dans des « représentants » *(Vertreter)*, à travers diverses « figures de domination » *(Herrschaftsgebilde)*. Ce que Nietzsche tente, par cette
remontée généalogique, c'est de mettre en rapport ces figures de « représentants » avec les procédures essentielles de
la méconnaissance ; en vue de cerner le caractère historique
de ces représentants et, donc, de montrer que les différents
codes (religieux, moral, voire esthétique) ne peuvent être
rigoureusement déchiffrés qu'à partir de ce qu'ils refoulent,
de ce qu'ils excluent, qu'à partir de leur « prétention » à
l'intemporalité (quels que soient les noms sous lesquels
cette intemporalité se donne : « tradition », « autorité »,
« loi », etc.). Ce qui est ainsi mis en question c'est le privilège
de l'éternelle présence du code, c'est-à-dire la position
même de la Loi dans sa fonction de *refoulement* (le terme est
de Nietzsche). « Un code ne raconte jamais l'utilité, les
fondements, la casuistique dans la préhistoire d'une loi :
on perdrait là le bénéfice du ton impératif, le « tu dois »,
ce qui permet de se faire obéir... Ce qu'il s'agit d'éviter à
tout prix, c'est la poursuite de l'expérimentation, le prolongement de cet état fluctuant des valeurs, l'examen, la sélection, la critique des valeurs *in infinitum*. On y pare en exi-
geant une double enceinte : *la révélation*, c'est-à-dire l'assertion que la sagesse de ces lois n'est pas d'origine humaine...
mais qu'étant d'origine divine, elle est totale, parfaite, *sans
histoire*, *un présent*, un prodige... Puis, *la tradition*, c'est-à-dire
l'assertion que la loi existait déjà depuis des temps immémo-
riaux... L'autorité de la loi s'établit sur ces thèses : Dieu l'a
donnée, les ancêtres la vécurent. La raison supérieure d'une
telle *procédure* est liée au dessein de *refouler (zurückzu-
drängen)* progressivement la conscience de la vie tenue pour
légitime... de façon à obtenir le parfait automatisme de
l'instinct [1]. »

Le discours métaphysique *se présente* comme discours de
l'absolu, de l'inconditionné, de la présence sans temporalité ;
il utilise, sans les nommer, des métaphores qu'il convertit

1. *Antéchrist*, § 57.

en concepts et en catégories. C'est dire qu'il implique, dans sa structure même et dans sa composition, la « croyance » à l' « autre monde », l'affirmation d'un « monde » d'essences marquées du signe de l'éternité : l'idéalisme est l'effet d'un *redoublement*, le « monde » dédoublé et répété « une autre fois » sous les termes de catégories (procédure que Nietzsche résume sous le terme de *noch einmal* : « encore une fois »); c'est dans le langage du « sensible » que l'autre monde — le supposé « vrai » — s'est nommé, qu'il y a trouvé ses « instruments » de connaissance. « Au lieu de se servir des formes comme de *prises* pour rendre le monde maniable et prévisible, la folie des philosophes découvrit que dans ces catégories est donné le concept de « l'autre monde » auquel ne correspond pas celui où nous vivons [1]. » Ainsi la « connaissance » philosophique ne peut se déchiffrer que comme une répétition décalée, déplacée d'interprétations : elle n'est jamais, à proprement parler, une découverte, mais la reprise modifiée d'un système de signes antérieurement produit; l' « épaisseur » et l'opacité du texte métaphysique ne proviennent que de cette accumulation répétitive, que de cette imbrication et de cette *condensation* (Nietzsche parle d' « abréviation ») des différentes interprétations. C'est donc d'abord des *métaphores sédimentées* que la lecture généalogique traverse, dont elle doit désimbriquer les différentes couches (cf. l'analyse — terme qu'il faudrait prendre ici dans son acception freudienne — du « concept » de *châtiment* dans la *Généalogie de la Morale*, IIe dissertation, § 13 : « ... L'autre élément du châtiment, l'élément mobile, le « sens »... Le concept châtiment n'a plus un sens unique mais il est une « synthèse de « sens » : tout le passé historique du châtiment, l'histoire de son utilisation à des fins diverses, se cristallise finalement en une sorte d'unité difficile à résoudre, difficile à analyser et absolument *impossible à définir*... tous les concepts où se résume un long développement d'une façon sémiotique échappent à une définition »). La généalogie met donc à jour le procès réel de la connaissance, c'est-à-dire

1. *Wille zur Macht*, § 584.

son leurre de structure. « Qu'est-ce que la connaissance ? Une « interprétation » *(Auslegung)*, un investissement de sens, mais jamais une « explication » *(Erklärung)* ; dans la plupart des cas, elle est une interprétation nouvelle d'une interprétation ancienne *devenue inintelligible et qui n'est plus qu'un signe* [1]. » Cet investissement de sens n'est pas autre chose qu'un investissement de *valeurs* ; de ce fait le présupposé platonicien de l'autre-monde (qui, pour Nietzsche, se répète dans tous les systèmes métaphysiques à quelques variantes près) est un procès dans lequel se « confondent » le signifié et la valeur : « confusion » dont l'effet essentiel consiste en ce que signifié et valeur échangent leurs pouvoirs, se suppléent l'un l'autre. Il faut déchiffrer, dans sa continuité et dans ses effets encore présents, la logique de ce présupposé : la manière dont il requiert la figure dominante de l'idéalisme ; donc, une nécessité à l'œuvre dont le discours métaphysique ne peut, par lui-même (par ses « propres » catégories), rendre compte, puisque cette nécessité est déniée et méconnue, quoique inscrite en filigrane, en creux, dans ce texte : comme une nécessité « absente » qui serait déchiffrée dans ses effets entendus comme symptômes. La généalogie part de ces effets pour remonter jusqu'à la procédure : elle construit le tracé qui les sépare, elle montre la fonction « positive » des lacunes.

« ... Le cours entier des valeurs fut orienté vers la dépréciation de la vie ; on créa un *quiproquo (Verwechslung)* entre le dogmatisme idéaliste et la connaissance elle-même... Le chemin de la science était ainsi deux fois barré : par la croyance au « monde vrai » et par les adversaires de cette croyance. Les sciences naturelles, la psychologie étaient 1º *condamnées dans leur objet* ; 2º privées de leur innocence [2]. »

Autre exemple de la même lecture : l'aphorisme § 9 du *Voyageur et son ombre*, « où a pris naissance la doctrine du libre arbitre » : « ... Une expérience que l'homme a faite dans le domaine de la politique et de la société est ici *faussement*

1. *Wille zur Macht*, § 604.
2. *Wille zur Macht*, § 584.

transposée dans le domaine métaphysique le plus abstrait :
c'est là que l'homme fort est aussi l'homme libre, là que les
sentiments vigoureux de joie et de peine, l'altitude de l'espoir,
la hardiesse des désirs, la puissance de la haine, sont l'apa-
nage des dominateurs et des indépendants, tandis que
l'homme soumis, l'esclave, mène une vie opprimée et insen-
sible. — La doctrine du libre arbitre est une *invention des
classes dominantes.* »

Ainsi la généalogie consiste à déceler une série (voire plusieurs) d'interprétations qui se recoupent, qui s'entament
l'une l'autre, en tant que mouvement indéfini des signifiés
par lequel et dans lequel se constituent du même coup le
« sens » et la « valeur »; autrement dit, *un système de procédures* qui, « historiquement », ont trouvé leurs représentants
et qui sont devenues des sédimentations signifiantes. De ce
fait, le sens ne peut se déchiffrer que dans l'espace d'une
secondarité toujours advenue, où les signes ne sont que les
indices d'*abréviations* qui forment l'économie du discours
philosophique (cette économie dont la figure la plus évidente
et la plus significative est le Livre, dont le modèle initial est
la Bible). Économie qui se trouve investie dans les signes
eux-mêmes (comme condensation) et dont l'excès se produit
dans l'écriture nietzschéenne — comme accumulation et
surdétermination des signifiants, comme tracé d'une écriture
« théâtrale », comme traversée du corps à partir de sa « maladie ». « La contradiction n'est pas entre le « faux » et le « vrai »,
mais entre les « abréviations de signes » et les signes eux-
mêmes. L'essentiel est la *construction de formes* qui représentent de nombreux mouvements, l'invention de signes qui
résument des variétés entières de signes... La pensée est
un autre *langage chiffré* qui exprime un *compromis de puissance entre les affects* [1]. » Le signe se donne toujours à lire
comme une formation de compromis, dont il faut désimpliquer les strates, comme un point d'échange entre l'intérieur
et l'extérieur, comme une simple transition impliquée par

---

1. *Volonté de puissance*, t. I, p. 287, § 290.

toutes les formes idéales du discours. Mais surtout, et Nietzsche y insiste, il est *le support de l'interdit*, tout comme les mots qui portent, dit Nietzsche « une sorte de censure morale »; il est l'illusion d'une présence indéfiniment redoublée et reconduite et, en tant que tel, il se présente comme le représentant par excellence de la loi du discours. Si « l'histoire du langage est l'histoire d'un *procès d'abréviation (Abkürzungs-Prozess)* », la remontée généalogique doit mettre à jour un tel procès, montrer l'efficace implicite de la loi dans le fonctionnement du signe; c'est dans cette perspective que Nietzsche produit, à la place de ce qui s'est nommé « mémoire », une « faculté active d'oubli » *(aktive Vergesslichkeit)* comme « pouvoir d'inhibition » *(Hemmungsvermögen)*; par là même tout problème d'origine se trouve entièrement raturé. C'est toujours dans l'espace de l'*après coup (Nachträglich* : on sait l'importance de cette notion dans la science freudienne), de *l'effet second (Nachwirkung)*, donc dans un espace où l'origine est par nécessité de structure absente, que le signe peut être soumis à une lecture; *tout à fait comme le symptôme chez Freud*. C'est dire aussi que la généalogie *démonte* l'unité prétendue du sujet (d'abord comme sujet du savoir), le *résout en ses constituants matériels*, ainsi d'ailleurs que tout ce qui est censé relever de la conscience. S'il y a (eu), dans le discours métaphysique, une solidarité interne entre le signe, la mémoire, la présence, la conscience (et la « représentation »), cette connexion est dissoute par la mise en perspective qui s'effectue comme généalogie : celle-ci met à jour l'économie qui reliait ces termes et dévoile ainsi les postulats théologiques qui les rendaient possibles; ainsi se donne à lire la contradiction qui travaille le signe : *de compromis, il devient le symptôme d'une contradiction, le lieu pluriel d'un excès signifiant*. Ce que Nietzsche énonce à propos de la production du concept doit se lire dans cette optique : « Le concept est formé grâce à l'abandon délibéré des différences individuelles, grâce à l'oubli des caractéristiques... L'omission de l'individuel et du réel nous donne le concept... Tout ce qui distingue l'homme de l'animal dépend de cette capacité de *faire se volatiliser les métaphores intuitives en un schéma,* donc *de dissoudre une image en un concept* [1]. »

Au terme de son procès, la généalogie ne retrouve que des séries de déplacements et de recouvrements qui délimitent l'articulation des signes, séries sans origine qui effacent toute possibilité de présence. Ainsi, à propos des « concepts » de bien et de mal, il ne peut être question de savoir *ce qu'ils sont* (toute question d'essence se révèle intenable), mais seulement de repérer les divers déplacements dont ils sont l'effet second après coup, d'indiquer de quels rapports de force ils sont la conséquence sublimée *et* déplacée, de marquer les différentes représentations où ils se sont exprimés. Il faut donc distinguer nettement deux éléments : « D'une part, ce qu'il y a de relativement permanent, l'usage, l'acte, le « drame », une certaine *suite de procédures (Abfolge von Prozeduren)* strictement déterminées ; d'autre part, la fluidité, le *sens,* le but, l'attente, toutes choses qui se rattachent à la *mise en œuvre (Ausführung) de ces procédures* [2]. » Ce n'est que grâce à cette différence nette (« suite de procédures », « mise en œuvre des procédures ») que la lecture peut s'effectuer sans passer par la détermination idéaliste de l'essence, en évitant donc toute position métaphysique des concepts *et* des valeurs ; c'est-à-dire en dénouant la confusion entretenue par l'idéalisme philosophique entre le signifié et la valeur, entre l'actif et le passif, entre le discours et la grammaire, entre le signe et l'interdit.

« La procédure est quelque chose de très ancien, d'*antérieur à son utilisation,* le châtiment a été *introduit, par l'interprétation, dans la procédure...* » Le sens ne peut se lire que par une logique de l'après coup, comme un effet surinvesti, comme « synthèse » dont il faut démonter l'unité pour en comprendre l'économie réelle. Toujours à propos du « châtiment », Nietzsche écrit : « Dans un état plus rudimentaire, cette « synthèse de sens » paraît encore plus *soluble* et plus *mobile (verschiebbarer : Verschiebung,* « déplacement »)* ; on peut encore se rendre compte comment, dans chaque cas particulier, *les éléments de la synthèse modifient*

---

1. *Livre du Philosophe,* pp. 181-183.
2. *Généalogie de la Morale,* II, § 13.

leur valeur et leur ordre, de sorte que c'est tantôt cet élément, tantôt cet autre qui prédomine aux dépens des autres, et que dans certaines circonstances un élément semble éclipser tous les autres. Pour qu'on puisse se représenter quelque peu combien *incertain, après coup (nachträglich), accidentel* est le « sens » du châtiment, combien une même procédure peut être utilisée, interprétée, façonnée dans des vues fondamentalement différentes [1]... »

Le « foyer de développement » (des concepts et/ou des valeurs) est le lieu de croisement de la série des procédures et de leur mise en œuvre. C'est dire que, sous le « sens », c'est un rapport de forces qui se joue, lequel s'est toujours trouvé dénié ou occulté par le texte métaphysique, recouvert par la position supposée intangible des signifiés. Ainsi la généalogie découvre les déplacements indéfinis des signifiants, en tant que ces parcours sont l'indice assuré d'un jeu de forces : en ce sens ces signifiants ne peuvent pas s'inscrire dans l'espace d'une présence éternellement reconduite, ni dans celui d'une conscience entièrement transparente à soi, ni dans le registre d'un sujet déterminé comme plénitude et suffisance. C'est toute l'économie de la causalité simple, de l'origine ponctuelle et pleine, de la « mémoire » sans défaut, du signe pensé dans une autonomie totale, c'est toute cette économie qui se trouve subvertie, déplacée, dissoute, entièrement déconstruite. Un autre texte de la *Généalogie de la Morale* l'indique avec précision. « ... La cause originelle du développement d'une chose et son utilité finale, son emploi effectif, son classement dans un système de buts, sont deux points séparés *toto cœlo*... Toute subjugation, toute domination équivaut à une interprétation nouvelle, à un *accommodement (Zurechtmachen)*, où nécessairement le « sens » et le « but » qui subsistaient jusqu'alors seront *obscurcis* ou même *effacés complètement*... Mais le but, l'utilité ne sont que l'*indice (Anzeichen)* qu'une volonté de puissance a maîtrisé quelque chose de moins puissant et lui a *imprimé*, de sa propre initiative, le sens d'une fonction ; toute l'histoire d'une

---

1. *Ibid.*

« chose », d'un usage peut être une *chaîne-de-signes (Zeichen-Kette) ininterrompue d'interprétations et d'accommodations nouvelles, dont les causes n'ont même pas besoin d'être liées entre elles.* Le « développement » d'une chose, d'un usage, d'un organe n'est rien moins qu'une progression vers un but, et moins encore une *progression logique* et directe atteinte avec un minimum de forces et de dépenses — mais bien une *succession constante de procès d'assujettissement,* plus ou moins *indépendants les uns des autres,* sans oublier les *résistances* qui s'élèvent sans cesse, les tentatives de *changements de formes (Form-Verwandlungen)* qui s'opèrent en vue d'une *défense* et d'une *réaction,* enfin les résultats heureux des actions contraires. Si la forme est fluide, le « sens » l'est bien davantage [1]. »

C'est donc par une série d'assujettissements et de subjugations que le « sens » s'est produit en dehors de toute référence au signifiant. Ainsi ce que la généalogie produit, dans son détour, c'est un procès de changements de forme dont l'indice majeur est la trame métaphorique qui travaille le texte métaphysique. De ce fait tout signifié dévoile son appartenance tacite à des chaînes de signifiants entrecroisés. L'effet premier de l'idéalisme est d'avoir occulté ces chaînes au nom de signifiés tenus pour des équivalents de la valeur. La généalogie met à jour *les conditions formelles de la production des concepts,* ainsi que l'économie fondamentale qui la commande et lui prescrit ses coordonnées. On peut distinguer trois moments de la démarche généalogique :

— repérer dans un texte, dont on sait au préalable le caractère *lacunaire,* les éléments signifiants où la condensation de signification est la plus forte. Autrement dit les termes carrefours ou les noyaux de sens qui tiennent lieu de signifiés originaires et qui, donc, ont une fonction législatrice dans le texte métaphysique. Ce sera, dans la *Généalogie de la Morale,* l'opposition du « bien » et du « mal » et la série des termes qu'une telle opposition requiert.

— produire la « syntaxe » qui donne forme et sens à ces

1. *Généalogie de la Morale,* II, § 12.

éléments, pour marquer à partir de quelles lacunes ces éléments sont *devenus* des segments de signification. Ce qui est
dévoiler le système formel des « croyances », des « postulats »
ou des « hypothèses » qui ont été les points d'appui d'une
production conceptuelle réglée comme « vérité ». Ce qui est
aussi indiquer le travail qui s'est produit dans l'agencement
des signes, dans l'ordonnance des mots, dans l'articulation
mécanique des signifiés.

— déchiffrer l'ensemble du texte, en montrant la fonction
des lacunes, c'est-à-dire, celle de déterminants de la signification. Ce qui permet, également, de désimpliquer les instances sédimentées dans les signes eux-mêmes, d'inscrire le
jeu des déplacements et des changements de scène auxquels
elles ont été soumises : le travail d'effacement, d'oblitération,
d'érosion continuelle.

Ce geste d'excès, représenté par cette remontée généalogique, par cette démarche régressive, a pour effet de subver-
tir l'économie classique de la définition, du rapport supposé
intangible — parce qu'étayé dans la grammaire — du sujet
et du prédicat. D'où la fiction d'origine que Nietzsche produit pour penser cette subversion. « Ce droit de maître en
vertu de quoi on donne des noms va si loin que l'on peut
considérer l'*origine (Ursprung) même du langage comme un
acte d'autorité émanant de ceux qui dominent*. Ils ont dit :
« Ceci est telle et telle chose », ils ont attaché à un objet et à
un fait tel vocable et, par là, ils se les sont ainsi appro-
priés[1]. »

Ce qui est découvert, dans le même temps, c'est une hiérarchie de signifiés qui renvoie à une « volonté » de vérité,
laquelle a trouvé son appui dans un groupe de « représentants » (c'est la nouvelle question portée par la généalogie :
qui parle « derrière » ces prétendues catégories du « bien »
et du « mal »?) Si l'homme peut se définir par l'efficace d'une
« Trieb zur Metapherbildung » (« *impulsion* à la production
métaphorique »), c'est en tant qu'elle est *devenue codifiée*
dans l'espace d'une *rhétorique qui s'est donnée sous le nom*

---

1. *Généalogie de la Morale*, I, § 2.

de philosophie; à l'intérieur de laquelle *l'apparence a pris valeur d'essence sous le nom même de « vérité ».* L'artifice de la langue, dans sa version métaphysique, sa « mythologie » confirmée par la grammaire et par la relation prédicative, c'est sa prétention à la maîtrise de toute différence et de toute contradiction. Prétention par laquelle le signifiant se trouve dénié et /ou forclos, méconnu dans ses déplacements et dans sa logique spécifique. Prétention dont l'envers nécessaire est la prédominance de motifs religieux ou éthiques. Un des lieux stratégiques où un tel coup de force peut se donner à lire clairement est la relation métaphysique du « sujet » et de l' « objet », en tant que point nodal du système des représentations métaphysiques. « Entre deux sphères absolument différentes, comme le sujet et l'objet, il n'y a pas de causalité, pas d'exactitude, pas d'expression, mais tout au plus un rapport *esthétique,* je veux dire une transposition insinuante, une traduction balbutiante dans une langue tout à fait étrangère : ce pour quoi il faudrait en tout cas une sphère et une force intermédiaires composant librement et imaginant librement [1]. » Ce que la généalogie montre avec insistance, c'est l'impossibilité de tout signifié stable, isolé, donc l'absence de tout fondement rigoureux de la vérité métaphysique. C'est toute la problématique du *nom* qui se trouve ainsi désorganisée, mise en abîme par le dévoilement de son caractère arbitraire dans le système des signifiés métaphysiques. Ce qui devient visible, dans cette opération, c'est l'*étrangeté* de l'idéalisme philosophique et de sa persistance; par le biais d'une transformation textuelle, d'un glissement réglé par l'écriture des signifiés les uns sur les autres; par la pratique, constante chez Nietzsche, d'une *parodie* ou d'une *mimique* du texte philosophique. Opération de *neutralisation* qui, dans le tissu conceptuel, dévoile des lacunes et des absences massives; qui pose le nom comme le lieu privilégié (par la philosophie) d'un investissement inouï et incalculable à la limite. « Voici ce qui me coûte et ne cesse de me coûter toujours les plus grands efforts : compren-

---

1. *Livre du philosophe*, p. 189.

dre qu'il importe plus de *savoir comment se nomment les choses que ce qu'elles sont.* La réputation, le nom et l'apparence, la valeur, le poids et la mesure habituels d'une chose — qui à l'origine ne sont que de l'erreur, de l'arbitraire dont la chose se trouve *revêtue comme d'un vêtement parfaitement étranger à sa nature et à son épiderme* — la croyance à tout cela, transmise d'une génération à l'autre, en fait peu à peu *comme le corps même de la chose*; *l'apparence* du début finit toujours par *devenir essence et agit en tant qu'essence!* Quelle folie n'y aurait-il pas à prétendre qu'il suffirait de *dénoncer cette origine,* ce voile nébuleux du délire pour anéantir le monde tenu pour essentiel, la soi-disant réalité! Seuls les créateurs peuvent anéantir! Mais n'oublions point ceci : il suffit de créer de nouveaux noms, des appréciations, des vraisemblances nouvelles pour créer à la longue de nouvelles « choses » [1]. »

Travail textuel, qui passe notamment par la mise entre guillemets, dont l'autre versant est celui d'une *écriture* qui bouleverse l'ordre des noms et des signifiés, qui atteint en son centre l'imaginaire métaphysique, qui produit des noms nouveaux pour ce qui s'est trouvé forclos du texte métaphysique. « Qu'est-ce que l'originalité? C'est *voir quelque chose qui n'a pas encore de nom,* qui ne peut encore être nommé, bien que cela soit sous les yeux de tous. Tels sont les hommes habituellement qu'il leur faut d'abord un nom pour qu'une chose leur soit visible. Les originaux ont été le plus souvent *ceux qui ont donné des noms (Namengeber) aux choses* [2]. »

L'autre scène de la philosophie

Le premier livre de Nietzsche, *La Naissance de la Tragédie,* met en œuvre une pratique généalogique, sans pouvoir d'ailleurs en énoncer la théorie. Critique de la *Poétique* d'Aristote

---

1. *Gai Savoir,* § 58.
2. *Gai Savoir,* § 261.

et de sa conception de la tragédie, ce texte prend pour axe le problème de la langue dans son rapport à la musique et à la scène théâtrale. Il s'agit d'une construction, n'ayant valeur que de fiction provisoire ou intermédiaire, qui inscrit le lieu d'une naissance : celle de la tragédie avant son « déclin » ou sa « perte » dans l'espace de la philosophie socratique / platonicienne; avant toute séparation (qui est l'indice d'un refoulement et d'une forclusion) de l'acteur et du spectateur, de l'acteur et du metteur en scène, de l'acteur et de l'auteur; avant toute « retombée » de la tragédie dans l'espace re-doublé et idéaliste de la re-présentation : ce qui est contemporain de l'idéalisme métaphysique, à connotation éthique, tel qu'il s'institue avec Socrate, *la « vérité » qui a texture de fiction*. Cette retombée se déchiffre comme constitution de l'espace symbolique scindé, comme la réduction de toute représentation à la simple horizontalité du visible : prédominance devenue de l'apparaître dont la voix sans tonalité (sans musique) est le représentant majeur. La voix dans la tragédie classique — en tant qu'elle est contemporaine de l'idéalité du sens posée par Socrate — se trouve soumise au simple énoncé, au signifié qu'elle est destinée à porter; elle ne sert qu'à transcrire un sens déjà posé, déjà codifié ailleurs, qui lui préexiste et qui fait office de loi. Nietzsche souligne l'identité du « destin » de la tragédie et de celui de la philosophie : leur soumission à un espace idéalisé où la voix et l'œil règlent toute forme d'échange et ont donc fonction de norme intangible. Voix « blanche », neutralisée, qui s'efface derrière le sens qu'elle doit transmettre, simple support sans consistance du dialogue. Le corps, en tant que symbolique plurielle, se trouve ainsi en position de refoulé, du fait même de son morcellement, de son éclatement en facultés séparées.

Dans l'espace du philosophique, Socrate modèle sa théorie sur la métaphore de l'œil comme représentant par excellence du corps : hypostase du sujet, déterminé dans ce registre métaphorique à dimension unique. Il s'agit pour Nietzsche de construire, à partir de ce réseau d'effets après coup, le modèle fictif de la première scène, celle de la tragédie originaire : comme espace pluriel d'une matérialité signifiante, où la parole n'est pas coupée de son rythme, de sa tonalité ou de son timbre ; où ce qui prédomine c'est « une symbolique totale du corps » mise en pratique : musique, cri, danse, gestualité, etc., ce qui ne peut être soumis à la re-présentation, à la répétition pure ou à l'imitation ; ce qui ne peut pas entrer dans le registre de la subjectivité idéaliste présupposé par la philosophie socratique. « En tout genre et à tout niveau, ce que nous exigeons d'abord et surtout c'est que l'on triomphe du subjectif, qu'on se libère du moi, que l'on impose silence aux velléités et aux caprices individuels » (§ 5). Déconstruire l'espace rhétorique de convention qu'est la tragédie dans sa version classique (Sophocle, Euripide) comme jeu déterminé à l'avance (à la manière d'une partie d'échecs) et réglé uniquement par la parole, c'est-à-dire simple affrontement verbal et enchaînement dialectique préétabli ; tout à fait comme le discours métaphysique platonicien. Dénouer l'équivalence, de provenance métaphysique, entre la « conscience », la « représentation », l' « apparence » vraisemblable et le corps morcelé : tel serait l'objectif initial de la remontée généalogique accomplie dans *La Naissance de la Tragédie*, par le recours à la fiction de l'opposition Apollon/Dionysos. « Je me suis efforcé de deviner pourquoi l'apollinisme grec a dû surgir d'un sous-sol dionysiaque ; pourquoi le grec dionysiaque a dû nécessairement devenir apollinien, c'est-à-dire briser son goût du démesuré, du complexe, de l'incertain, de l'horrible, contre une *volonté qui lui imposait la mesure*, la simplicité, *la soumission à la règle et au concept*. » La figuration tragique initiale, c'est le travail du corps qui se met en scène, sans aucune séparation du mot et du geste : là où le chœur tragique est en même temps le « sujet » et l' « objet » du spectacle. Dionysos est la figure absente mais efficace de la scène, le fondement de la musicalité de la voix et de la gestualité du corps ; c'est le moteur même du tragique comme espace indivisé où la musique est « première » et la langue dérivée. Ce sont les éléments matériels de la scène, en même temps que les ressources symboliques du corps, qui prescrivent à la tragédie son déroulement : « antérieurement » à toute réflexivité ou à toute dou-

blure idéaliste, à toute intervention d'une conscience législatrice posant sa norme dans un absolu, dans une idée platonicienne. La musique est l'indice de la « profondeur »
du corps, de sa symbolique nécessairement plurielle. En fait
tout se passe *comme si* la musique, dans l'espace général de
la symbolisation, était le principe même de toute signifiance ;
comme si, en retrait du mot et de l'idée (de provenance platonicienne), elle pouvait déployer une tout autre logique et
une autre syntaxe. La musique effectue la subversion de la
métaphore optique, dont le discours platonicien a usé, de
l'horizontalité de l'idée et de la re-présentation, de la suffisance de la conscience. Elle se pose comme l'excès de tout
« code » linguistique, comme la matrice signifiante de la
tragédie à son commencement ; de ce fait elle déjoue ce
qui advient avec la tragédie devenue discursivité, la « complicité » éthico-métaphysique de la parole et de l'espace réduit
à l'œil. Ainsi elle ne peut être soumise à la représentation, à
l'imitation d'une « réalité » déjà structurée ; elle détruit toute
logique de l'apparence mimétique, de même que le présupposé
platonicien de l' « arrière-monde » ou du primat *exclusif*,
c'est-à-dire éthique, de la conscience. « Tandis que la musique
nous oblige à voir plus et plus profond qu'à l'ordinaire, à
déployer sous nos yeux les événements scéniques comme une
toile délicate, notre œil spirituel, qui se tourne vers l'intérieur, *étend à l'infini le monde de la scène et l'éclaire du dedans*.
Comment le poète, riche de ses seuls mots, parviendrait-il à
un résultat analogue, lui qui, à l'aide d'un *mécanisme moins
accompli*, par un *chemin indirect* qui part du mot et de l'idée,
s'efforce de réaliser cette extension et cette illumination
intérieure du monde visible de la scène ? Si la tragédie musicale s'appuie elle aussi sur le verbe, elle peut en revanche y
*ajouter l'arrière-plan d'où il naît et éclairer de l'intérieur le
devenir du verbe même* » (§ 21).

Cette scène première se produit comme force affirmative,
le mot n'étant qu'un des éléments constituants ; l'espace s'y
organise par la relance réciproque de la musique et du texte,
sans domination préétablie, sans qu'intervienne une censure
ou une loi. La poésie du texte tragique s'origine de la

musique elle-même; le devenir de ce procès, c'est la retombée dans un espace de convention (c'est-à-dire rhétorique, codifié suivant une loi), de la répétition et de l'imitation : la musique n'y est plus qu'un accessoire du texte, une illustration d'un texte déjà écrit. Comme dans l'idéalisme socratique ou platonicien, la signifiance se trouve sous la domination d'un code fixé par avance (Nietzsche parle à ce propos d'une « rhétorique conventionnelle qui est d'ordre mnémotechnique »); indice d'une répétition improductive, d'un mouvement profondément négatif. « Imaginons quelle entreprise ce doit être de mettre en musique un poème, c'est-à-dire de prétendre *illustrer musicalement un poème et de prêter à la musique un langage intelligible. C*'est le monde renversé. C'est *comme si le fils voulait engendrer le père.* La musique peut enfanter des images qui ne seront jamais que des schémas, des exemples de son contenu authentique et universel. Mais comment l'image, la représentation peut-elle produire la musique? Bien moins encore si c'est le concept, l' « idée poétique » qui doit le produire. »

Nietzsche veut donc arracher la musique au texte, relancer ses potentialités signifiantes avant toute capture par le mot ou par l'idée; c'est ce qui motive cette remontée généalogique qui s'accomplit dans *La Naissance de la Tragédie*, dont l'effet essentiel est de mettre à jour la matrice signifiante de toute re-présentation et de toute figuration à partir de ses résultats contradictoires dans la retombée classique de la tragédie. Il faut donc refaire, en abrégé, le trajet demeuré occulté de la « création » même des langues; défaire les conventions d'un théâtre mort, simplement codifié dans l'artifice d'une dialectique uniquement verbale (c'est la fonction du dialogue chez Sophocle, par exemple, qui devient l'équivalent d'un discours de tribunal). Ainsi la généalogie de la représentation et de l'imitation entame nécessairement la question du signe, de la conscience et du savoir. L'espace de la scène classique est à son insu travaillé par un mouvement de transgression; mouvement qui, au-delà des « apparences », découvre un procès indéfini de production/destruction sur lequel personne ne peut détenir une quelconque maîtrise. Espace

« ouvert » de l'autre scène où l'interdit éthico-métaphysique
ne joue pas, *décentrement* majeur dont aucun sujet ne peut
prévoir les déplacements. C'est ce mouvement qui se dédou-
ble de soi-même que Nietzsche déchiffre dans le destin de la
tragédie. « Le poète tragique ressortit à la sphère de l'art
apollinien par le plaisir qu'il prend à l'apparence et au spectacle, mais *en même temps il nie ce plaisir* et trouve une *satisfaction plus haute à détruire le monde visible de l'apparence...*
C'est le même mouvement que nous observons dans la perception de la dissonance musicale, où nous entendons et en
même temps aspirons à entendre au-delà des sons. Ce mouvement vers l'infini, cet envol du désir... nous prouvent que
nous sommes en présence du phénomène dionysiaque... »
(§ 24). De même c'est la fonction supposée centrale du sujet
qui se trouve décalée, déconstruite ; c'est la complicité du
sujet et de son énoncé qui est subvertie dans le moment où
la représentation est déchiffrée dans ses effets idéalistes.
L'imitation et la répétition sont les figures de la mort, en
tant qu'elles produisent le rejet de toute signifiance et de
toute symbolique corporelle ; dans un espace linéaire où la
différence platonicienne de l' « idée » et de l' « idole » est une
différence de valeur (cf. § 10), lieu où l'apollinien affirme sa
prédominance sur le dionysiaque. « L'ivresse apollinienne
produit avant tout l'irritation de l'œil qui lui donne la force
de voir... Dans l'état dionysiaque tout le système émotif est
irrité et amplifié : en sorte qu'il décharge d'un seul coup tous
ses moyens d'expression, en expulsant sa force d'imitation,
de reproduction, de transfiguration, de métamorphose, toute
espèce de mimique et de théâtralité [1]. »

La scène apollinienne est l'espace d'une transparence
(dont l'idée platonicienne est l'équivalent) tout entière fondée sur l'interdit, sur la méconnaissance du corps comme
signifiant. Elle est commandée et réglée par une téléologie
(par exemple sous la figure du *deus ex machina*) ; elle se fonde
sur une illusion tenace : figurer la vie, dans sa présence même,
hors de toute médiation et de tout signe. Sa vérité essentielle,

---

1. *Crépuscule des idoles*, Flâneries inactuelles, § 10.

c'est de séparer la poésie de la musique, le mot de sa tonalité, le corps de sa symbolique, la théâtralité de la scène matérielle; elle ne vit que sur le mode d'une dénégation redoublée. Chez Sophocle le drame est devenu simple enchaînement dialectique; le mythe, un des motifs du tragique, se trouve réduit à la simple narration d'un « événement », soumis à une réévaluation dialectique, inscrit comme simple péripétie d'une « théodicée ». La nouvelle scène, celle d'Euripide notamment, est une structure en miroir; puisque c'est le spectateur lui-même qui s'entend et qui *se* voit sur la scène. La scène est désormais un espace neutre, en fait investie de valeurs éthiques supposées éternelles, où le spectateur peut s'écouter sans risque. « Sur la scène euripidienne, le spectateur vit et entendit son propre double et se réjouit de l'entendre si bien parler. Ce n'est pas tout : on apprend à parler chez Euripide... Grâce à lui, le peuple sait maintenant observer, recourir aux plus subtils sophismes et en tirer les conséquences. C'est par cette conversion du langage public qu'il rendit possible la comédie nouvelle » (§ 11). L'énoncé philosophique (socratique) devient la norme et la loi de tout le théâtre; c'est dire aussi qu'Euripide est à la fois le « créateur » et le « juge » de son propre texte, il ne fait que mettre en scène les énoncés de la philosophie idéaliste de Socrate/Platon. Ce qui devient par là même prédominant c'est la peinture de caractères, c'est le « talent imitatif de l'artiste », c'est-à-dire la conformité à une norme (éthique et/ou esthétique) donnée comme intangible. Cette structure théologique de la scène devient l'exact répondant de l'effacement de la voix derrière le texte, de la musique réduite à une expression unifiée. « Euripide poète est l'écho de sa pensée consciente... Comme Platon, Euripide entreprit de présenter au monde l'antipode du poète « hors de sens ». Son principe esthétique « tout doit être conscient pour être beau » forme *le pendant de la thèse socratique selon laquelle il faut être conscient pour être vertueux.* Nous pouvons considérer Euripide comme le poète du socratisme esthétique » (§ 12). Le vouloir-dire tient lieu désormais de scène en effaçant toutes les figures « mythiques » de la transgression (notamment Œdipe), en les réduisant à la dimension d'une parole claire, idéalisée, sans rapport avec le volume du théâtre. « Naturalisme » de la représentation, dialectique « discursive » des personnages réglés par leurs « caractères », investissement éthique, affirmation de la conscience comme valeur. La mort de la tragédie, ce n'est pas autre chose que l'établissement de l' « équation socratique », raison = vertu = bonheur ; ce qui trouve à se réaliser dans le dialogue, c'est-à-dire dans un discours qui a forclos tout élément signifiant et qui, de ce fait, peut construire suivant sa logique l'ensemble de la scène : Nietzsche déchiffre cette configuration comme l'indice assuré de la mort. « Le malheur est venu du dialogue... Dès qu'il y eut face à face deux acteurs égaux, une rivalité s'alluma entre eux, *une rivalité de paroles et d'arguments*... Cette rivalité faisait appel à un sentiment jusqu'alors banni, la « méchante » Eris... Le héros du drame ne pouvait succomber, il fallait donc qu'il fût aussi un *héros d'éloquence*... La dialectique devient de plus en plus envahissante jusqu'au moment où *elle décide même de la structure du drame entier*.... La tragédie est morte de son *optimisme* dialectique et moral ; le drame musical est mort d'un manque de musique [1]. » La figure de Socrate, comme figure de l'interdit de provenance éthique, se profile derrière la scène classique, elle est inscrite dans son agencement même : « Socrate mourant devint l'idéal nouveau, jamais rencontré auparavant » (§ 13). L'équation socratique, c'est la possibilité d'une équivalence toujours reconduite entre le « sens » et la « valeur », la « vérité » et la « morale ».

Le terme de ce procès se trouve représenté, dans la généalogie nietzschéenne, par la forme de l'opéra. Celui-ci est la séparation advenue de la musique et du texte, principalement sous la figure du récitatif (le *stilo rappresentativo*) où la musique n'est plus qu'une simple rhétorique d'accompagnement, la doublure accessoire d'un texte. Le récitatif entretient la confusion de la musique et de la parole, bien qu'il prenne pour axe le vouloir-dire, c'est-à-dire l'agencement préétabli des signifiés. « Le chanteur satisfait le vœu

---

1. *Naissance de la Tragédie*, fragments, pp. 164-166.

de l'auditeur désireux de comprendre les paroles chantées et pour cela il parle plus qu'il ne les chante... Cette alternance de discours porteurs de l'effet dramatique, mais seulement à demi-chantés, et d'interjections où se déploient toutes les ressources de la voix... est quelque chose de si contraire à l'esprit apollinien et dionysiaque à la fois, qu'il nous faut assigner au récitatif une origine *étrangère* à tous les instincts artistiques. Le récitatif est un *mélange sans cohérence interne...* sorte de conglomérat ou de mosaïque sans exemple ni dans la nature ni dans la vie » (§ 19). La croyance qui est au principe de l'opéra, qui est son motif le plus essentiel, c'est le mythe d'une origine où le bien serait déjà séparé du mal, d'une innocence donnée, c'est-à-dire d'une primitivité « bonne » et d'un art « naturel ». L'opéra vit ainsi, mais cette « vie » n'est que l'indice inaperçu de la mort, de la prétention d'imiter cette origine, de la restituer dans une création artistique supposée pure et tout entière axée sur le signifié, sur le sens des paroles ; en plus il se codifie à partir de l'opposition métaphysique de l'âme et du corps qu'il reconduit. En ce sens l'opéra est l'accomplissement le plus manifeste de la métaphysique socratico-platonicienne, dont il met en œuvre tous les postulats et toutes les « croyances » et « fictions ». Il est la reproduction du même interdit à l'endroit du corps et du signifiant. « L'opéra est le produit de l'homme théorique... Seuls des auditeurs proprements sourds à la musique purent exiger que, dans la musique lyrique, on comprît avant tout les paroles et affirmer qu'une renaissance de celle-ci n'était concevable qu'à condition d'inventer un type de chant où *les mots du texte commanderaient au contrepoint comme le maître à l'esclave.* Pour ces gens, les mots étaient plus nobles que leur accompagnement musical, *de la même manière que l'âme passait le corps en noblesse...* L'homme se transporte en rêve dans une époque où la passion suffit à produire chants et poèmes, comme si l'émotion avait jamais été capable de rien créer d'artistique. L'opéra présuppose une conception erronée de la création artistique, *la croyance idyllique que tout homme sensible est un artiste... L'opéra postule un temps primitif où l'homme vivait dans la familiarité*

de la nature, réalisant ainsi *l'idéal d'une humanité à la fois
bonne et artiste* » (§ 19).

Il ne s'agit pas tant d'un renversement que de l'effet conséquent de la métaphysique socratique. Ainsi, au terme du
parcours généalogique réalisé dans *La Naissance de la Tragédie*, la fiction d'origine qui était posée au départ (la tragédie
saisie dans son commencement absolu) se trouve entièrement détruite par la mise à jour des postulats de l'opéra
qui sont programmés dans l'idéalisme socratique. Ainsi se
donne à lire *l'illusion* d'une langue « naturelle », pure et sans
métaphore, sans investissement (de l') imaginaire, sans
arrière-fond. Ce qui travaille au fond des langues, ce sont des
articulations syntaxiques et des tracés métaphoriques complexes; c'est une « mythologie », qui se relance sans fin sous
des termes en apparence neutres, c'est un entrecroisement
d'instances qui s'effacent les unes les autres. L'opéra a
seulement ici une fonction exemplaire qui permet de lire
en clair des procès que l'on retrouve dans le discours métaphysique. « ... mélange de styles du *stilo rappresentativo*
où la *musique* est considérée comme la *servante* et le *texte*
comme *le maître*, celle-là comparée au *corps* et celui-ci à
l'âme, où dans le meilleur des cas on a en vue une musique
purement *descriptive* comme jadis dans le dithyrambe attique
nouveau » (§ 19).

Qu'il s'agisse du nom de l' « être » ou du « rien », du Cogito,
de la substance ou du sujet, dans tous les cas le déchiffrement
généalogique met à jour des couches textuelles imbriquées.
Le dispositif nietzschéen de lecture/écriture vise à déjouer
tous les effets de représentation reconduits par et dans l'idéalisme philosophique. Le caractère radicalement nouveau
de la « position » nietzschéenne, c'est qu'elle déchiffre dans
le texte même de la métaphysique des procédures qui le
constituent autour d'une « absence », celle du signifiant.
Ce texte est ainsi mis en scène, pluralisé, soumis à une opération de *Darstellung* continuelle par laquelle les différentes
contradictions impliquées se dévoilent. Ce qui se profile, de
manière encore imprécise et empirique, dans cette perspec-

tive généalogique, c'est une séquence inédite (qu'on peut résumer ainsi : texte/inconscient//corps/sujet) qui vient entamer la cohérence idéaliste du discours philosophique, la surface de ses signifiés et le principe de leur articulation. Si le texte nietzschéen (à supposer qu'il soit unifié, ce qui n'est pas évident) peut se déchiffrer d'abord comme une *généalogie du discours philosophique*, c'est en raison de son écriture même qui pratique une refonte (globale?) des matériaux du texte idéaliste, une réinsertion dans d'autres chaînes d'énoncés. *Travail d'intertextualité philosophique* qui aujourd'hui doit passer par d'autres scènes.

« Du point de vue du matérialisme dialectique, l'idéalisme philosophique est un développement *exclusif*, exagéré (une boursouflure, une bouffissure) de l'un des traits, de l'un des aspects, de l'une des limites de la connaissance, qui devient ainsi un absolu, détaché de la matière, de la nature, divinisé » (LÉNINE : *Cahiers philosophiques*).

« L'obscure connaissance des facteurs et des faits psychiques de l'inconscient *se reflète* (il est difficile de le dire autrement, l'analogie avec la paranoïa devant être appelée au secours) dans la construction d'une *réalité suprasensible*, que la science retransforme en une *psychologie de l'inconscient*. On pourrait se donner pour tâche de décomposer, en se plaçant à ce point de vue, les mythes relatifs au paradis et au péché originel, à Dieu, au mal et au bien, à l'immortalité, etc., et de retransformer *la métaphysique en métapsychologie* » (FREUD : *Psychopathologie de la Vie quotidienne*).

──────────── **Bibliographie sommaire** ────────────

Œuvres :

La Naissance de la Tragédie, trad. Cornélius Heim, éd. Gonthier-Médiations (1964).

La Naissance de la Philosophie à l'époque de la tragédie grecque, trad. Geneviève Bianquis, Paris, Gallimard.

Le Livre du Philosophe, trad. et introduction de Angèle Kremer-Marietti, Aubier-Flammarion, 1969.

Considérations inactuelles I et II ⎱
                 III et IV ⎰ trad. G. Bianquis, Aubier

Le Crépuscule des Idoles, précédé de : *Le cas Wagner, Nietzsche contre Wagner* et suivi de l'*Antéchrist*, trad. Henri Albert, Mercure de France 1952.

L'Antéchrist, trad. et présentation de Dominique Tassel, U.G.E. 10-18, 1967.

Ecce Homo, trad. Alexandre Vialatte, Gallimard.

La Volonté de puissance, I et II, trad. G. Bianquis, Gallimard.

Poésies complètes, trad. G. Ribemont-Dessaignes, éd. du Seuil, 1948.

Lettres choisies, trad. A. Vialatte, Gallimard.

Lettres à Peter Gast, I et II, trad. Louise Servicen, éd. du Rocher, 1957.

Les Éditions Gallimard préparent une édition des Œuvres complètes de Nietzsche, parallèlement à l'édition allemande (Walter de Gruyter) et à l'édition italienne réalisée par G. Colli et M. Montinari (Adelphi Edizioni). Six volumes sont déjà parus en traduction française :

Humain, trop humain I, trad. Robert Rovini, 1968.

Humain, trop humain II, trad. Robert Rovini, 1968.

Aurore, trad. Julien Hervier, 1970.

Le Gai Savoir, trad. Pierre Klossowski, 1967.

Zarathoustra, trad. Maurice de Gandillac, 1972.

Par-delà bien et mal ; La généalogie de la morale, trad. de Cornélius Heim, Isabelle Hildenbrand et Jean Gratien, 1971.

Cette édition est placée sous la responsabilité de Gilles Deleuze et Maurice de Gandillac.

Études :

Georges BATAILLE : *Sur Nietzsche*, Gallimard, 1945.

Eugen FINK : *La Philosophie de Nietzsche* (1960), trad. H. Hildenbrand et A. Lindenberg, éd. de Minuit, coll. Arguments, 1965.

Martin HEIDEGGER : *Nietzsche* (1961), trad. Pierre Klossowski, éd. Gallimard, 1971.

Gilles DELEUZE : *Nietzsche et la Philosophie*, P.U.F. 1962.

Cahiers de Royaumont n° VI (1964), éd. de Minuit, 1967.

Pierre KLOSSOWSKI : *Nietzsche et le Cercle vicieux*, Mercure de France, 1965.

Jean-Michel REY : *L'Enjeu des Signes — lecture de Nietzsche*, éd. du Seuil, coll. L'Ordre philosophique, 1971.

Bernard PAUTRAT : *Versions du Soleil — figures et système de Nietzsche*, éd. du Seuil, coll. L'Ordre philosophique, 1971.

Sarah KOFMAN : *Nietzsche et la Métaphore*, Payot, 1972.

X

LA PHILOSOPHIE DE BERGSON

par René VERDENAL

Henri Bergson et le bergsonisme

Lorsque, autour des années 1920, A. Thibaudet fit le
tableau : *Trente Années de Pensée française*, il réserva à
Bergson un volet de son triptyque, à côté de Barrès et de
Maurras. E. Bréhier avait pourvu sa philosophie de l'étiquette de « spiritualisme », et M. Pradines précisait même :
« spiritualisme mystique ». Unamuno y apercevait une « restauration spiritualiste, en son fond mystique, médiévale,
donquichottesque... » Cette « philosophie nouvelle » provo-
qua un effet de fascination qui prit la forme de « conver-
sions » de toutes sortes : J. Maritain, Péguy, E. Le Roy,
G. Sorel, K. Barth, etc. illustrent ces « virages » qui allèrent
de la théologie à la politique du socialisme. La philosophie
universitaire est entrée aussi dans une ère bergsonisante :
elle a proféré des bavardages sur l'intuition qui se trouve
recouverte par les paraphrases d'un discours aveugle : le
« vu » du philosophe s'est dégradé en un « dit » sans que l'on
ait rien vu du tout! Ajoutons l'utilisation plus banale du
bergsonisme comme supplément d'âme dont se sert une
société sclérosée dans son conservatisme pour conjurer les
méfaits du matérialisme social par l'incantation verbale des
mots magiques : durée, élan, énergie spirituelle... Tant
d'hommages académiques expliquent sans doute le ton
grinçant de ceux qui diagnostiquent, dans la « philosophie

du mobilisme », « une parade philosophique ». Le rayonnement du bergsonisme est ambigu : apparemment élaborée
par un professeur de philosophie avec les ressources « savan-
tes » d'une technique philosophique, cette doctrine est accueil-
lie comme une nouvelle formule de sagesse et de morale, à la
fois psychothérapie et gnose mystique. Mais cette ambiguïté
n'est pas le fait du hasard : Bergson veut déplacer la philosophie du domaine spéculatif vers le terrain de l'expérience
spirituelle : cette philosophie « nous donne aussi plus de force
pour agir et pour vivre. Car, avec elle, nous ne nous sentons
plus isolés dans l'humanité, l'humanité ne nous semble pas
non plus isolée dans la nature qu'elle domine ».

Un autre philosopher...

C'est à la philosophie que Bergson demande le secret d'une
conversion spirituelle qui initie les hommes à un nouvel art
de vivre : mais c'est à condition que la philosophie elle-même
soit « transmutée ». Il s'agit de mettre fin à la tradition historique de la philosophie et d'imaginer un nouveau philosopher. La philosophie, en effet, est trop suspecte en raison
de ses accointances avec cette vérité qui se trouve déposée
« dans les cartons administratifs de la société ». Fille du langage, elle a joué surtout les jeux de la « dialectique pure »
qui se mêlent aux querelles de la société. Bergson refuse
« d'alimenter indéfiniment les disputes entre écoles dans le
champ clos de la dialectique pure ». Il rêve d'un philosopher
ingénu « sans passer par les systèmes ». Au début de *Matière
et Mémoire*, il écrivait : « Nous nous plaçons au point de vue
d'un esprit qui *ignorerait* les discussions entre les philosophes. » « Quand nous recommandons un état d'âme où les
problèmes s'évanouissent, nous ne le faisons, bien entendu,
que pour les problèmes qui nous donnent le vertige par ce
qu'ils nous mettent en présence du vide. » Nous ne pouvons
redonner à l'esprit cette innocence que si nous réussissons
à mettre entre parenthèses l'histoire de la philosophie.
Cela passe par une critique radicale de la spéculation philo-

sophique qui est fondée sur le maniement du concept. Les discussions doctrinales roulent, en effet, sur des idées générales,
à la limite du vide intellectuel : la métaphysique spécule
« sur l'existence en général, sur le possible et le réel, sur le
temps et l'espace, sur la spiritualité et la matérialité ».
Les vraies questions : l'origine, la nature et la destinée de
l'homme, sont refoulées par la spéculation métaphysique.
Les contradictions entre les systèmes révèlent l'arbitraire
avec lequel le philosophe choisit de privilégier tel ou tel
aspect de la perception, en adoptant tel ou tel concept.
« Et bien des philosophies différentes surgissent, armées de
concepts différents. Elles luttent indéfiniment entre elles. »
Le côté négatif de la spéculation philosophique exprime la
coupure de la pensée ratiocinante d'avec la réalité perçue
par la conscience : il convient d'apercevoir ce que la négation
« a de subjectif, d'artificiellement tronqué, de relatif à
l'esprit humain et surtout à la vie sociale ». Entre la pensée
et le réel s'interpose l'idée de néant — pseudo-idée qui
engendre des pseudo-problèmes. Or ce « fantôme de néant »
est produit régulièrement par le travail conceptuel qui
s'acharne à déréaliser la réalité en sa « positivité ». Le philosopher nouveau exige donc une vigilance sans cesse en éveil
contre les proliférations conceptuelles que suscite l'entendement humain : d'où cette critique obstinée du concept.
Cette critique du concept se conjugue avec une sorte de
conversion spirituelle, à savoir la découverte de l'intuition
philosophique à travers l'expérience spirituelle de la durée
psychologique. Sans le recours à cette « expérience métaphysique », on ne verrait guère comment Bergson pourrait
« inverser la direction habituelle du travail de la pensée ».
Au fur et à mesure que Bergson accède à sa vision philosophique, critique du concept et intuition de la durée s'entremêlent comme deux thèmes solidaires : car la critique du
concept fait appel aux « données immédiates de la conscience », mais, inversement, l'intuition de la durée nécessite
le recours à un commentaire antispéculatif. Aussi Bergson
n'arrive-t-il pas à convaincre son lecteur qu'il a échappé
aux préjugés et aux labyrinthes de la métaphysique classique.

Ce nouveau philosopher devrait mettre fin à l'ère des controverses dogmatiques : « A la multiplicité des systèmes qui luttent entre eux, armés de concepts différents, succéderait l'unité d'une doctrine capable de réconcilier tous les penseurs dans une même perception. » Néanmoins Bergson lui-même se sent engagé dans une lutte qui a tout l'aspect d'une querelle idéologique : la pensée risque d'être sourde à la conscience sous l'effet de sollicitations innombrables, que ce soit du côté du sens commun, ou de la science ou de la métaphysique. En effet, de ces trois côtés, on conteste l'idée d'une connaissance qui échappe à la relativité, à l'artifice des symboles, à la fixation des concepts abstraits. Ces menaces ont même un nom : Kant. Il « a porté à notre science et à notre métaphysique des coups si rudes qu'ils ne sont pas encore tout à fait revenus de leur étourdissement. Volontiers, notre esprit se résignerait à voir dans la science une connaissance toute relative, et dans la métaphysique une spéculation vide ». Le criticisme kantien est relayé par le « scientisme » : « Pendant plus d'un demi-siècle, le « scientisme » s'était mis en travers de la métaphysique... Tout effort d'intuition était découragé par avance ; il se brisait contre des négations qu'on croyait scientifiques. »

La puissance de l'immédiat

L'intuition de la durée joue le rôle d'un pôle de retournement qui permet à Bergson de réorienter, par une « volteface », la signification de la connaissance : elle est le lieu où Bergson tente d'inverser le travail de la pensée. Intuition, selon Bergson, « signifie d'abord conscience, mais conscience immédiate, vision qui se distingue à peine de l'objet vu, connaissance qui est contact, même coïncidence ». Loin d'être une « méthode » que pourrait manier la pensée raisonnante et discourante, l'intuition de la durée exprime une certaine « expérience métaphysique » où le réel se donne à la conscience dans l'acte même par lequel elle « sent » la présence de la réalité. Cela nécessite une conscience qui soit « attention à la vie », qui ne veut plus voir pour agir, mais « voir pour voir ». On comprend dès lors l'insistance de Bergson à préserver l'originalité de cette intuition contre les immixtions de la pensée conceptuelle : d'où ce procès inlassable du concept, de l'entendement analytique et discursif. On y discerne un thème essentiel : une sorte de complexe de l'artifice qui pousse Bergson à sa conception de la connaissance. Bergson oppose à une connaissance sans symbole où la pensée coïncide immédiatement avec la réalité une connaissance impure, médiate et symbolique, condamnée à s'éloigner indéfiniment de la réalité. Connaître, dans ce cas, dépend « du point de vue où l'on se place et des symboles par lesquels on s'exprime ». Cela rend nécessaire une démarche analytique qui est traduction, projection abstraite, construction artificielle. C'est là le travail de l'entendement, que ce soit en science où le symbolisme porte sur les concepts de relations, sorte de cadres sans contenu, ou en métaphysique, dont le symbolisme porte sur les concepts de choses, sorte de fantômes qui courent après des fantômes. *L'Évolution créatrice* précise la fonction naturelle de l'entendement : « fonction essentiellement pratique, faite pour représenter les choses et des états plutôt que des changements et des actes. » La structure de l'intelligence humaine « est faite pour agir du dehors sur la matière » : or, elle n'y « arrive qu'en pratiquant, dans le flux du réel, des coupes instantanées... » Ainsi s'explique le mécanisme cinématographique de la pensée, liée au caractère kaléidoscopique de l'adaptation à la vie : y prend naissance l'illusion de la logique rétrospective. Une telle intelligence excelle à fabriquer des concepts dans la pratique sociale. Le concept, cristallisé dans le mot, remplace les choses par des symboles qui sont disponibles pour des opérations logiques : produit de la généralisation qui escamote les différences au profit des ressemblances, le concept est fixé par le symbole. Or le symbole est fiction que construit l'intelligence abstraite pour représenter les choses telles qu'elles sont maniées techniquement par les outils de la société. Bergson interprète par cette notion de symbole aussi bien le mot du langage que le signe mathématique : il met donc dans le même sac les structures logico-grammaticales du langage et les structures opératoires de l'algorithme mathématique. Ces thèmes jouent un rôle directeur dans la pensée de Bergson : l'intuition de la durée, l'évolution créatrice, la conception de l'homme dans la réalité, tout cela est sans cesse tributaire de cette thèse : la connaissance ne saisit la réalité comme absolu qu'à condition de renoncer à cette double réfraction : le langage et l'espace. Autour de cette thèse se nouent plusieurs thèmes fort peu « critiques » : il y a là le dualisme de la matière et de l'esprit, il y a aussi une représentation spéculative de la matière comme espace, selon le modèle cartésien, et il y a aussi une interprétation de la mathématique comme pensée spatialisante et mécaniciste. La conjonction de ces thèmes détermine de façon logique la structure de la connaissance qui se trouve assimilée à la conscience. Connaître, c'est l'acte d'une conscience qui « sent » la présence comme existence vécue, en expulsant toute représentation qui empêcherait la coïncidence d'une conscience qui se fond avec la réalité. L'intuition immédiate a lieu là où « l'acte de connaissance coïncide avec l'acte générateur de la réalité ». L'immédiateté est obtenue par l'acte d'une conscience qui réussit à se détacher de toute représentation : cette connaissance saisit parfaitement l'absolu « sans avoir à passer par le raisonnement, l'abstraction et la généralisation ». Cette connaissance échappe à la routine conceptuelle qui pèse sur le connaître au sens habituel du terme où l'on prétend connaître si l'on se contente de « prendre des concepts déjà faits [de] les doser et [de] les combiner ensemble jusqu'à ce qu'on obtienne un équivalent pratique du réel ».

Ainsi Bergson ne parvient pas à rompre l'oscillation entre l'affirmation d'une « puissance de l'immédiat » et une analyse théorique des concepts. D'un côté, « je dis que l'immédiat se justifie et vaut par lui-même, indépendamment de toute théorie du concept ». Ou encore : « Cette puissance de l'immédiat, je veux dire sa capacité de résoudre les oppositions en supprimant les problèmes est, à mon sens, la marque extérieure à laquelle l'intuition vraie de l'immédiat se reconnaît. » Mais, par ailleurs, Bergson expose inlassablement un discours

philosophique qui soumet à une revision critique les catégories de la science et de la spéculation métaphysique, de façon
à découvrir l'intuition comme l'envers d'une spéculation
menée jusqu'à l'évanouissement des concepts. On se doute
d'ailleurs que le projet de « tourner » et le sens commun et la
science et la métaphysique ne peut se borner à décrire naïvement une intuition primesautière !

Le critique de la pensée spéculative

Bergson va donc installer une série de « réductions », pour
reprendre l'expression de Husserl, afin de suspendre le
régime naturel d'une pensée soumise aux instances pratiques
de la société : il lui faut suspendre le sens commun qui est
solidaire de la technique et du langage, la science et la métaphysique traditionnelle. Il s'agit de renoncer à la conscience
réfléchie avec ses « distinctions tranchées » où « les choses
aux contours bien définis, comme celles que l'on aperçoit
dans l'espace » sont consignées dans des mots en vue d'être
combinées par les opérations logiques du discours conceptuel. Mais il ne suffirait pas de proclamer la résolution d'un
Nicht-Mitmachen, à la manière husserlienne qui réclame
la non-participation à l'action, car, si la métaphysique est
sécrétée naturellement comme le discours de la société, le
sens commun est inextricablement emmêlé avec les fictions
et les fantômes de la métaphysique.

Lorsqu'il envisage la perception du changement, par
exemple, Bergson pose ainsi le problème : « Pour penser le
changement, et pour le voir, il y a tout un voile de préjugés
à écarter, les uns artificiels, créés par la spéculation philosophique, et les autres naturels au sens commun. »

Aussi Bergson revient-il constamment à la charge : pour
décrocher la pensée de ses amarres conceptuelles, il lui faut
procéder à une sorte d'anamnèse répétée de l'histoire de la
philosophie, comme s'il en attendait une difficile catharsis.
Sans doute importe-t-il de se défendre contre les « œillères »
imposées par la vie : « Auxiliaire de l'action, [la vie] isole,

dans l'ensemble de la réalité, ce qui nous intéresse. » Mais cela ne suffit pas : la métaphysique, en tant qu'elle a formulé les postulats implicites au sens commun et à la science, entretient des illusions transcendantales, dirait un kantien, ces « mirages d'idées » tels que les pseudo-concepts du désordre, du possible, du déterminisme, autant de broderies sur le canevas du fantôme du néant. Dès l'*Essai*, Bergson remonte à Zénon d'Élée, et amorce cette généalogie de la métaphysique classique pour éliminer ses chimères du champ de la conscience. « La métaphysique date du jour où Zénon d'Élée signala les contradictions inhérentes au mouvement et au changement, tels que se les représente notre intelligence... » La métaphysique grecque a fixé le cadre conceptuel dans lequel la pensée s'est emprisonnée dans les antinomies et les apories ; or la puissance de cette spéculation venait de ce qu'elle collait au langage, institution que régit la société. Avant même la réflexion du philosophe antique, la société a déposé dans le langage « la subdivision et la répartition du réel en concepts », car « les choses que le langage décrit ont été découpées dans le réel par la perception humaine en vue du travail humain ». Aussi le langage recèle-t-il « des pensées toutes prêtes et des phrases toutes faites » que la spéculation philosophique soumet à une procédure de généralisation et d'abstraction. A propos de Platon, Bergson note : « Le métaphysicien travaille a priori sur des concepts déposés par avance dans le langage, comme si, descendus du ciel, ils révélaient à l'esprit une réalité supra-sensible. » En vertu de ce platonisme, les Anciens se figuraient que « l'Être était donné une fois pour toutes, complet et parfait, dans l'immuable système des idées ». Aristote formule « la logique immanente à nos langues » et canonise ainsi l'obsession du statique du substrat immobile, du chosisme substantialiste. A travers le courant qui va de Descartes à Kant, Bergson perçoit la permanence de la mentalité platonisante, soit que le cartésianisme identifie l'Idée avec le concept mathématique, soit que le kantisme s'y réfère pour refuser la connaissance absolue à la pensée humaine. Si on ne procède pas à une critique destructrice de l'illusion spéculative entretenue

par la métaphysique, il est impossible de parvenir à ce philosopher de l'intuition comme « acte simple » : « En résumé,
pour un esprit qui suivrait purement et simplement le fil
de l'expérience, il n'y aurait pas de vide, pas de néant,
même relatif ou partiel, pas de négation possible. » Car
« philosopher est un acte simple », si on saisit ce qu'il y a
d' « essentiellement spontané » dans la pensée philosophique,
en « la simplicité de son intention originelle ». Il est clair que
« l'esprit de simplicité » qui désigne l'essence de la philosophie
pour Bergson, désigne plutôt une méta-philosophie qu'une
non-philosophie : en fait, Bergson ruse avec l'entendement
et tâche de retourner l'entendement contre la spéculation
métaphysique. Bergson manie l'entendement en composant
une opération de dissociation avec une opération de conversion : dans un premier temps, il dissocie les mixtes pour
séparer la qualité de la quantité, la durée de l'étendue, la
succession de la simultanéité, la liberté du déterminisme —
dans un deuxième temps, il fait apparaître l'homogène à
partir de l'hétérogène, la juxtaposition à partir de la fusion,
l'unité à partir de la multiplicité. Ce travail « discursif »
de l'entendement analytique se combine avec un usage
métaphorique du concept que Bergson ramène à l'état
d'image naissante : si bien que la philosophie semble surtout
occupée à transcrire en imagerie symbolique le système
conceptuel de la pensée abstraite.

La « méthode » de Bergson apparaît ainsi comme une sorte
de chiffre qui compose entendement et imagination sur un
mode disjonctif. On pourrait illustrer cette démarche de la
pensée bergsonienne, par tous les thèmes de sa pensée :
choisissons, par exemple, dans L'Évolution Créatrice, « la
genèse idéale de la matière ». Lisons d'abord le prélude :
« Quand nous replaçons notre être dans notre vouloir, et
notre vouloir lui-même dans l'impulsion qu'il prolonge, nous
comprenons, nous sentons que la réalité est une croissance
perpétuelle, une création qui se poursuit sans fin. Notre
volonté fait déjà ce miracle. » Après cet exorcisme, Bergson
met en place les glissements métaphysiques et les fulgurations d'images qui doivent avoir raison des « distinctions

tranchées » d'un entendement rigide et statique. « Considère-t-on *in abstracto* l'étendue en général? L'extension apparaît seulement avec une tension qui s'interrompt. » Et puis : « Que conclure de là, sinon que le processus par lequel cette chose se fait est dirigé en sens contraire des processus physiques, et qu'il est dès lors, par définition, immatériel? » Les ruses scolastiques prêtent leur renfort aux jeux des mots et aux feux d'artifice imaginatifs. Ainsi, l'imagerie d'un récipient à vapeur permet d'évoquer « le jet originel » qui retombe en gouttelettes, le geste créateur qui se défait, d' « un centre d'où les mondes jailliraient comme les fusées d'un immense bouquet ». Cela se termine : « La création, ainsi conçue, n'est pas un mystère, nous l'expérimentons sans cesse dès que nous agissons librement. » Le lecteur devine, à juste titre, que l'intuition philosophique se manifeste surtout comme une animation imaginative d'un système conceptuel que le philosophe redoute de détruire avec « le sévère travail du concept »!

L'intuition de la durée

A la manière des officiers d'État-major qui s'entraînent à la guerre par des *Kriegsspiele*, Bergson procède à une sorte d'exercice tactique dans l'*Essai sur les données immédiates de la conscience*, où il introduit l'intuition de la durée. C'est à cette occasion que Bergson s'efforce de transporter la métaphysique « sur le terrain de l'expérience » : le cas de la durée lui semblait décisif pour mettre en route un philosopher nouveau. L'entendement y est pris en flagrant délit d'intellectualisation du temps en espace, occupé à « travailler avec le fantôme de la durée ». « L'acte habituel, normal, banal de l'entendement », c'est « l'élimination du temps ». La fonction de la science positive est de « masquer la durée » et d' « escamoter les effets du temps » « pour la commodité de l'action ». Or, il s'agit de retrouver « la durée intérieure toute pure » en revenant à sa « pureté originelle ». Dans l'*Essai*, Bergson semble recourir à une démarche d'approche réflexive : « Nous allons donc demander à la conscience de s'isoler du monde extérieur, et, par un vigoureux effort d'abstraction, de redevenir elle-même. » Cependant dans *L'Évolution créatrice*, Bergson évoque plutôt une sorte de coup de force métaphysique : « Mais pensons-nous jamais la vraie durée? Ici encore une prise de possession directe sera nécessaire. On ne rejoindra pas la durée par un détour : il faut s'installer en elle d'emblée. » Bergson va dissocier le concept de temps, « concept bâtard dû à l'intrusion de l'idée d'espace dans le domaine de la conscience pure ». Aussi Bergson se sent-il obligé de détruire le barrage « scientiste » qui fait obstacle à la durée pure. Le physicien est victime des obsessions mathématiques : le temps, « conçu sous la forme d'un milieu indéfini et homogène » n'est que « le fantôme de l'espace obsédant la conscience réfléchie ». Il faut donc exorciser ce fantôme qui s'est logé dans l'idée du temps mesurable : « Jamais la mesure du temps ne porte sur la durée en tant que durée. » Mesurer, en effet, c'est compter des simultanéités, alors que le temps réel s'écoule entre les simultanéités mesurées.

Bergson fait intervenir constamment un paradoxe qui imagine l'accélération du temps entre les simultanéités repérées, sans que la pensée mathématique puisse discerner une différence. « Entre les simultanéités se passera tout ce qu'on voudra. Le temps s'accélérera énormément, et même infiniment : rien ne serait changé pour le mathématicien, pour le physicien, pour l'astronome. » Dès l'*Essai*, il écrivait : « Ce qui prouve bien que l'intervalle de durée lui-même ne compte pas au point de vue de la science, c'est que, si tous les mouvements de l'univers se produisaient deux ou trois fois plus vite, il n'y aurait rien à modifier à nos formules, ni aux nombres que nous y faisons entrer. » Il n'en serait pas de même, par contre, pour la conscience qui vit psychologiquement la durée : « Profonde serait pourtant la différence au regard de la conscience (je veux dire, naturellement, d'une conscience qui ne serait pas solidaire des mouvements intra-cérébraux), car ce ne serait plus pour elle, du jour au lendemain, d'une heure à l'heure suivante, la même fatigue d'attendre... » On se demande évidemment si le fameux morceau de sucre vit l'attente de fondre... A la différence de la science, la conscience aperçoit la durée comme une « vision directe de l'esprit par l'esprit », après avoir éliminé tout ce qui est interposé : « point de réfraction à travers le prisme dont une face est espace et dont l'autre est langage ». Mais il conviendrait de surveiller de près les « artifices » dialectiques par lesquels Bergson interprète la durée comme mouvement pur, comme multiplicité hétérogène et qualitative jusqu'à faire surgir en elle la procession théologique de la substance spirituelle. « L'intuition est ce qui atteint l'esprit, la durée, le changement pur. Son domaine propre étant l'esprit, elle voudrait saisir dans les choses, même matérielles, la participation à la spiritualité, nous dirions à la divinité, si nous ne savions tout ce qui se mêle encore d'humain à notre conscience, même épurée et spiritualisée. »

En fait, l'intuition de la durée fonctionne comme l'idéologème central de la philosophie bergsonienne. La signification première de cet idéologème est tactique : mettre en déroute le travail conceptuel de la pensée scientifique en exploitant sur le mode d'une construction « métaphysique » la différence entre l'espace et le temps : « ... ce qui est durée pure exclut toute idée de juxtaposition, d'extériorité réciproque et d'étendue ». Puis, tel Protée, la durée se métamorphose en moi profond et créateur, en essence du mouvement auquel participe le changement des choses, en prototype de l'acte libre, en mémoire spirituelle, en élan vital dans une évolution créatrice, et enfin, en poussée mystique qui illumine la destinée de l'univers comme machine à fabriquer des dieux! L'idéologème de la durée renvoie ainsi au mythème de la conscience, pâle substitut du Sujet transcendantal, lui-même image dégradée du Modèle divin. Ce que Bergson appelle la conscience est le refuge du sujet constituant qui a échappé miraculeusement à l'antithétique de la raison spéculative! Le monde extérieur, alias la matière, a été définitivement terrassé : « La matière est inertie, géométrie, nécessité. » Les métaphores de l'éveil et de l'assoupissement, de la tension et de la détente, de la contraction et de la dilatation, dotent la conscience de l'élasticité qui la rend

capable de se faire « coextensive » à la réalité, selon le vieux
schème aristotélicien d'une âme qui devient toutes choses par
« sympathie »? Le terme même de conscience supporte tout un
éventail de sens : la conscience est surtout l'acte de perception, mais aussi aperception dans l'acte de réflexion, puisque
la pensée est perception ; mais la conscience est volonté,
donc esprit, esprit au sens d'une spiritualité créatrice, pour
devenir même « supra-conscience » où s'abolit la distinction
de l'esprit et de la matière. Et Bergson rêve d'une conscience
qui aurait une « portée illimitée », demande comment la
faculté de percevoir serait « indéfinie » dans la double direction de la matière et de l'esprit...

En fait, ces thèses bergsoniennes sont incluses dans sa
tentative pour interpréter la connaissance comme un acte
de la conscience : la philosophie bergsonienne offre une varia-
tion sur le thématisme d'une philosophie de la conscience où
connaître est l'acte de « lire » immédiatement le signifié à
même le signe. Le concept ne saurait valoir comme représentation des choses, mais, par contre, il exprime immédiatement un acte de la conscience. Aussi la critique du concept le
ramène-t-elle à l'image, acte d'une conscience qui voit les
choses en les sentant sur le mode d'un mélange entre l'esprit
et la réalité. « Dans la page qu'elle a choisie du grand livre
du monde, l'intuition voudrait retrouver le mouvement et le
rythme de la composition, revivre l'évolution créatrice en
s'y insérant sympathiquement. » A bien examiner la critique
bergsonienne des mathématiques, on s'aperçoit que la philosophie de Bergson se loge dans l'écart entre le symbole-
image et le signe-algorithme. Alors que le symbole représente
l'image associée aux mots, le signe algorithmique désigne une
règle opératoire de type abstrait. Bergson refuse d'enregis-
trer cette rupture dans le régime moderne des signes que
provoque l'avènement des mathématiques modernes. Avec
obstination, il condamne les mathématiques à s'astreindre à
« l'emploi de signes artificiels », comme si le symbole mathématique était soumis au primat représentatif de l'image.
Les analyses par lesquelles Bergson tente d'enfermer les
mathématiques dans les représentations de l'espace sont

éclairantes : n'est-il pas clair que l'idée d'espace fournit au mathématicien des modèles de relations et des idéogrammes algorithmiques dont il se sert pour exprimer les structures logiques de la pensée abstraite ? Depuis la géométrie grecque, figurative de l'arithmétique, la géométrie analytique associée à l'idée de fonction, la géométrie riemanienne, la topologie, on assiste à l'effort du mathématicien pour construire des modèles d' « espaces abstraits » : or l'espace abstrait, suivant le terme créé par Fréchet, est le lieu de variations analytiques d'une pensée théorique à la recherche de structures logiques et mathématiques. On s'aperçoit que l'idée d'espace garde son sens métaphysique chez Bergson, qui n'a pas dissocié la représentation de l'espace et la « chose » d'un espace physique !

Métaphysique de la durée et théorie relativiste du temps

Cette méprise de Bergson sur la signification épistémologique des mathématiques éclate dans le malentendu de son discours philosophique au sujet des théories de la relativité, où Bergson a plus spécialement étudié la première théorie, la théorie de la relativité restreinte qui naît avec le mémoire d'Einstein en 1905. On constate d'abord que Bergson a été vivement touché par l'événement de cette nouvelle théorie de la mécanique : il entreprend de plaider pour ses thèses philosophiques sur le temps et la durée, quitte à se trouver en désaccord avec Einstein lui-même. Aussi croyons-nous que cette controverse éclaire étrangement la nature du philosopher bergsonien. Sans pouvoir entrer dans le détail de cette discussion, on remarque que la méprise de Bergson tourne autour de la distinction entre la mathématique et la physique. Einstein n'a cessé de préciser, et en France même Langevin l'a montré lumineusement dès les années 1910, que la théorie de la relativité restreinte est une théorie physique, liée étroitement à l'interprétation des équations de Maxwell sur l'électro-magnétisme. Lorsque Einstein étudie le problème d'apparence cinématique : comment deux observateurs, l'un au repos, l'autre en mouvement uniforme et rectiligne par rapport au premier, échangent-ils leurs observations d'espace et de temps, il s'agit non d'un problème de cinématique au sens de la mécanique rationnelle, mais d'une question de cinématique physique dans un univers où les observateurs sont aux prises avec les phénomènes matériels. En effet, les deux observateurs se demandent suivant quelle règle ils doivent échanger leurs mesures d'espace et de temps pour que les équations de Maxwell restent invariantes : ce côté proprement physique du problème a été masqué par le fait qu'Einstein lui-même a montré qu'on pouvait retrouver déductivement les relations de Lorentz à partir d'un postulat énonçant axiomatiquement la constance de la vitesse de la lumière. Quant à l'introduction d'un espace quadridimensionnel où la variable appelée t est affectée d'un coefficient imaginaire, on s'aperçoit que le choix de la géométrie de Minkovski tient à la valeur heuristique de cette théorie : grâce à ce modèle d'espace abstrait, Einstein a pu découvrir de nouvelles structures physiques (notion de masse variable avec la vitesse du corps, équivalence de l'énergie et de la matière, temps propre d'un système physique, etc.). Rappelons d'ailleurs en passant que cette théorie de la relativité restreinte est définitivement incorporée à la physique moyenne, et qu'au-delà d'Einstein, elle a fourni aux théoriciens de la physique quantique comme Louis de Broglie et Dirac de puissants instruments d'investigation des phénomènes de l'atome.

Bergson, par contre, ne veut voir dans la théorie de la relativité restreinte qu'un symbolisme mathématique, « purement mathématique », dit-il curieusement. Il veut dire une écriture de signes artificiels qui n'ont de valeur, dit-il, que sur le papier. En somme, le physicien se sert de papier pour faire ses calculs, les calculs n'ont donc d'autre valeur que celle de gribouillis sur une feuille de papier! Alors que la théorie physique tend, et cela depuis Galilée, à « fusionner » de façon de plus en plus intime avec la pensée algorithmique du mathématicien pour parvenir à interpréter théoriquement l'expérience technique, Bergson feint de pouvoir séparer mathématique et physique. Einstein avait montré que l'idée d'espace et de temps ne pouvait s'isoler des mesures physiques de l'observation physique : il obligeait à s'interroger sur la notion même de géométrie et à découvrir ses attaches avec l'expérience physique, suivant des préoccupations qui se préciseront dans la théorie de la relativité généralisée chez Einstein, Weyl ou Eddington. L'argumentation de Bergson tend à réduire l'expérience physique à l'expérience psychologique, à vider la pensée physique de la théorisation mathématique, et à ramener l'expérience technique du physicien à des états de conscience du physicien. Bergson passe sans transition de l'expérience physique à la métaphysique de la durée : « Le sens commun croit à un temps unique, le même pour tous les êtres et pour toutes choses. D'où vient sa croyance? Chacun de nous se sent durer : cette durée est l'écoulement même, continu et indivisé, de notre vie intérieure. » L'objectivité de l'expérience physique s'interprète immédiatement par une vision métaphysique : « ... Nous nous représentons, au-delà de ce qu'on pourrait appeler l'horizon de notre perception extérieure, une conscience dont le champ de perception empiéterait sur la nôtre, puis, au-delà de cette conscience et de son champ de perception, une autre conscience située d'une manière analogue par rapport à elle, et ainsi de suite, indéfiniment. » Il affirme la nécessité d'un « point de vue intuitif » pour discuter la relativité : ainsi, pour la simultanéité, il écrit qu'elle est « donnée intuitivement. Et elle est absolue, en ce sens qu'une chose ne dépend d'aucune convention mathématique, d'aucune opération physique telle qu'un réglage d'horloges... » Il n'hésite pas à faire appel à « une conscience surhumaine, coextensive à la totalité des choses » pour comprendre l'idée de simultanéité absolue! Quelle sorte de dialogue est possible entre Einstein et Bergson?

Cette insistance obéit à une logique obsédante : la primauté de l'immédiat vis-à-vis du symbolisme, du concret psychologique vis-à-vis de l'abstrait théorique. Ce que Bergson refuse à la théorie relativiste, c'est que la signification d'une idée

ne se tire pas du sens naïf accessible à une conscience intuitive, mais exige l'élaboration théorique de l'idée par un
système algorithmique d'opérations avec leurs structures
mathématiques. Comment l'intuition naïve aurait-elle découvert la structure de groupe des transformations de Lorentz ?
Ce que Bergson appelle « l'amalgame » de l'espace et du temps
dans la géométrie de Minkovski fonctionne comme un complexe algorithmique pour penser théoriquement les phénomènes physiques sans dissocier la représentation de l'espace
et du temps : comment aurait-on pu découvrir autrement le
caractère tensoriel de la représentation du phénomène élec-
tro-magnétique ? Bergson flairait dans cet amalgame un
moyen de représenter symboliquement, on pourrait dire
allégoriquement, la « réalité » de l'espace et du temps. D'ailleurs la géométrie de Minkovski n'est pas innovation brutale
dans la physique : le formalisme mathématique de Minkovski se situe dans le prolongement de la mécanique analytique de Lagrange, avec sa tentative de généraliser les
coordonnées, sans s'occuper de distinguer variables de position, de temps ou de vitesses. La connexion de la nouvelle
physique avec la mécanique analytique de Lagrange se précisera dans la théorie de la relativité généralisée qui exploi-
tera la géométrie des variétés riemaniennes pour formuler
le phénomène de gravitation comme une loi de géodésique
dans un modèle d'espace. Une différence pourtant : Lagrange
ne disposait pas du calcul tensoriel !

Le sens général de la physique moderne reste fermé à
Bergson en raison d'un paradoxe quasi métaphysique qui lui
semble commander les « paradoxes » de la théorie de la relativité restreinte. Bergson rattache, en effet, les « paradoxes »
de la relativité (contraction des longueurs, dilatation des
temps, temps propres aux observateurs dans le boulet de
Langevin, la dislocation de la simultanéité) à un paradoxe de
la réalité et de la fiction. Est réel ce qui est perçu ou percep-
tible, en ajoutant d'ailleurs que la réalité est « ce qui est
immédiatement donné à notre perception » : ce qui n'est
pas observable comme temps réel, c'est-à-dire « perçu et
vécu » par une conscience de physicien « vivant », « en chair

et en os », reste fiction. Ainsi Bergson est pris au piège de ses critères de réalité qui oscillent entre un perçu qui repère un événement physique et un immédiat qui est une donnée de la conscience. Il échappe d'ailleurs à Bergson qu'il se réfère à une fiction de conscience pour représenter une virtualité de perception ! N'écrit-il pas que le temps des choses renvoie à l'idée d'une durée de l'univers : c'est-à-dire, dit-il, « d'une conscience impersonnelle qui serait le trait d'union entre toutes les consciences individuelles, comme entre ces consciences et le reste de la nature ». Il se sent l'avocat des idées de tout le monde pour défendre « la croyance naturelle des hommes à un Temps unique et universel » et tente de faire plaider la théorie relativiste elle-même, débarrassée des mauvaises métaphysiques des physiciens, en faveur de la philosophie de la durée. La démarche de Bergson se propose de réintroduire la psychologie intuitive dans la théorie physique : « Nous voulons ménager toutes les transitions entre le point de vue psychologique et le point de vue physique, entre le Temps du sens commun et celui d'Einstein. Pour cela nous devons nous replacer dans l'état d'âme où l'on pouvait se trouver à l'origine, alors qu'on croyait à l'éther immobile, au repos absolu, et qu'il fallait pourtant rendre compte de l'expérience Michelson-Morley. » Sans « la durée immédiatement perçue, nous n'aurions aucune idée du temps » : il n'y a de réalité qui dure « sans y introduire de la conscience ». La simultanéité est vidée de son sens physique : elle serait « la possibilité pour deux ou plusieurs événements d'entrer dans une perception unique et instantanée ». Ou mieux encore : « J'appelle « simultanées » deux perceptions instantanées qui sont saisies dans un seul et même acte de l'esprit, l'attention pouvant ici encore en faire une ou deux à volonté. » Il estime que la géométrie quadridimensionnelle de Minkovski dérive de notre habitude invétérée de convertir le temps en espace : « Immanente à notre mesure du temps est donc la tendance à vider le contenu d'un espace à quatre dimensions où passé, présent et avenir seraient juxtaposés ou superposés de toute éternité. » La science « confère virtuellement à l'espace une dimension additionnelle », parce qu'elle porte sur un temps « dont nous pouvons bien supposer la rapidité de déroulement infinie ».

Le quiproquo est constant : il traduit surtout la confusion entre la représentation mathématique du temps et le temps physique. Il arrive pourtant à Bergson d'écrire : « On a peut-être usé d'artifices mathématiques dans l'intervalle, mais ces artifices doivent avoir quelque connexion avec les choses »! Il s'obstine pourtant à vider la théorie relativiste de son contenu proprement physique et de la réduire à un symbolisme mathématique, quitte à interpréter l'expérience physique avec la métaphysique de la conscience. Le principe de la relativité des systèmes d'inertie galiléens reposant sur la constance de la vitesse de la lumière lui apparaît évident : « Pourquoi tiendrait-elle compte d'une certaine manière toute humaine de percevoir et de concevoir les choses? » Le trièdre de référence est caractérisé par la propriété d'immobilité qui « est, dit-il, par définition, l'état de l'observatoire où l'on se place par la pensée ». Les « faux-problèmes » surgissent en vertu d'un chassé-croisé entre l'image propre à une perception et l'abstraction propre à un calcul : aussi le principe de relativité est-il intenable. « Car si S est au repos absolu, et tous les autres systèmes en mouvement absolu, la théorie de la relativité impliquera effectivement l'existence des temps multiples, tous sur le même plan et tous réels. Que si, au contraire, on se place dans l'hypothèse d'Einstein, les Temps multiples subsisteront, mais il n'y aura jamais qu'un seul de réel...; les autres seront des fictions mathématiques. » Choisir un système de référence, c'est l'immobiliser et en faire un point de repère absolu, succédané de l'éther immobile. « Bref, le repos absolu, chassé par l'entendement, est rétabli par l'imagination. » Le mathématicien n'est pas gêné par ces tours de passe-passe : par contre, le philosophe ne saurait les accepter. Si vous choisissez une figure concrète de l'univers, « vous érigerez un physicien vivant et conscient, réellement percevant, le physicien attaché au système de référence d'où l'univers prend cette figure ». Alors les autres physiciens deviennent des physiciens virtuels « simplement conçus comme physiciens par le physicien réel ». La « métaphysique positive » a donc voulu réintégrer la théorie physique dans l'expérience spirituelle de la durée vécue par la conscience : le concept du temps physique est réduit à un discours métaphysique du physicien sur le fantasme du temps mathématique. Un des arguments bergsoniens est révélateur : l'univers n'est acceptable par la pensée que s'il a une « figure ». Or, à ne retenir que l'expression mathématique, « il n'y a pas plus de temps que de n'importe quoi ». Mais, « restaurez le temps, vous rétablirez les choses ». Argumentation bizarre où la philosophie du mouvant se raccroche à l'image classique du monde afin de ne pas déranger les représentations familières de la conscience en accord avec le sens commun !

La controverse de Bergson avec Einstein dépasse la portée d'un malentendu entre l'intuition de la durée et la théorie relativiste du temps : la théorie de la relativité restreinte a mis en question toute l'interprétation bergsonienne de la connaissance. Si la physique moderne saisit des structures profondes de la réalité, c'est, aux yeux de Bergson, grâce aux intuitions d'une conscience dont les perceptions sont indépendantes des procédures symboliques de la physique mathématique. Ainsi Bergson essaie-t-il de cerner une intuition de la différentielle, qui soit indépendante des concepts mis en œuvre par le calcul différentiel. Le principe de Carnot lui paraît un coup de sonde authentique dans la réalité : « Elle est la plus métaphysique des lois de la physique, en ce qu'elle montre du doigt, sans symboles interposés, sans artifices de mesure, la direction où marche le monde. » Mais comment éluder la formulation mathématique, alors que toute la théorie de la thermodynamique serait en panne si elle ne disposait pas des concepts mathématiques pour définir opératoirement la fonction d'entropie ? Nous touchons là à un point vif du bergsonisme : le symbole est radicalement inapte à faire connaître les propriétés des choses, car le symbole est un artifice dont le rôle se borne à exprimer la représentation de la pensée, sans jamais mener à une coïncidence entre la pensée et la réalité. Bergson, influencé sans doute par les interprétations conventionnalistes de la théorie physique chez Duhem, H. Poincaré, Milhaud, attribue à la physique une obsession mécaniste : afin de ruiner l'illusion mécaniste, Bergson veut réduire la théorie mathématique à une formule nominaliste qui est plaquée artificiellement sur les perceptions.

On se rappelle que la réflexion de Bergson avait pris naissance dans l'insatisfaction provoquée par la philosophie évolutionniste de Spencer : mais, au lieu d'insérer sa réflexion philosophique dans la critique théorique de la mécanique comme Hertz, Mach, Einstein, il décide de jeter par-dessus bord la pensée mathématique parce que tout à fait incapable de saisir le mouvement en tant que changement, irrémédiablement impuissante à résoudre les paradoxes de Zénon, quels que soient les signes inventés par le mathématicien. Mais peut-être que l'obstination bergsonienne à se méprendre sur la théorie relativiste est-elle suscitée par un réflexe plus impératif : je ne sais quel tic de pensée conservatrice, qui refuse d'admettre qu'à la faveur du travail théorique, la science puisse modifier profondément les représentations du sens commun. Lorsque Bergson critique la spatialisation du temps, il se dirige vers l'intuition de la durée où le temps est décroché de la mesure physique, si bien que la théorie mathématique joue vainement avec des symboles vides, à l'écart de l'expérience physique. Force est bien de s'apercevoir que la persistance des schèmes spéculatifs de la métaphysique grecque se loge surtout dans la pensée de Bergson et qu'il la projette sur l'image de la science moderne. Que la science moderne modifie les concepts du sens commun, alors l'esprit humain se délivre des antinomies métaphysiques sans avoir besoin de passer par le nouvel avatar de la métaphysique de la durée. Nous avons essayé de montrer que l'intuition de la durée avait fonctionné surtout comme un paradoxe pseudo-épistémologique : Bergson ne tenait pas tellement à résoudre les contradictions de la science qu'à les faire « évanouir » dans une vision du mouvant où la réalité échappe définitivement à toute détermination conceptuelle d'une pensée théorique. Alors que la science moderne a voulu saisir les articulations mouvantes de la pensée avec les structures objectives de l'univers, la philosophie de la durée dilue la pensée dans le flux ineffable du pur mouvant, si bien que la durée de la conscience se met à l'abri du devenir des choses. Bergson produit des pactes de sécurité qui doivent faire barrage à l'effondrement de la conscience, et masquer l'abîme qui se creuse entre la durée vécue et le temps d'univers. Singulièrement, cette durée n'achemine jamais vers la mort, mais elle frissonne de contentement devant les feux d'artifice de l'élan vital et de la création divine. Toute espèce de tragique est gommé : la durée est enveloppement du temps autour du présent, qui s'enroule ou se déroule indifféremment vers le passé ou vers l'avenir. Quelle meilleure image de cette fermeture de la conscience sur elle-même, puisque les choses, les êtres, l'univers, l'histoire et Dieu se dessinent comme des figures de la conscience qui tantôt se « dilate », tantôt se « contracte »! Le mouvant flotte comme un voile mystique sur l'être qui ne saurait être que le même : nous sommes loin d'Héraclite et bien loin du vertige du devenir! Le défi du devenir est conjuré : il a créé l'arrêt de la fabrication conceptuelle et le désarroi de la pensée théorique. De là la pensée inverse son cours, par un « effort douloureux » de torsion, se découvre acte de la conscience, âme qui déploie l'énergie créatrice dans l'épreuve mystique de l'expérience spirituelle. Le penseur du XXe siècle retrouve l' « audace » de Plotin et on peut lui appliquer ce que Bréhier disait du néo-platonisme : « La philosophie de ce temps est une manière de description des paysages métaphysiques où l'âme se transporte par une sorte d'entraînement spirituel. »

Pour un bilan très critique

Le malentendu de la philosophie de la durée avec la théorie relativiste du temps a valeur de test : il exprime le divorce entre la symbolique métaphysique de la conscience et le travail théorique de la science moderne. Selon un phénomène qui se répète dans l'histoire de la pensée scientifique, un tel malentendu est le contrecoup d'un virage accentué

où l'abstraction théorique accroît la puissance algorithmique
de la mathématique. L'événement est particulièrement dur
pour le philosophe qui rêve d'atteindre absolument la réalité
sans distance ni médiation, sans rapport abstrait ni construction logique. Pour Bergson, la réflexion philosophique
doit s'installer dans le centre intuitif d'une conscience qui
coïncide avec la durée : dès lors, elle est condamnée à interpréter la réalité par une sorte de lecture sémiologique qui
opère à rebours de la science. Ainsi Bergson croit-il échapper
à la théorie de la connaissance avec ses interdits et ses apories. La philosophie de la conscience se charge de provoquer
l'évanouissement de la théorie de la connaissance. N'en subsiste pas moins le casse-tête de la science moderne qui s'obstine à faire progresser la connaissance par un travail d'abstraction théorique de plus en plus subtil et rigoureux !
Par ailleurs, une autre carence se dessine : la philosophie de
la durée réalise l'avortement d'une philosophie de l'histoire.
Il ne paraît pas déplacé d'adresser à la philosophie bergsonienne de la durée des interrogations précises : quel temps
vivons-nous ? à quel moment de l'histoire situer notre expérience contemporaine ? comment penser les structures du
temps historique ? Or l'intuition de la durée propose un temps
invertébré, impersonnalisé, anhistorique. Il est banal de
remarquer que Bergson efface la structure dialectique du
temps en estompant les différences entre le passé, le présent
et le futur. Mais surtout l'intuition de la durée comme temps
intérieur de la conscience pure escamote la tâche fondamentale d'une prise de conscience historique : le repérage historique de la société contemporaine dans le mouvement historique de la civilisation. Il n'est aucune réflexion, aucune
action qui puissent se dispenser de repérer la durée sociale
dans un « calendrier » historique !

Une connexion étroite articule le sabordage de la pensée
théorique et l'avortement de la philosophie de l'histoire :
c'est le caractère dérisoire de la critique bergsonienne de la
pensée métaphysique. Bergson a cru échapper aux concepts,
aux antinomies et aux systèmes de la pensée spéculative
par une sorte de pirouette philosophique : au lieu d'engager

une critique approfondie de la spéculation métaphysique, il a cru aux vertus d'une évasion par le miracle d'une intuition métaphysique : aussi sa philosophie apparaît-elle comme un discours marginal qui fait l'exégèse de la spéculation métaphysique. Bergson a bien vu que le concept est issu de la pratique technique et sociale du travail dans la société; il a vu aussi que le langage est le relais idéologique qui transpose l'outil dans le concept à l'aide du mot. Sa conclusion toutefois est étonnante : il faut mettre à l'écart la spéculation philosophique comme produit abstrait et artificiel de la société. Pourtant l'abstraction et l'artifice sont des fonctions sociales qui s'enracinent dans les structures historiques de la pratique sociale. La réflexion philosophique ne peut se soustraire à la tâche de « penser » le langage et la technique : il lui incombe d'analyser les implications sociales et culturelles du langage et de la technique et de penser les structures sociales de façon rigoureuse en vue de transformer la société. Pour cela, il est nécessaire de changer la technique, le langage, les concepts, la science, la spéculation philosophique, si les hommes doivent s'approprier les formes aliénées de la praxis sociale. Sans doute la coupure de la pensée française d'avec Hegel empêcha-t-elle les philosophes français de percevoir que la spéculation philosophique traduit abstraitement l'histoire de la société et intervient dans la praxis historique comme système théorique de notation abstraite du processus historique. Une telle façon de philosopher contribuerait à changer le monde! Or l'expulsion de la négativité chez Bergson illustre le conservatisme figé de la pensée bergsonienne. En apposant une signature négative sur l'histoire et la société, la spéculation philosophique assume « le travail du négatif » qui chiffre le changement de la nature et de l'histoire jusqu'au point où la spéculation théorique se change dialectiquement en transformation pratique de la société. Bergson recule devant cette critique radicale du concept, critique qui est tenue de théoriser rigoureusement le fondement social et historique de la pratique collective, y compris la culture. Aux rigueurs de la théorie et aux tensions de l'histoire, Bergson a préféré l'extase d'une conscience qui contemple son essence de fluidité pure et se réfugie dans la fantasmagorie mystique. Mais là encore, l'échec attend Bergson : au lieu de créer une nouvelle spiritualité, il s'essouffle à vouloir exprimer la spiritualité dans une formulation métaphysique qui l'enferme dans la rhétorique du « spiritualisme » familier de ces dérapages mystiques et de ces moralisations conservatrices.

Bibliographie sommaire

Études :

H. Höffding : *La philosophie de Bergson*, 2e édition, 1910.
Ed. Le Roy : *Une philosophie nouvelle*, 1912.
A. Thibaudet : *Trente Ans de Vie française* : T. III : *Le bergsonisme* (2 vol.) : 4e édition, 1923.
J. Maritain : *La philosophie bergsonienne*, 2e édition, 1930.
V. Jankelevitch : *Bergson*, 1931.
A. Metz : *Bergson et le Bergsonisme*, 1933.
G. Politzer : *Le Bergsonisme, une mystification philosophique*, 1947.
J. Chevalier : *Entretiens avec Bergson*, 1959.
R. M. Mossé-Bastide : *Bergson et Plotin*. 1959.
M. Barthélemy-Madaule : *Bergson et Teilhard de Chardin*, 1963.
   Bergson adversaire de Kant, 1966.
G. Deleuze : *Le Bergsonisme*, 1966.

Œuvres :

H. Bergson : *Œuvres complètes*, I vol., Paris, P.U.F.

XI

HUSSERL,
LA PHÉNOMÉNOLOGIE ET SES DÉVELOPPEMENTS

par René SCHÉRER

Husserl est le fondateur de la « phénoménologie ». Peu de philosophies ont eu, comme la phénoménologie, la fortune de se rendre indépendantes d'un nom pour caractériser une attitude de réflexion et une méthode. De la même façon que le matérialisme dialectique est l'œuvre de Marx, la psychanalyse celle de Freud, mais mènent une vie propre, la phénoménologie est l'œuvre de Husserl. Il est vrai que le matérialisme dialectique et la psychanalyse tirent leur indépendance et leur validité de la stricte délimitation de leur objet. Ils ont ouvert pour notre temps de nouveaux champs du savoir, portés par les exigences d'une pratique définie. Mais qu'est-ce que fonder une philosophie? Une philosophie ne peut prétendre cerner un objet défini, car elle concerne *ce qui est dans sa totalité*. Pourtant une philosophie, et surtout celle qui « fait époque » dans l'histoire des idées ne s'invente pas. Elle répond à certaines exigences, elle satisfait un certain besoin. Bien entendu, le besoin philosophique n'a rien de naturel : il dépend d'une tradition culturelle définie qui a marqué la place de chaque philosophie dans l'histoire. Tant que persiste ce besoin, que cette place reste vide, une philosophie nouvelle est possible. Comprendre la phénoménologie n'est sans doute pas déduire son apparition de certaines conditions historiques, mais ressaisir les motivations qui ont délimité à l'époque contemporaine le champ d'une activité philosophique *en tant que telle*, et qui ont imposé à cette activité sa forme particulière.

Il est possible d'accéder à la phénoménologie husserlienne de diverses manières.

On peut l'organiser autour de l'expression-clé « le *retour aux choses elles-mêmes* ». On sera sensible, en ce cas, à l'intention qui l'anime de part en part de débarrasser la connaissance des « vêtements d'idées » et des interprétations dissimulant l'objet de la pensée, ce dont il s'agit. Par l'idée d'un retour à la chose, Husserl a imprimé à l'investigation philosophique, par opposition à l'esprit de système, une impulsion nouvelle qui forme un acquit irremplaçable de sa méthode.

On peut privilégier dans la phénoménologie, ce qui est d'ailleurs le corollaire de la première attitude, la conception de *l'intentionnalité* de la conscience : la conscience est orientée vers les choses, elle est toute dans cette orientation, elle est « conscience de ». Cette définition apparemment simple porte également en elle toute la phénoménologie. Elle élimine le préjugé idéaliste selon lequel la conscience est enfermée dans ses propres représentations, le préjugé physiologique selon lequel la conscience n'est qu'un reflet à la surface du monde réel. La phénoménologie sera caractérisée en ce sens comme une réhabilitation du droit de la conscience à la connaissance d'elle-même et du monde.

On peut aussi tenter de définir la phénoménologie à partir de son attention au « *vécu* ». Procéder à une analyse phénoménologique, c'est, en effet, tout d'abord, substituer à des constructions explicatives la description de ce « qui se passe » effectivement du point de vue de celui qui vit telle ou telle situation concrète. Le propre de la philosophie est d'avoir traditionnellement éliminé ce vécu au bénéfice d'abstractions et de concepts. Or, l'intérêt majeur porté à la phénoménologie — et, si l'on peut dire, sa vogue — paraît avoir été essentiellement motivé par cette orientation vers le concret. C'est sur ce plan, peut-être, qu'elle répond pour notre temps à la satisfaction d'un besoin fondamental, bien que vague. L'importance exceptionnelle attachée à une philosophie dont la méthode et le programme mettent au premier plan les droits du vécu, et le font en quelque sorte sortir de l'ombre, trouve sa source dans les multiples aliénations ou réifications qui privent l'homme de la possession de soi et la vie de son sens. Philosophie du vécu, la phénoménologie ouvre le champ de la réflexion d'une manière indéfinie. La tâche du phénoménologue ne peut jamais être close dans l'édification d'un système, mais, par principe, se renouvelle avec le cours de la vie elle-même et à chaque métamorphose de la réification.

Enfin — recensement qui, d'ailleurs, n'est pas limitatif — la phénoménologie husserlienne peut être comprise à partir du rôle central et fonctionnel qu'elle accorde à la *subjectivité*. Elle sera interprétée en ce sens comme une variante contemporaine de l'idéalisme, correspondant à l'entreprise audacieuse de fonder, face à la multiplicité de disciplines scientifiques, une compréhension rationnelle du monde, à référentiel unique. Sous sa forme, chez Husserl tout au moins, de « phénoménologie transcendantale » ou idéalisme du sujet constituant, elle est en effet l'expression d'un besoin théorique d'unification, et la satisfaction idéale apportée à ce besoin.

Ces différents points de vue sur la phénoménologie peuvent sans doute être adoptés. Ils doivent même l'être nécessairement dans un exposé, soit historique du développement de l'œuvre de Husserl — depuis les *Recherches logiques* de 1900 jusqu'à la présentation systématique de l'idéalisme transcendental dans les *Méditations cartésiennes* de 1930 — soit méthodique. Mais ce qui importe premièrement pour la compréhension du sens de la phénoménologie est leur étroite articulation, et surtout la découverte de la problématique à partir de laquelle ils peuvent apparaître comme les expressions d'un même projet.

Le retour aux choses, au vécu, au concret, à l'unité du sens dans le sujet ne suffirait pas à fonder la phénoménologie en philosophie si elle n'avait pas satisfait, ou tout au moins voulu satisfaire, à une exigence qui seule pouvait indiquer la place où elle s'inscrit. Cette exigence est celle de la scientifi-

cité — non seulement scientificité de la méthode, mais satisfaction à l'*idée de la science* :

« Depuis ses tout premiers commencements, écrit Husserl
au début de l'article *La philosophie comme science rigoureuse*
(1911), la philosophie a toujours prétendu être une science
rigoureuse, et même la science qui satisfait aux besoins théoriques les plus profonds... »; mais « à aucune époque de son
développement la philosophie n'a pu satisfaire cette prétention... ». La phénoménologie marque pour Husserl le point
de rupture où la philosophie passe de l'état pré-scientifique à
l'état scientifique. La certitude que ce passage est possible,
qu'il est effectivement accompli par elle, lui permet de se
présenter, non comme une « conception du monde » parmi
d'autres, une idéologie, mais comme la première réalisation
de la philosophie *comme science*.

Comprendre ce qu'est la phénoménologie est d'abord
examiner cette ambition et constamment la faire revivre.

La scientificité de la phénoménologie husserlienne peut
déjà être située à partir de la nouvelle fonction accordée dans
la connaissance au *phénomène*.

Histoire du mot « phénoménologie »

Il appartient au vocabulaire philosophique classique :
ce mot désigne, dès le XVIIIᵉ siècle, une branche particulière
de la philosophie concernant l'étude des « phénomènes ».
Les équivoques du concept de phénomène déterminent donc
les acceptions diverses d'une phénoménologie.

Le phénomène *(ce qui apparaît)* peut être identifié à une
apparence ou à une illusion. Pour Lambert (*Neues Organon*,
1764) il y a une phénoménologie traitant des apparences,
du temps et de l'espace sensibles, par opposition à une « doctrine de la vérité » traitant des concepts objectifs de la
Nature.

Ce qui apparaît peut être considéré comme une donnée de
la sensibilité, non illusoire, donc distincte de la simple apparence, bien que n'étant pas objective au sens plein du mot.

L'usage que fait Kant du mot phénoménologie dans *Les principes métaphysiques de la nature* (1786) se relie à ce second sens : le mouvement et le repos sont des phénomènes relatifs aux sens externes, non des absolus, et relèvent, dans cette mesure, d'une *Phénoménologie*. La doctrine du temps et de l'espace comme « formes pures de la sensibilité » peut être également considérée comme une « phénoménologie » générale. Mais, bien que s'occupant aussi des « phénomènes » entendus comme les objets qui apparaissent, l'expérience objective fait intervenir d'autres principes que ceux de la sensibilité dont « l'objet » est « l'apparition » en tant que telle. Le titre de « phénoménologie » est donc réservé par Kant à un domaine doublement limité : limité à ce qu'il y a d'intuition sensible dans l'objectivité ; limité également par rapport à ce qui n'apparaît pas, mais qui est purement pensé : l'*en soi*.

Ce qui apparaît peut être l'expérience complète de la conscience, désirante, connaissante, pensante, etc. La *Phénoménologie* de Hegel adopte ce sens élargi. Mais la phénoménologie reste une partie simplement préparatoire de la science philosophique, car le phénomène est toujours compris comme limitation relativement à une réalité extra-phénoménale. La conscience est le « phénomène de l'Esprit ». Son domaine est celui de la certitude, non du Savoir, dont la phénoménologie de l'Esprit ne présente que la formation progressive ou le devenir.

Ces trois exemples montrent que, traditionnellement, l'idée d'une phénoménologie reste tributaire de la différence métaphysique entre *l'apparaître* et *l'être*. Les couples : *apparence / réalité, représentation intuitive/objet, chose phénoménale /chose en soi, conscience /esprit*, déterminent un contexte de présupposition *spéculative*.

La « phénoménologie » de la fin du XIXe siècle obéit au contraire à une intention nettement antispéculative, elle est le pendant du positivisme dans les sciences de la nature. Son origine se trouve dans l'orientation que donne Franz Brentano (1838-1917) à la psychologie. Un point de vue radicalement empirique oppose à la recherche « génétique » des

relations causales la « description » des phénomènes psychiques. Cette description, qui se développe à l'écart de l'expérimentation psycho-physique, permet de définir le phénomène psychique « interne » par son immanence ou son indubitabilité, et par la relation intentionnelle, ou référence à un
objet qu'il contient. La psychologie empirique de Brentano
ouvre la voie à des investigations concernant la description
du champ phénoménal. Une « phénoménologie » désignera
l'exploration de ce champ. Carl Stumpf (1848-1936) utilise le
mot phénoménologie pour l'analyse et la description du
contenu immédiatement donné dans les orientations inten-
tionnelles. Les sons, les couleurs sont traités en tant que
« phénomènes » indépendamment des causes physiques et
physiologiques. Cette étude est considérée par lui comme
« neutre », antérieure à toute autre science spécialisée. La
phénoménologie forme donc une « pré-science » positive dont
la fonction de recherche préliminaire non explicative constitue les limites.

L'intentionnalité

Cette dernière possibilité, d'une phénoménologie non spéculative et neutre relativement à toute théorie explicative
est celle que reprend et développe Husserl dès ses premières
recherches *(Recherches logiques pour la phénoménologie et la
théorie de la connaissance)*. La phénoménologie y est en effet
caractérisée comme « psychologie descriptive de l'expérience
interne ». Toutefois le sens de cette expression limitative se
trouve profondément modifié. Il ne s'agira plus de borner la
description à l'examen d'un champ phénoménal dans lequel
en quelque sorte la conscience se trouverait enfermée. La
prudence de l'empirisme psychologique, qui lui interdit de
se constituer en science et d'énoncer quoi que ce soit de valable pour une théorie de la connaissance en général repose sur
une inexacte compréhension de ce que sont le phénomène et
la conscience. L'objet n'est pas contenu dans la conscience à
titre de phénomène, il n'est pas une partie immanente à celle-

ci. Si la conscience est bien, comme l'a définie Brentano, une intention dirigée vers l'objet, c'est l'être même et non l'apparence de l'objet qui est donné pour la conscience. La conscience peut donc se prononcer sur cet être *selon la manière dont il se présente, en élucidant le mode selon lequel elle le vise.* Pour cela, elle n'a pas besoin de sortir d'elle-même, tâche contradictoire à laquelle se heurtait toute théorie de la connaissance et qui la vouait soit à l'idéalisme, soit au scepticisme, elle n'a qu'à procéder à l'examen de ces modes de visée. Le principe de la philosophie comme science rigoureuse, c'est-à-dire celui qui permet d'apporter une réponse scientifiquement claire, définitive, univoque, à « l'énigme de la connaissance », se trouve contenu dans cette nouvelle conception de la conscience ouvrant un champ de recherches inaperçues des psychologues simplement attachés à décrire une propriété particulière des phénomènes psychiques. « Si la théorie de la connaissance veut étudier les problèmes des rapports entre la conscience et l'être, elle ne peut alors avoir devant les yeux que *l'être comme corrélat de la conscience*, comme quelque chose de visé d'après la manière de la conscience » (*Philosophie comme science rigoureuse*, p. 67).

Le phénomène

Pour la terminologie phénoménologique, telle que désormais la fixe Husserl, il conviendra de préciser : la conscience ou l'être psychique est tout le phénomène, qu'il faudra distinguer de la chose phénoménale apparaissant. Le phénomène n'est pas l'apparition de quelque chose, il est l'être même de l'apparaître; en lui, « il n'y a aucune distinction entre apparaître et être » (*ibid.*, p. 83). Pour caractériser le phénomène, Husserl utilisera l'expression de « vécu », cette expression ne renvoyant pas à un concept biologique de la vie, mais signifiant que la conscience n'est pas expérimentée comme « apparaissant à elle-même », mais est absolument inhérente à elle-même. Quant à la « chose phénoménale », on peut la considérer comme apparence ou mieux comme apparition, à condition que l'on entende par là qu'elle n'est pas « vécue », mais qu'elle est visée comme chose. Elle n'est pas partie du phénomène qui n'est pas une « unité substantielle », une chose, mais elle est toutefois donnée dans le phénomène avec son sens et son être, puisque le phénomène, relativement à la chose, n'est pas un écran qui s'interposerait entre elle et la conscience, mais rien d'autre que cette visée. C'est pourquoi, en s'érigeant en science de la conscience, en s'interrogeant sur ce que la conscience « est » sous ses diverses formes, la phénoménologie husserlienne ne traite pas simplement de l'être de la conscience, au sens psychologique du terme, ni encore de l'être pour la conscience. Mais elle découvre dans la conscience le seul accès à l'être, sa seule raison, et dans l'analytique intentionnelle la seule connaissance scientifique de « ce qu'il est ».

Une science se constitue lorsqu'elle a découvert son objet et défini à propos de lui son *a priori* et son mode de certitude. Comment la phénoménologie répond-elle à ces conditions?

La corrélation

L'*a priori* phénoménologique est le vécu lui-même, puisque c'est « en » lui que tout est visé et connu. Mais cet *a priori* n'est pas celui d'une conscience, encore moins d'une nature humaine qui imposerait au monde de l'expérience sa structure propre. Dans l'histoire de la philosophie moderne, un tel *a priori* a été établi par Kant, ou tout au moins retenu dans la version vulgarisée du kantisme. Mais, si la conscience est toute orientation vers la chose, elle ne « possède » aucun *a priori* qu'elle pourrait imposer. Les premières recherches de Husserl sur la logique pure et la science montrent au contraire que l'*a priori* formel est en quelque sorte rencontré par la conscience, non détenu en elle, ou encore que « la norme du mathématique est dans les mathématiques, celle du logique dans la logique ». Toutefois, la reconnaissance de cet *a priori* n'est pas inutile, elle sert même pour Husserl de motif déterminant pour comprendre et situer ce qu'est l'*a*

priori du vécu. Il ne s'agit pas en ce dernier, au moins tout
d'abord, lorsque l'on suit la méthode phénoménologique et
son développement au long de l'œuvre de Husserl, de l'antériorité de « la vie » sur la science. Parce que « le vécu » ne
forme pas une masse fluente et indistincte relativement à la
fixation des concepts. Cet *a priori* n'est pas non plus celui du
commencement du savoir dans la certitude subjective. En
vertu de l'intentionnalité de la conscience, il s'agit, en lui,
d'un *a priori* structural d'un autre ordre, qui peut se caractériser par la *corrélation* existant entre les vécus et les objets
visés en eux : « Mais si l'on tourne l'intérêt vers la multiplicité du faire subjectif, vers tout l'enchaînement de la vie
subjective, dans laquelle la mathématique prend naissance
chez le mathématicien (exemple qui peut être transposé à
tout objet) on définit une orientation corrélative » (*Husserliana*, t. IX). Cet *a priori* de la *corrélation* définira une tâche
tout à fait concrète et nouvelle, celle de montrer *trait par
trait* dans la réflexion les vécus qui font que quelque chose
peut intervenir et se présenter comme objet. Il y a donc là,
pour la constitution de la phénoménologie en science, l'indication d'une méthode universelle et rigoureuse. L'interrogation radicale sur les catégories d'objets correspondant *a
priori* à des modes de conscience définis selon ces objets ouvre
à la science a priorique « un nouveau monde », celui de la
multiplicité des différences « internes ».

L'évidence

Mais quel est le privilège de cette « intériorité », notion
vague et discréditée dans son acception psychologique?
Pour conquérir son *a priori*, la phénoménologie doit simultanément définir son mode de certitude. A vrai dire il s'agit
même là du principe méthodique préliminaire que Husserl
caractérise comme *évidence* ou *intuition*. Pour comprendre
ce qu'est l'évidence phénoménologique, il faut la dégager des
équivoques dont l'entache son voisinage avec la « perception
interne ». Si la conscience n'a pas d'intérieur, mais est toute

dans l'apparaître du vécu, il n'y a pas de dedans ni de dehors.

La perception interne ne désigne pas une sorte de regard porté sur soi-même, mais une différence dans le mode d'accès à la chose, dans la « conscience de ». A cet égard, on peut distinguer deux formes fondamentales de conscience : l'une qui est simplement présomptive, c'est-à-dire qui est toujours une visée, mais une visée en quelque sorte vide, qui ne rencontre pas son objet. L'exemple en serait la mise en œuvre purement mécanique de formules symboliques, ou l'emploi habituel des mots. L'évidence au contraire rencontre son objet, exactement *tel* qu'il est visé. L'évidence sera caractérisée comme « la présence de la chose elle-même » ou encore « l'expérience vécue de la vérité ».

Dans sa conception de l'évidence — qu'il faut toujours entendre phénoménologiquement au sens d'acte de conscience — Husserl élimine donc toute considération d'ordre affectif. L'évidence n'est pas un sentiment d'accompagnement, mais elle est définie par une structure de la conscience, qui « se remplit » dans la présentation actuelle de la chose qu'elle vise. L'évidence est donc le commencement de la méthode aussi bien qu'elle en est la fin. Nous ne connaissons pas, en effet, tant que nous restons engagés dans des intentions présomptives, celles qui incitent par exemple la pensée commune ou scientifique à « naturaliser » la conscience, ou à chercher dans les lois la cause « réelle » des faits. Commencer par l'évidence, c'est se débarrasser des préjugés inhérents à une attitude que Husserl appellera « naturelle » ou « naïve » pour se rendre présente la « chose même » que l'on vise : réelle ou idéale, individuelle ou générale, etc. Mais, par ailleurs, l'évidence est rapportée à une loi fondamentale de l'intentionnalité; c'est elle qui anime la recherche phénoménologique tout entière qui peut être définie comme une orientation systématique vers l'évidence, ou encore la production dans l'évidence de tous les modes possibles de conscience et corrélativement de types d'objets. « Ainsi *l'évidence est un mode de l'intentionnalité universel*, rapporté à la vie entière de la conscience; grâce à elle la vie de la conscience a une structure *téléologique universelle*, elle a une disposition

à la « raison » et même une tendance constante vers elle »
(*Logique formelle et logique transcendantale*, p. 218).

La défiance traditionnelle de la pensée scientifique à
l'égard de l'évidence, née de la substitution aux intuitions
du principe de la détermination (systèmes formels, axioma-
tiques), ne peut prévaloir, selon Husserl, contre cette nouvelle fonction de l'évidence phénoménologique. Au contraire,
elle la présuppose. Ce n'est, en effet, que dans une correcte
interprétation, dans l'évidence, de son domaine propre, que
la science peut se constituer comme telle. Il n'y a du non
évident dans les objets de la science que s'ils sont confrontés
avec des évidences d'un autre type; comme si, par exemple,
on voulait traiter un axiome ou une loi comme des faits
psychiques.

L'évidence est « originaire », c'est-à-dire qu'en elle seule les
choses sont données (elle est « donatrice ») et qu'elle ne peut
recevoir sa légitimation d'un autre principe que d'elle-
même. Husserl la définit aussi comme le *Principe des principes* : « *L'intuition* (ce mot étant substitué à « évidence »
chaque fois qu'il veut insister sur sa propriété d'être un
« voir ») *donatrice originaire est une source de droit pour la
connaissance; tout* ce qui s'offre à nous *dans « l'intuition »
de façon originaire* (dans sa réalité corporelle pour ainsi dire)
doit être simplement reçu pour ce qu'il se donne mais *sans plus
outrepasser les limites dans lesquelles il se donne alors »
(Idées directrices pour une phénoménologie*, p. 78). Ou encore :
« C'est seulement en voyant que je peux mettre en évidence
ce dont il s'agit véritablement dans un voir; l'explicitation
de l'essence propre d'un tel voir, je dois l'effectuer en voyant »
(*Logique*, p. 216).

« Ce dont il s'agit », ce sont les « choses elles-mêmes »; et
les étapes successives que parcourt la phénoménologie à la
fois dans la méthode et exemplairement dans l'histoire de
l'œuvre de Husserl sont ponctuées par la présentation de
« choses elles-mêmes » toujours nouvelles dans des évidences
qui s'acheminent vers des degrés toujours plus radicaux d'ori-
ginarité. Ce qui ne signifie pas la réfutation des évidences premières, mais leur intégration dans des structures plus com-

plexes et qui rendent mieux compte du tout concret (le vécu) qu'elles organisent.

Selon ce point de vue, la phénoménologie comme science peut maintenant être abordée par la circonscription de son objet, opérée sur la base de sa méthode propre.

Les essences

Tout d'abord, la phénoménologie prend pour objet non des faits ou des ensembles de faits, mais des *essences*. Elle traite de l'essence de la perception, de l'essence du jugement, de celle de la volonté, de celle de la chose, visible ou idéale, etc. Il ne s'agit pas là de généralités empiriques, groupant des faits en différentes classes. Au contraire, seule l'essence fournit un droit à la généralisation. On peut comprendre historiquement l'introduction de l'essence comme objet phénoménologique propre à partir des premières réflexions de Husserl sur les sciences aprioriques déductives dont les lois ont le caractère d'idéalité et sont lois d'essence. La compréhension de l'idéalité de ces lois exige que nous formions dans une évidence l'essence des unités idéales de la théorie en tant que telle, de ses concepts, objet, unité, pluralité etc. Mais précisément, si la science *opère* avec des essences, *elle ne le sait pas*. Elle se contente de définitions, de formules. L'essence elle-même n'est pas son objet. Si elle devient celui de la phénoménologie, c'est que celle-ci procède à une conversion du « voir » en se laissant guider par le sens de la science. L'essence sera « vue » comme le « remplissement » de ce sens, comme la *chose même* qui était visée. Mais le fil conducteur de la science pure, qui permet de former des essences exactes, n'est pas le seul mode d'accès à l'essence. C'est un trait universel de la vie pré-scientifique que toute chose puisse être désignée et nommée; elle constitue un pôle d'identité en dépit des changements qu'elle peut subir. Ce sens identique implique le remplissement possible par une essence. La chose a son « sens de chose », la couleur rouge son « sens de rouge », la perception son « sens de perception », etc. L'essence n'est autre chose que l'explicitation et le remplissement de ces sens dans une évidence propre que Husserl appelle *eidétique* ou *vision d'essence*.

L'essence joue dans la phénoménologie un double rôle : sur le plan structural, elle correspond à des « conditions de possibilités » de la conscience (corrélativement à son objet) et, par là, elle est inséparable du fait lui-même, car le fait a son « essence de fait », sa contingence est une « nécessité d'essence ». Mais elle est aussi « *un objet d'un nouveau type* » (*Idées*, p. 21). A ce titre, il lui correspond une « intuition originaire » et elle assume une autre fonction : celle de fournir à l'évidence son point d'appui le plus sûr, en tant qu'elle lui permet de tenir présent sous son regard l'objet visé *tel qu*'il est visé. Le « remplissement » par l'essence est une forme éminente du remplissement de l'intention cognitive. A partir des essences et des connexions d'essences (celles, par exemple, qui existent entre le son et l'intensité, l'extension et la couleur et, plus généralement, celles qui concernent les lois *formelles analytiques* et les lois *matérielles synthétiques*), la phénoménologie redonne valeur au vieux mot d'*ontologie*, en établissant une manière rigoureuse de caractériser des « régions » d'être à partir de leurs propriétés « eidétiques ».

Essence, individu

Toutefois le privilège méthodique de l'intuition d'essence ne signifie aucunement pour Husserl l'élimination de l'évidence de la chose individuelle comme telle. Et cela sur deux plans : d'abord parce que l'essence ne peut être « acquise » que sur la base d'une perception, d'une intuition portant sur l'individu. L'essence « rouge » exige l'apparition du « moment » rouge d'une chose; l'essence « cinq » celle d'une collection, etc. L'essence est « fondée », elle ne plane pas au-dessus des choses « réelles ». D'autre part, comme l'intuition d'essence n'est point une « expérience », elle ne peut se substituer à l'expérience comme si elle devenait l'intérêt unique d'une science pure orientée sur les « ontologies régionales ». Au contraire, pour Husserl, et cela à toutes les étapes de sa réflexion, l'intérêt théorique se reporte toujours sur la chose existante dans son individualité et dans le mode irréductible de son apparition. C'est à cette chose que se rapportent, en dernière analyse, les *Recherches logiques* de 1900 aussi bien que la *Logique* de 1928. Le privilège de l'intention perceptive est qu'elle présente l'objet lui-même *(Recherche VI)*; « Les vérités et les évidences premières en soi doivent être les vérités et évidences individuelles... Les individus sont donnés par l'expérience, par l'expérience au sens premier, au sens le plus fort qui se définit précisément comme référence directe à l'individuel » *(Logique*, p. 278).

La chose perçue, l'individu dans leur irréductibilité d'être donnés dans l'expérience sont donc l'objet originaire de la phénoménologie. Mais on comprendra que le retour au vécu de l'évidence après le détour par l'essence n'est que l'explicitation de ce qui est déjà impliqué dans l'essence de l'évidence, c'est-à-dire du remplissement. *La présence « corporelle » ou « en personne » de la chose relève des propriétés eidétiques de la chose avec son sens de chose.* L'activité initiale de l'expérience est *originaire par nécessité d'essence* (*Logique*, p. 370).

Chose transcendante

Il est vrai que l'évidence de la chose révèle un caractère particulier qui la distingue de toute autre formation imaginaire ou idéale et qui accompagne son mode propre de présentation (par esquisses) : *sa transcendance*. La chose individuelle perçue est là et s'impose, elle n'appartient pas au vécu dans lequel son sens d'être est toutefois donné. Et cette transcendance, en tant que les idéalités sont, en dernier ressort, « fondées » dans la perception, retentit sur ces idéalités mêmes, en constituant l'ultime renvoi de leur « transcendance idéale ».

Parmi les « choses elles-mêmes » données dans l'évidence, la chose perçue sera-t-elle alors considérée comme l'objet propre de la phénoménologie? Une telle interprétation serait possible puisque la « région chose » définit l'ensemble des objets ayant un sens de transcendance qu'elle est une *Idée directrice*, un fil conducteur de l'analytique intentionnelle (*Idées*, p. 503).

Mais une nouvelle attention portée à l'évidence et à l'objet de la phénoménologie conduira plutôt à rejeter la désignation d'une « région » désignable comme telle à titre d'objet. C'est à ce point d'ailleurs que la philosophie comme science ne peut plus, dans sa structure, être terme à terme confrontée avec une science; essentiellement en fonction du radicalisme — ou souci d'autolégitimation — qui l'anime. A la clôture systématique de la science, la phénoménologie tend à substituer une autre clôture qui est celle de sa propre réflexivité.

Immanence du vécu

L'intérêt porté à l'évidence perceptive est le fil conducteur de l'analyse phénoménologique, il n'en est pas le point de départ ni l'achèvement. Le problème phénoménologique central de l'évidence concerne la possibilité d'un savoir plus originaire sur lequel se fondent les diverses intentions objectivantes. La compréhension du droit de l'évidence renvoie toujours à ce fondement, c'est-à-dire, selon l'expression de E. Fink, à *une évidence de l'évidence*. En quoi l'intention du savoir trouve-t-elle un remplissement « sans reste », c'est-à-dire une référence qui possède en elle-même sa propre justification? Le « sens de transcendance » tire son évidence de l'indubitabilité première du phénomène, c'est-à-dire de son *immanence vécue* : c'est là la source du savoir comme c'est également sa fin. Or, cette immanence est constamment donnée, mais son évidence constamment méconnue ou pervertie parce que nous sommes *naturellement* orientés vers les objets et que le phénomène ne se présente jamais avec l'évidence du remplissement. La phénoménologie prend pour tâche de ramener (rétro-question — en allemand *Rückfrage*)

par la réflexion à l'immanence oubliée à partir de laquelle,
dans laquelle les transcendances objectives ont leur évidence.
Et les transcendances eidétiques également.

Mais l'évidence ne perd pas sa structure. Dans la réflexion
qu'est l'analyse phénoménologique celle-ci se transfère sur le
phénomène, vécu, ou, dans un langage qui indique mieux
l'intentionnalité, acte. Ce sont bien là de « nouveaux objets »
(*Recherches Logiques* II — introduction) mais qui jouissent
du privilège d'être les seuls objets d'une évidence adéquate
ou encore les seuls *apparaissant intégralement et étant tels
qu'ils apparaissent*. Seuls ils peuvent fournir l'évidence de
l'évidence : la phénoménologie trouve dans le phénomène
l'origine et la présence vivante de la vérité.

Il semble pourtant que le fait de prendre « pour objet » le
vécu ou les actes, en quoi réside la réflexion, s'opposerait à la
notion même d'immanence. C'est alors qu'apparaîtrait une
distance de soi à soi que la notion de vécu veut éliminer. Il
y aurait contradiction entre les deux principes de l'immanence et de l'intentionnalité. Or la solution de cette difficulté
théorique se trouve précisément dans « le fait » que la
conscience ne se rapporte à elle-même qu'en tant qu'elle
est aussi vécu intentionnel. Ce « fait » est une essence et
définit l'essence même de la réflexion. La réflexivité de la
conscience n'est pas déduite par Husserl de propriétés étran-
gères à l'évidence, donc présumées, mais elle *n'est pas* non
plus de l'*ordre du fait*; l'*évidence eidétique dans son essence
même*, c'est-à-dire dans la possibilité qu'elle indique qu'a la
conscience de se rapporter à elle-même par sa forme, garan-
tit la légitimité de la réflexion sur le vécu.

Pour traduire le déplacement radical de l'intérêt théorique
impliqué dans la réflexion phénoménologique, des concepts
nouveaux ont été formés par Husserl et opèrent même en
son œuvre avant qu'il les ait explicitement dégagés : concepts
de pureté, de réduction, préparant le chemin à la « phénoménologie transcendentale ».

Phénomène pur

Pureté : la « couche » phénoménologique des vécus n'est pas une propriété particulière du psychisme d'un être de la nature qui s'appellerait « homme ». Comprendre ce qu'est une nature, ce qu'est l'être même exige en effet le retour à l'évidence originaire du vécu dans lequel ils sont donnés. La non-factualité du vécu ne semble paradoxale que si l'on admet la conception courante de l'être du psychisme comme un milieu existant dans le monde, comme un événement. La mise en lumière du sens complet de la relation intentionnelle (consience de) implique au contraire le détachement de principe du vécu phénoménologique à l'égard de tout événement du monde. Ce détachement renvoie, bien entendu, à une antériorité théorique et non temporelle : affirmer la non-factualité du vécu dans son essence est affirmer simplement qu'il est donné non comme fait psychique mais comme forme universellement présupposée : en cela consiste sa pureté. Cette propriété paraîtra moins étrange si l'on remarque que c'est déjà uniquement en vertu de sa forme pure, ou encore *de son idéalité que le vécu se rapporte à lui-même dans la conscience.*

Mais la transformation de cette pureté universellement impliquée en *thème* porte en elle la possibilité d'une réflexivité encore plus radicale. Une réflexion d'un premier type, celle que met en œuvre l'abstraction eidétique, permet sans doute d'accéder à la pureté des essences, y compris celle de la conscience. Elle n'en fait pas encore surgir l'unité. L'évidence des essences indique divers systèmes clos des « régions » de l'être. Mais elle ne donne pas encore la méthode propre pour accéder à une réflexion radicale sur l'être et sur « l'énigme » de la connaissance.

La réduction

Une telle réflexion exigera chez Husserl une nouvelle forme de systématisation qui prend pour point de départ la situa-

tion du sujet (moi, *ego*) réfléchissant sur la nature organique
et psychique, le monde en général comme totalité. C'est la
différence d'*attitude* à l'égard de cette totalité du monde
qui caractérise le passage à une réflexion d'un nouveau type.
Cette réflexion prend le nom de « réduction ». En un premier
sens la réduction correspond chez Husserl à ce qu'il nomme
« mise entre parenthèses », *époché*, ou « suspension de la thèse
du monde ».

En présence du « monde » deux attitudes sont en effet
possibles, l'une, l'attitude naturelle ou psychologique et
commandée par « la foi en l'être du monde de l'expérience »,
c'est-à-dire perdue dans la thèse (position) du monde et de
ses objectivations ; l'autre, qui est le propre de la conversion ou réduction phénoménologique, « réduit » le monde à sa
donnée purement immanente, en l'incluant comme pur corrélat intentionnel. Husserl l'appellera le « *noème* monde » de l'acte
pur *(noèse)* qui le vise. La première réduction phénoménologique a pour but de dégager cette sphère ou *être absolu de la conscience pure (Idées*, § 49*)* parfaitement « close » en elle-même.

Mais il ne faut pas entendre cette première réduction
comme une suppression du monde. Ce qui est anéanti
(ibid.) c'est notre croyance naïve au sein du monde pré-
donné dans l'expérience. L'*époché* phénoménologique n'est
pas, comme le doute chez Descartes, un doute à l'égard de la
réalité du monde. Elle ne vise pas à séparer, par exemple,
la conscience comme « âme » du corps. Car elle supprime aussi
bien toute « position » à l'égard d'un « existant » qui serait
« l'âme ». Il s'agit en elle d'un clivage très particulier qui ne
sépare pas deux « choses » l'une de l'autre, mais qui révèle
au contraire, par l'intentionnalité, leur indissociable relation.
La réduction supprime la « valeur d'être » accordée au monde
dans l'attitude naturelle, mais elle en révèle le sens, c'est-à-
dire qu'elle joue un rôle de révélateur des intentionnalités
dissimulées par la croyance naïve au monde : « notre regard
libéré par cette *époché* s'ouvre alors sur le phénomène universel : l'univers de la conscience purement comme tel... » et,
corrélativement, sur « le phénomène universel du monde
existant pour moi » (Postface aux *Idées*).

Le transcendantal

La réduction, en libérant le sens du monde, en indique aussi *l'origine* : une origine dans le moi, mais non pas dans le moi réel, homme, mais dans le moi en tant que « sujet pour le monde ». Ce sujet, dans la réduction, apparaît comme « spectateur de lui-même et du monde », mais aussi comme source ou origine du sens. Husserl nomme cette subjectivité, « donatrice de sens » et de « sens d'être », *subjectivité transcendentale*. Dans son achèvement, la réduction est donc une « réduction phénoménologique transcendentale », et, réorganisée à partir d'elle, la phénoménologie husserlienne se présente comme un *idéalisme transcendental*.

Remarquons que cette référence au sujet était d'abord exclue du déroulement scientifique et positif de la méthode phénoménologique (*Recherches logiques* — V) en ce qu'elle paraissait impliquer le recours à une transcendance. Ce n'est qu'à la suite d'un long parcours que Husserl en reconnaît la nécessité comme achèvement de l'intention scientifique de la phénoménologie, c'est-à-dire comme radicalisation décisive de la méthode. L'évidence, déjà en œuvre dans l'immanence du vécu, se reporte sur une subjectivité qui « n'a pas le sens d'un produit de construction spéculative... qui... constitue avec ses expériences vécues ses facultés et ses opérations transcendantales un domaine absolument autonome d'expérience directe » (Postface). Tous les problèmes posés à la simple description phénoménologique trouveront, tout au moins en droit, leur solution dans l'explicitation de l'essence de cette subjectivité. La phénoménologie comme science pourra se résumer dans la tâche de « dévoiler la structure de l'*eidos* universel de l'ego transcendental qui embrasse toutes les variantes possibles de mon ego empirique, donc cet ego lui-même en tant que pure possibilité » (*Méditations cartésiennes*, § 34).

Constitution

La réduction transcendentale, qui n'enfreint pas le principe de l'évidence, n'abandonne donc pas non plus le plan de l'essence au bénéfice de l'existence. Il s'agira toujours d'une science « essentielle », permettant de développer systématiquement toutes les structures *a priori* du vécu, étant donné que l'exploration de l'*eidos* du sujet a pour corollaire celle du monde. Cette exploration, eu égard à ce que l'intentionnalité est un acte, Husserl la nommera aussi « constitution ». La phénoménologie transcendentale est constitution transcendentale de tous les sens d'être des objets existants : « N'importe quoi qui s'oppose à moi en tant qu'objet existant a reçu pour moi... tout son sens d'être de mon intentionnalité effectuante et il n'y aura pas le moindre aspect de ce sens qui reste soustrait à mon intentionnalité. Expliciter cette intentionnalité elle-même, c'est rendre compréhensible le sens lui-même à partir du caractère originel de l'effectuation constituant le sens » (*Logique*, p. 315).

Une des conséquences les plus remarquables du principe de la constitution — qui n'est jamais construction ou production *réelles*, mais « production » dans l'évidence — est la nouvelle dimension que la phénoménologie transcendentale confère à l'analyse intentionnelle.

Genèse

Dans sa première phase, la méthode se définit en partie par l'élimination de toute préoccupation *génétique* (critique d'une psychologie explicative des phénomènes par l'histoire empirique du sujet). Par exemple, ce n'est pas l'acte de numération qui engendre le nombre; les concepts ne surgissent pas des images accumulées; l'appréhension directe de la chose ne se comprend pas à partir des associations sensorielles. Déjà, il est vrai, à ce premier moment de l'analyse, l'intentionnalité ne peut être traitée tout à fait comme un seul acte non diversifié. Toute appréhension d'objet complexe requiert un réseau d'intentionnalités convergentes dont l'intentionnalité « massive » (expression de E. Fink) est la synthèse. L'objet de l'expérience est donné dans des synthèses. Mais, en prenant pour thème leur explication complète, l'analyse intentionnelle de « la vie transcendantale » va découvrir que la synthèse active, celle qui s'achève dans l'intentionnalité actuelle, pour une subjectivité déjà développée, renvoie toujours à une première synthèse que, relativement à la première, il conviendra d'appeler *passive*. L'activité de l'intentionnalité actuelle porte sur la chose dont elle fait le sujet d'une énonciation (prédicative), elle se remplit dans la chose. Une élucidation plus poussée fait découvrir parallèlement aux « constitutions » des « pré-constitutions » que sont au niveau du corps, par exemple, les attitudes, les *habitus*, un commerce avec les choses « avant » qu'il y ait pour nous des choses énonçables. Elle fait découvrir une intentionnalité virtuelle à laquelle correspond une donnée ou vérité « anté-prédicative ». L'exploration de ce champ, dont la réflexion transcendantale recule toujours les frontières, est la tâche d'une analyse *génétique* qui se distinguera de la première, définie comme statique, en tant qu'elle ne tient compte que de l'évidence actuelle et non de l'élaboration cachée (*Logique*, appendices).

La genèse phénoménologique n'étant ni réelle ni causale reste dans le cadre du principe de l'évidence. C'est toujours dans l'ego réfléchissant, dans son eidos ou dans sa structure propre qu'elle se fonde. C'est à partir de lui qu'elle permettra de comprendre ma propre constitution comme moi empirique ou comme homme, celle des autres, celle d'une histoire.

Le temps

Déjà au niveau d'une première réduction la structure de la subjectivité laisse apparaître une autre corrélation que celle entre *noèse* et *noème* : la relation entre forme *(morphé)* et matière *(hylé)*. Si la forme est la mise en acte de l'intentionnalité, la matière correspond à ce « moment réel » du vécu, en quoi réside son affect; matérielle, la conscience l'est comme réceptivité, c'est là une de ses structures a prioriques : il appartient à l'essence de la conscience d'être affectée comme il lui appartient d'être ouverte sur l'objet.

Or la forme universelle de cette affection est auto-affection, et elle offre la possibilité a priorique de toute genèse : c'est celle du *temps* ou, plus précisément, car il ne s'agit pas du temps objectif mais d'un temps originaire, de la conscience pure du temps, ou de la temporalité de la conscience. La mise à l'écart du temps dans les premières démarches phénoménologiques était une abstraction méthodique, non une réduction. La réduction fait au contraire apparaître que l'intentionnalité toujours actuelle dans l'évidence est inséparable d'une conscience immanente ou intime (du temps). La conscience (réduite) n'est aucunement, en effet, une instance a-temporelle qui planerait pour ainsi dire au-dessus des vécus. Mais le temps n'est pas non plus un milieu dans lequel serait entraînée la conscience : ce qui, du temps, appartient à la transcendance objective, le temps conçu comme écoulement, se constitue sur la base du temps immanent qui est, au sens propre, *tout le temps*, avec son déploiement en trois intentionnalités liées, correspondant à la constitution du passé (rétention) de l'avenir (protention) et du présent (présentification) en lequel elle se fonde dans la conscience actuelle. La conscience est elle-même temps originaire parce qu'elle n'est autre chose que ce « présent vivant », point source des intentionnalités. Le temps n'est autre chose que le mode de présence à soi de la subjectivité constituante.

Synthèse passive

Du point de vue de la phénoménologie transcendantale constitutive, les premières analyses relatives aux objets « non temporels » (idéalités) devront être reconsidérées. L'intemporalité de ces objets est, à proprement parler, une « omni-temporalité » qui correspond à la possibilité de réeffectuation d'actes intentionnels avec le même sens. Elle n'échappe pas au temps, aussi bien sur le plan de la conscience individuelle que sur le plan du déroulement historique. Une « synthèse passive » opère dans le « monde de la vie » des préconstitutions qui se traduisent pour la conscience actuelle par l'appréhension directe d'une signification énonçable. L'approfondissement de la constitution temporelle conduit Husserl *(Expérience et Jugement, l'Origine de la Géométrie)* à la mise en relief des « sédimentations » de sens et des supports spécifiques correspondants : langue, écriture, sur la base desquelles les idéalités ont pu se constituer et se perpétuer. En se temporalisant, la subjectivité transcendentale est à la fois active et passive à l'égard d'elle-même et du monde.

Intersubjectivité

Et elle l'est également dans la « constitution » des autres, dans son accomplissement en « intersubjectivité ». C'est là une ultime et essentielle « possibilité » de la réflexion que Husserl expose en particulier dans la *Logique* (pp. 317 et suiv.) et dans la cinquième *Méditation cartésienne*.

Problème irritant, paradoxal, qui semble contredire au principe de la réduction égologique, ou manquer son objet (« On rencontre l'autre, on ne le constitue pas », écrira Sartre). Pourtant, chez Husserl, la constitution de l'autre, d'une subjectivité étrangère comme telle n'est que la mise en œuvre d'une méthode qui, à aucun moment, ne se renie. L'autre est constitué : cela signifie que, requis pour la compréhension de l'objectivité du monde, d'un monde « pour nous tous » *(Logique, p. 317)* il n'est ni une simple factualité contingente, ni une exigence purement théorique. Cette constitution, qui fait appel à une « réduction dans la réduction » *(Méditation V)*, libère dans l'évidence une intentionnalité spécifique dont l'actualité s'enracine dans la préconstitution d'une synthèse passive, d'associations premières qui sont toujours, pour les premiers pas de la réflexion phénoménologique, les plus profondément dissimulées parce que les plus essentielles. L'autre est constitué dans un accouplement analogique se développant contemporainement à la constitution de mon propre moi psycho-physique, de ma corporéité. Il apparaît dans mon environnement immédiat, par son corps propre, par ses traces, dans une « nature primordiale » non encore objectivée. Sa présence structure mon espace, il est déjà « là-bas » quand je suis « ici », mode particulier de présentation de la « chose même », que Husserl nomme « apprésentation » pour différencier la transcendance qu'elle indique de celle de la chose physique. C'est à ce corps d'autrui que j'attribue « *l'alter ego* » dans sa double face empirique et transcendantale. Et, comme il s'agit bien là d'une *expérience originaire* dont la réduction est le garant, la constitution seule peut fonder l'indubitabilité de cette présence. La communauté spirituelle et ses formations idéales, culturelles, scientifiques, etc. sont toujours à constituer sur cette base de l'apprésentation directe qui « donne » à la fois l'altérité des autres et leur existence comme sujets. La constitution de l'autre « en moi » éclaire donc ce que déjà l'ego réfléchissant appréhende en lui, même au moment où il pousse assez loin le dévoilement de ce qu'est cette subjectivité qui n'est plus l'être psychologique, « au moment donc où il se révèle que « subjectivité transcendantale » ... ne signifie pas seulement « moi en tant que moi-même transcendantal » pris concrètement dans ma propre vie de conscience transcendantale, mais signifie en outre les co-sujets qui, en tant que transcendantaux, se révèlent dans la communauté transcendantale du *nous* » (*Postface*).

Histoire et subjectivité

A partir de cet élargissement, de la même façon qu'on parle d'un *a priori* universel de la constitution, embrassant toutes les intentionnalités, on pourra parler d'un *a priori* de l'intentionnalité intersubjective, correspondant à la constitution du monde objectif et à son histoire. Ces deux *a priori* se fondant d'ailleurs l'un dans l'autre, de telle sorte que l'achèvement de la compréhension théorique de soi implique nécessairement celle de toutes les idéalités constituées intersubjectivement dans le monde de la culture. Une compréhension de soi (non seulement au sens empirique, mais au sens transcendantal) est une compréhension historique de soi (*La Crise des Sciences européennes*, première partie).

Ce dernier thème, qui n'apparaît de manière explicite qu'assez tardivement dans l'œuvre de Husserl — mais que, comme la plupart des thèmes husserliens on peut déceler comme *tâche* avant que soit découverte la technique de leur exposition — donne toute sa portée à la constitution génétique. L'ensemble concret de la vie, dans lequel s'entremêlent tous les éléments statiquement constitués est le tout de l'histoire avec sa finalité immanente. L'analyse génétique explorera l'arrière-fond des éléments sédimentés dans l'inconscient de la vie individuelle et dans l'inconscient historique. Paradoxalement, la philosophie de la conscience qu'est la phénoménologie rencontre comme ultime horizon de sa recherche l'idée d'un inconscient ou, comme l'écrira Merleau-Ponty, la réflexion « suscitera toujours à nouveau un irréfléchi » (« *Le Philosophe et son ombre* », in *Signes*). Il est vrai que l'inconscient, compris phénoménologiquement est « un mode limite de la conscience » (*Logique*, p. 412). Il n'est pas l'autre absolu, n'obéit pas à une autre logique que celle de la conscience même qui peut le ressaisir dans le présent vivant de la réflexion.

L'ouverture sur l'histoire, sur les transmissions inconscientes des communautés historiques au cours de sédimentations successives se fera dans la *clôture* de l'ego méditant qui peut, en droit, constituer, c'est-à-dire posséder dans l'évidence actuelle tous les sens : « Nous nous tenons dans l'horizon de la seule humanité dans laquelle nous vivons nous-mêmes maintenant. De cet horizon nous avons une conscience vivante et permanente, et ce, comme horizon de temps impliqué dans notre présent de chaque instant » (*L'Origine de la Géométrie*, p. 199). La désimplication de cet horizon fera apparaître, non une masse de faits, mais un *a priori* universel de structure, celui de l'historicité qui pénètre toute la vie constituante de la subjectivité transcendentale et forme en quelque sorte « l'archéologie » du sujet. Le retour permanent au monde de la vie, qui suscite toujours de nouvelles réductions et élargit le champ des possibilités a prioriques, achève donc l'idée de la science dans l'explicitation d'une genèse intentionnelle totale.

Si nous reprenons la question de l'objet de la phénoménologie comme science, il apparaît que cet objet, qui s'élargit jusqu'à comprendre la totalité du monde et de son horizon n'est autre que « l'être-sujet ». Et c'est précisément par la découverte de l'être-sujet qu'elle fonde sa prétention à la science, à une science « des origines » qui peut, à chaque étape de sa démarche, procéder à sa propre légitimation. Aussi, l'unité interne de l'œuvre de Husserl, à travers des modifications d'appellation, la découverte de nouvelles techniques d'analyse, des déplacements d'intérêts sur de nouveaux problèmes, s'explique par la continuité de son projet.

Développements de la phénoménologie

Ce projet a-t-il été compris et suivi ? L'étude des développements de la phénoménologie husserlienne, dont, nous l'avons dit, certains aspects ont eu un extraordinaire rayonnement, fait apparaître au contraire une incompréhension quasiment générale de l'idée directrice du philosophe. Lui-même en eut clairement conscience et l'exprimait, entre autres, dans un texte de 1930 (Postface aux *Idées*) : « Que l'on m'accuse d'intellectualisme, que l'on parle de l'enlisement de ma démarche méthodique dans des abstractions unilatérales, ou que l'on me reproche de n'atteindre en aucune façon et pour des raisons de principe la subjectivité originairement concrète, celle qui est pratique et active, pas plus que les problèmes dits « existentiels » ni les questions métaphysiques, ces objections reposent toutes sur des malentendus et, en dernière analyse, sur le fait que l'on ramène ma phénoménologie à un niveau dont le dépassement constitue précisément toute sa signification. » Et il dénonce à la fin du même texte tous les aménagements que l'on veut apporter à la phénoménologie comme science : « Celui qui croit pouvoir invoquer le pathétique fécond de l'expérience au sens ordinaire du terme, ou les « résultats assurés » des sciences exactes, la psychologie expérimentale ou physiologique, ou la logique et les mathématiques, si perfectionnées soient-elles, pour en tirer des prémisses philosophiques. »

Les équivoques ainsi recensées avec une remarquable lucidité sont encore vivaces à l'heure actuelle. L'histoire du « mouvement phénoménologique » permet de les incarner dans chaque disciple qui, presque toujours, fut un dissident.

L'ambition de Husserl était de donner à la phénoménologie le caractère d'une œuvre collective. Il y a donc eu des « Cercles » phénoménologiques, rapidement dissociés d'ailleurs, la rupture avec le maître étant généralement consommée avant 1916 ; le motif idéologique de cette rupture fut, dans la plupart des cas, le refus de la transformation de la phénoménologie en idéalisme transcendantal. Par la suite, la pensée phénoménologique a suivi son propre cours et connu de libres interprétations. Un tableau historique, d'ailleurs trop linéaire et incomplet pour certains contemporains (nous pensons à E. Levinas, sans parler, bien entendu, de commentateurs qui ont donné aux Études husserliennes un style nouveau, S. Bachelard, J. Derrida, etc.) a été établi par Herbert Spiegelberg dans *The Phenomenological Movement*, (1960). On se contentera ici d'indiquer les orientations essentielles et les points de rupture ou d'inflexion.

L'application de la méthode descriptive dans des domaines de l'intentionnalité seulement indiqués mais non explorés par Husserl a cimenté momentanément l'unité des cercles phénoménologiques de Göttingen et de Munich : phénoménologie du *vouloir*, des *sentiments* (Alexander Pfänder, 1870-1941), du *droit* et des *actes sociaux* (Adolf Reinach, 1883-1917), de *l'esthétique* (Moritz Geiger, 1880-1937). L'attention portée à des actes intentionnels, à des essences et à des lois d'essence situe nettement ces « phénoménologies » dans le prolongement direct des *Recherches logiques* ou de la première partie des *Idées directrices*. Il convient, dans cette « phénoménologie des essences » traitée comme partie indépendante de l'ensemble du projet philosophique husserlien, d'accorder une place particulière à Max Scheler (1874-1928). Sa *Phénoménologie de la sympathie, de l'amour et de la haine* (1913) est citée par Husserl lui-même comme un exemple d'analyse intentionnelle dans le domaine de la psychologie des sentiments et de la valeur (intentions axiologiques). Mais la méthode se greffe, chez Scheler, sur des préoccupations spéculatives, métaphysiques, religieuses, qui donnent à sa philosophie le caractère d'une vision éthique du monde et la rendent totalement étrangère à l'esprit de radicalisme théorique de la phénoménologie transcendantale. Toute une lignée de phénoménologues (parmi lesquels on retiendra le nom d'Edith Stein, 1891-1942, à laquelle on doit un essai d'incorporation de la phénoménologie au thomisme) a détaché ainsi de la phénoménologie certains traits de la méthode eidétique pour étayer, en lui donnant une tournure de scientificité, une idéologie héritée d'autres sources.

D'une tout autre portée, pour la compréhension de la philosophie même de Husserl, c'est-à-dire de certaines de ses possibilités et de celles qu'elle exclut, est l'interprétation de Heidegger. *L'Être et le Temps* (1927), œuvre dédiée à Husserl, inaugure dans l'histoire de la phénoménologie une nouvelle période. C'est désormais relativement à Husserl *ou* à Heidegger, ou en tentant une *synthèse* de leurs pensées, voire dans une *confusion* entre les deux, que les phénoménologues définiront leur attitude propre.

La critique heideggerienne porte, tout d'abord, sur la prétention à l'universalité de la méthode de l'analyse intentionnelle constitutive; elle pose donc le problème du sens de la phénoménologie du point de vue de sa *fondation*. A partir de la compréhension de l'être du phénomène, Heidegger fait surgir comme question philosophique centrale la « question de l'être » que Husserl réfère toujours à la « donation du sens d'être » par la subjectivité constituante. Or la manifes-

tation du phénomène n'est pas éclairée par une structure de
la conscience, mais renvoie à une structure d'être de
l'existant. Les notions-clés d'être-dans-le-monde, d'être-là
(Dasein), et conséquemment d'analyse des structures a
prioriques non de la conscience, mais de l'existant (Daseins-
analyse), viennent à la place des concepts husserliens consi-
dérés par Heidegger comme non originaires. Heidegger,
en rejetant l'idéalisme transcendantal, ne refuse donc pas,
comme les autres phénoménologues, le sens de sa problématique : il en change les points d'application et les « opéra-
teurs ». Et c'est en ce sens que sa dissidence pourra être
traitée comme la plus authentique fidélité. La question de
l'être, la seule question philosophique pour Heidegger, renouvelle la problématique de l'origine, donc le sens d'un radicalisme qui ne trouvera plus sa légitimation dans l'évidence
du vécu. Une « ontologie » par-delà toute ontologie « régionale »
dépouille la conscience de son privilège de présence à soi et
subordonne la certitude apodictique du remplissement
adéquat à la manifestation toujours équivoque de l'être
dans le langage.

Mais, abandonnant le sol de la certitude, cette ontologie
retrouve nécessairement des notions spéculatives que Husserl
entendait éliminer. L'essentiel d'une confrontation entre
Husserl et Heidegger peut se résumer en la question suivante :
une philosophie peut-elle éliminer de sa construction tous
les éléments spéculatifs, ne se leurre-t-elle pas sur elle-même
lorsqu'elle pense avoir pu le faire dans la lumière de la conscience absolue ? si elle tente d'élucider tous les concepts avec
lesquels elle opère, la spéculation ne vient-elle pas se reloger
au sein même des évidences ?

Ces questions, les plus pertinentes qui aient été posées à
l'idéalisme transcendantal comme science rigoureuse, ont été
soulevées par Eugen Fink à propos de l'analyse intentionnelle et de l'obscurité qui entache, pour le commentateur
actuel, les concepts husserliens d'époché, de constitution, de
production d'une subjectivité absolue et historique. (L'Analyse intentionnelle dans Problèmes actuels de la Phénoménologie, et Les Concepts opératoires dans la Phénoménologie

de Husserl dans *Husserl,* « Les cahiers de Royaumont »).

Pour un examen nouveau, libéré de préjugés, et qui résistera à la logique interne de la méthode husserlienne, c'est, à son tour, cette méthode qui paraît s'appuyer sur de multiples présuppositions. Ses concepts les plus indubitables sont ébranlés, non pour céder la place à d'autres du même type, mais pour marquer le lieu où la réflexion philosophique s'ouvre nécessairement sur une spéculation sans laquelle elle ne pourrait même pas commencer. Qu'il y ait de la spéculation, et non simplement de l'observation impartiale dans les concepts husserliens de vie transcendantale, d'intentionnalité, de constitution, dans l'évidence de la chose elle-même, rend spéculative à son tour, et non scientifiquement légitimée, la foi en la méthode *(L'Analyse intentionnelle,* p. 83). La limite de la scientificité husserlienne, ce « presque rien » qui sépare la science « dans le monde » de la science philosophique, qui fait que cette science-là sera toujours à la recherche de son autolégitimation, et ne s'effectuera que dans une reprise perpétuelle de son commencement, peut se résumer aussi dans une *dépossession du sujet* pur, et se traduire par la nécessité philosophique d'aller constamment du pensé à « l'impensé », sans pouvoir faire autre chose, au nom de la rigueur même, du sérieux de la tâche philosophique, que d'accepter celui-ci dans son être brut (Merleau-Ponty : *Le Philosophe et son Ombre*).

La phénoménologie husserlienne a donc le curieux destin d'avoir été le mieux comprise et respectée selon son projet philosophique total par ceux qui ont le plus radicalement appliqué leur pensée au monde, ou posé la question de l'être de l'étant. Parce que la clarté du sujet lui manque, la philosophie contemporaine, dans l'horizon de la phénoménologie, reporte son attention sur « l'ombre » (E. Fink) et transforme de nouveau (après l'élucidation husserlienne) le sujet en énigme.

——— **Bibliographie sommaire** ———

L'édition des *Œuvres complètes* de Husserl est entreprise depuis 1950 par l'éditeur M. Nijhoff, La Haye, sous le titre *Husserliana. Edmund Husserl. Gesammelte Werke.*

TRADUCTIONS FRANÇAISES

(suivant l'ordre chronologique des écrits en allemand)

Philosophie de l'Arithmétique, trad. J. English, Paris, P.U.F., 1972.

Recherches logiques, trad. H. Elie, A. L. Kelkel, R. Schérer, 4 vol. Paris, P.U.F., 1959-1963.

L'Idée de la Phénoménologie, trad. A. Löwith, Paris, P.U.F., 1970.

La Philosophie comme science rigoureuse, trad. Q. Lauer, Paris, P.U.F., 1955.

Idées directrices pour une Phénoménologie, trad. P. Ricœur, Paris, Gallimard, 1950.

Leçons pour une Phénoménologie de la conscience intime du temps, trad. H. Dussort, Paris, P.U.F., 1964.

Logique formelle et Logique transcendantale, trad. S. Bachelard, Paris, P.U.F., 1957.

Postface à Mes Idées directrices, trad. A. L. Kelkel, *Revue de Métaphysique et de Morale*, 1957.

Méditations cartésiennes, trad. G. Peiffer et E. Levinas, Paris, Vrin, 1931.

Philosophie première, trad. A. L. Kelkel, 2 vol., Paris, P.U.F., 1970-1972.

L'Origine de la Géométrie, trad. J. Derrida, Paris, P.U.F., 1962.

Expérience et Jugement, trad. D. Souche, Paris, P.U.F., 1970.

OUVRAGES SUR HUSSERL ET LA PHÉNOMÉNOLOGIE

BACHELARD (S.) : *La Logique de Husserl*, Paris, P.U.F., 1957.

CHRISTOFF (D.) : *Husserl ou le retour aux choses*, Paris, Seghers, 1965.

DERRIDA (J.). : *La Voix et le Phénomène*, Paris, P.U.F., 1967.

DESANTI (J.-T.) : *Phénoménologie et Praxis*, Paris, Éditions sociales, 1963.

KELKEL (A. L.) et SCHÉRER (R.) : *Husserl*, Paris, P.U.F., 1964.

LYOTARD (J. F.) : *La Phénoménologie*, Paris, P.U.F., 1954.

SCHÉRER (R.) : *La Phénoménologie des Recherches logiques de Husserl*, Paris, P.U.F., 1967.

TRAN-DUC-THAO : *Phénoménologie et Matérialisme dialectique*, Paris, Min-Thân, 1951.

CONCLUSION

Dans sa véhémence poétique, l'œuvre de Friedrich Nietzsche dénonce, dans la plus grande confusion, semble-t-il, les idoles que le XIXᵉ siècle a adorées : la Science, l'Histoire, la Raison dialectique, l'Argent, l'Etat, la Démocratie, le Progrès, les Nations... Il ne s'agit pas, pour conclure ce volume, de s'attacher à réhabiliter ni à justifier Nietzsche, qui n'en a nul besoin. Mais il apparaît de la plus haute importance d'essayer de comprendre l'unité profonde de ses critiques, serait-ce schématiquement. Afin de se mettre en situation de saisir ce qui se passe dans la philosophie contemporaine, dont il sera question dans le quatrième et dernier volume de cette publication.

Un des moyens d'assurer cette compréhension est probablement de revenir sur la signification du rôle décisif joué par les philosophies de l'histoire au moment du triomphe de l'Etat-nation, du « modèle blanc » et de l'ordre économique capitaliste. Trois de ces philosophies de l'histoire s'imposent non seulement dans l'Université et parmi les intellectuels, mais aussi par l'influence, directe ou indirecte, droite ou déviée, qu'elles exercent sur les élites bourgeoises et la classe politique : l'hégélienne, qui présente l'Etat des fonctionnaires compétents comme réalisation de la Raison ; la positiviste d'Auguste Comte, franchement conservatrice dans le domaine politique, qui prévoit l'instauration et le maintien de l'ordre par les progrès d'une science débarrassée de ses illusions et réduite à la maîtrise de la nature physique et sociale ; l'évolutionnisme de Herbert Spencer, qui souscrit au darwinisme et attend de l'organisation industrielle une société où conflits et rivalités tourneront au profit de l'humanité, submergée de bien-être. Toutes trois tiennent l'Etat-nation, la Propriété, la Science et l'Industrie —

bref, l'ordre alors dominant — pour des valeurs sûres et pour des données inéluctables. En ce sens, toutes trois souscrivent à l'idée classique que la Raison dit ce qui est selon la nécessité de ce qui est. La dialectique hégélienne — qui est dans doute l'invention la plus remarquable, qui fait défaut à Comte et à Spencer — a précisément pour fonction d'expliquer que les malheurs et les misères actuels sont une étape nécessaire sur le chemin de l'« avenir radieux ».

La philosophie de l'histoire qui est présente dans les textes de Marx et de Engels — ce n'en est pas le seul aspect, et il y a de nombreuses analyses qui mettent en question l'idée même· de philosophie de l'histoire — est une variante plus subtile. Elle récuse l'Etat-nation et veut y substituer, comme sujet du devenir, aujourd'hui, le prolétariat et, demain, la libre association des producteurs. Cependant, elle souscrit à la notion d'un cours nécessaire de l'histoire et d'instances qui déterminent cette inéluctabilité ; elle sacrifie à l'idole d'une science neutre par essence et dont les effets sont mauvais ou bons selon la politique qui la dirige. Il est remarquable que c'est cette philosophie de l'histoire — au détriment de l'autre aspect du marxisme (de Marx) — qui devient la doctrine officielle de la IIe, puis de la IIIe Internationale.. C'est alors qu'intervient la dialectique pour expliquer que l'Etat se renforce et qu'il devient comme tel le sujet d'un nationalisme agressif.

La confusion nietzschéenne n'est qu'apparente. La philosophie de l'histoire « progressiste », chantre de la science et de l'industrie, fournit à l'Etat — qu'il soit libéral-démocratique ou socialiste-démocratique-populaire — les légitimations de l'ordre intérieur qu'il impose durement au nom du bien-être, de la sécurité et de l'impérialisme extérieur qui est inscrit dans sa nature. Le XXe siècle ne dément pas les connexions établies par Nietzsche et leur unité profonde.

François Châtelet

TABLE DES MATIÈRES

Achevé d'imprimer sur les presses de **Scorpion**,
à Verviers pour le compte des éditions **Marabout**.
D. novembre 1985/0099/200
ISBN 2-501-00283-0